国土资源　土地整治

重庆市土地开发整理项目预算定额标准

重庆市国土整治中心　主编

重庆大学出版社

图书在版编目(CIP)数据

重庆市土地开发整理项目预算定额标准/重庆市国土整治中心主编. -- 重庆:重庆大学出版社,2023.10
ISBN 978-7-5689-4095-5

Ⅰ.①重… Ⅱ.①重… Ⅲ.①土地开发—预算定额—标准—重庆②土地整理—预算定额—标准—重庆 Ⅳ.①F323.211-65

中国国家版本馆 CIP 数据核字(2023)第 150415 号

重庆市土地开发整理项目预算定额标准

CHONGQING SHI TUDI KAIFA ZHENGLI XIANGMU YUSUAN DING'E BIAOZHUN

重庆市国土整治中心　主编

策划编辑:陈　力　林青山
责任编辑:肖乾泉　　版式设计:肖乾泉
责任校对:刘志刚　　责任印制:赵　晟
*
重庆大学出版社出版发行
出版人:陈晓阳
社址:重庆市沙坪坝区大学城西路 21 号
邮编:401331
电话:(023) 88617190　88617185(中小学)
传真:(023) 88617186　88617166
网址:http://www.cqup.com.cn
邮箱:fxk@ cqup.com.cn(营销中心)
全国新华书店经销
重庆新华印刷厂有限公司印刷
*
开本:889mm×1194mm　1/16　印张:20.25　字数:644 千
2023 年 10 月第 1 版　2023 年 10 月第 1 次印刷
ISBN 978-7-5689-4095-5　定价:138.00 元

重庆市规划和自然资源局
重庆市财政局

渝规资〔2023〕433号

重庆市规划和自然资源局 重庆市财政局
关于印发《重庆市土地开发整理项目
预算定额标准》的通知

各区县(自治县,含两江新区、西部科学城重庆高新区、万盛经开区)规划自然资源局,财政局,有关单位:

为进一步加强我市土地开发整理项目预算管理,提高预算编制的科学性、规范性,确保土地开发整理项目资金的合理有效使用,依据《财政部 国土资源部关于印发土地开发整理项目预算定额标准的通知》(财综〔2011〕128号),结合我市实际,市规划自然资源局、市财政局修订出台了《重庆市土地开发整理项目预算定额标准》(以下简称《标准》)。现将有关事项通知如下:

一、《标准》由《重庆市土地开发整理项目预算定额》《重庆市土地开发整理项目施工机械台班费定额》《重庆市土地开发整理项目预算编制规定》三部分构成。

二、《标准》适用于重庆市内的土地开发整理项目及建设用地复垦项目。

三、《标准》中的人工单价、材料人工转运费,由重庆市国土整治中心定期以文件形式调整。

四、对执行中发现的问题,请及时反馈给市规划自然资源局、市财政局。市规划自然资源局、市财政局将根据经济社会发展和土地开发整理工作需要适时修订《标准》。

五、《标准》自本通知印发之日起执行。《重庆市财政局、重庆市国土资源和房屋管理局关于印发〈重庆市土地开发整理项目预算定额标准(试行)〉的通知》(渝财建〔2014〕712号)同时废止。

附件:重庆市土地开发整理项目预算定额标准

重庆市规划和自然资源局 重庆市财政局
2023年9月2日

目　录

第一篇　预算编制规定

第一章　总　则 ……………………………… 3
第二章　项目预算文件的组成 ……………… 4
第三章　项目划分 …………………………… 6
第四章　费用构成 …………………………… 25
第五章　编制方法及计算标准 ……………… 30
第六章　预算表格及格式 …………………… 41

第二篇　预算定额

总说明 ………………………………………… 55
第一章　土方工程 …………………………… 57
　说　明 ……………………………………… 57
　1-1　人工挖土方、淤泥流砂 ……………… 58
　1-2　人工挖沟槽、基坑、沟渠 …………… 59
　1-3　爆破土方 ……………………………… 62
　1-4　清理表土、削放坡及找平 …………… 62
　1-5　田埂修筑 ……………………………… 63
　1-6　土地翻耕 ……………………………… 63
　1-7　人工挖、运土 ………………………… 63
　1-8　人工装机械运土 ……………………… 66
　1-9　机械挖淤泥、流砂 …………………… 68
　1-10　机械挖运土 ………………………… 68
　1-11　推土机推土 ………………………… 79
　1-12　平　土 ……………………………… 81
　1-13　回填压实 …………………………… 83
　1-14　土方压实 …………………………… 84
　1-15　残树(根)清除 ……………………… 86
　1-16　地力培肥 …………………………… 88
　1-17　生态田坎修筑 ……………………… 89
　1-18　水泥土护坡、护底 ………………… 89
　1-19　垦造水田 …………………………… 90
第二章　石方工程 …………………………… 92
　说　明 ……………………………………… 92
　2-1　一般石方开挖 ………………………… 93
　2-2　坡面一般石方开挖 …………………… 96
　2-3　坡面保护层石方开挖 ………………… 97
　2-4　底部保护层石方开挖 ………………… 98
　2-5　沟槽石方开挖 ………………………… 99
　2-6　基坑石方开挖 ………………………… 100
　2-7　非爆破机械开挖 ……………………… 104
　2-8　人工挑抬运石碴 ……………………… 106
　2-9　人工装机械运输石碴 ………………… 107
　2-10　全机械运输石碴 …………………… 109
　2-11　石碴压实 …………………………… 115

　2-12　石方回填 …………………………… 115
第三章　砌体工程 …………………………… 116
　说　明 ……………………………………… 116
　3-1　垫　层 ……………………………… 117
　3-2　干砌石 ……………………………… 117
　3-3　浆砌砖石 …………………………… 118
　3-4　砂浆抹面 …………………………… 122
　3-5　砌体拆除 …………………………… 123
　3-6　石表面加工 ………………………… 124
　3-7　勾　缝 ……………………………… 124
　3-8　石　笼 ……………………………… 125
第四章　混凝土工程 ………………………… 127
　说　明 ……………………………………… 127
　4-1　溢流面 ……………………………… 128
　4-2　溢流堰 ……………………………… 128
　4-3　消力坎 ……………………………… 129
　4-4　底　板 ……………………………… 130
　4-5　现浇混凝土渠道 …………………… 131
　4-6　现浇混凝土渠道底板 ……………… 133
　4-7　涵洞顶板及底板 …………………… 133
　4-8　闸　墩 ……………………………… 134
　4-9　管道镇墩、支墩 …………………… 135
　4-10　挡土墙、岸墙、翼墙 …………… 135
　4-11　水池混凝土浇筑 ………………… 136
　4-12　现浇独立基础 …………………… 137
　4-13　现浇设备基础 …………………… 138
　4-14　排架及排架基础 ………………… 138
　4-15　现浇混凝土管道基础 …………… 139
　4-16　垫　层 …………………………… 140
　4-17　现浇桥面混凝土铺装 …………… 140
　4-18　U型渠 …………………………… 141
　4-19　渡槽槽身 ………………………… 141
　4-20　拱 ………………………………… 142
　4-21　护坡框格 ………………………… 143
　4-22　预制混凝土构件 ………………… 144
　4-23　预制混凝土构件运输 …………… 150
　4-24　预制混凝土构件安装 …………… 152
　4-25　抗滑群桩 ………………………… 153
　4-26　混凝土面喷浆 …………………… 154
　4-27　钢筋制作安装 …………………… 154
　4-28　搅拌机拌制混凝土 ……………… 155
　4-29　混凝土运输 ……………………… 155
　4-30　混凝土拆除 ……………………… 159
　4-31　止　水 …………………………… 160
　4-32　跌　水 …………………………… 161

1

4-33	防水层	162
4-34	预制混凝土U形渠槽	163
4-35	混凝土压顶	165
4-36	伸缩缝	165
4-37	泄水孔	166
4-38	混凝土梯步浇筑	166

第五章 管道安装工程 ········· 167
	说　明	167
5-1	铸铁管	168
5-2	钢管安装(焊接)	172
5-3	PVC(聚氯乙烯)管安装	172
5-4	PP(聚丙烯)管安装	173
5-5	PE(聚乙烯)管安装	174
5-6	双壁波纹管安装	175
5-7	混凝土管安装	176
5-8	管道附件安装	176

第六章 农用井工程 ········· 180
	说　明	180
6-1	农用井成孔——松散层Ⅰ类	181
6-2	农用井成孔——松散层Ⅱ类	181
6-3	农用井成孔——松散层Ⅲ类	182
6-4	农用井成孔——松散层Ⅳ类	182
6-5	农用井成孔——松散层Ⅴ类	183
6-6	农用井成孔——松散层Ⅵ类	183
6-7	农用井成孔——松散层Ⅶ类	184
6-8	农用井成孔——基岩Ⅰ类	184
6-9	农用井成孔——基岩Ⅱ类	185
6-10	农用井成孔——基岩Ⅲ类	185
6-11	农用井成孔——基岩Ⅳ类	186
6-12	农用井成孔——基岩Ⅴ类	186
6-13	农用井井管安装——钢管	187
6-14	农用井井管安装——铸铁管	187
6-15	农用井井管安装——钢筋混凝土管	187
6-16	农用井填封——透水层	188
6-17	农用井填封——非透水层	188
6-18	农用井洗井——抽水洗井	188
6-19	大口井	189
6-20	多管井	190
6-21	冲击锥造井	190

第七章 设备安装工程 ········· 191
	说　明	191
7-1	闸门与构件	192
7-2	起重设备	195
7-3	喷、微灌设备	197
7-4	水泵	200
7-5	电力变压器系统	203
7-6	配电箱	207
7-7	配电屏	208

7-8	起动器	208
7-9	隔离开关、避雷器、熔断器	209
7-10	低压开关柜安装	210

第八章 道路工程 ········· 211
	说　明	211
8-1	路基处理	212
8-2	路基工程	213
8-3	路面工程	215
8-4	路面附属工程	222
8-5	道路安全附属工程	224

第九章 植物工程 ········· 233
	说　明	233
9-1	栽植乔木	234
9-2	栽植灌木	234
9-3	直播种草	235
9-4	喷播植草	236
9-5	草皮铺种	237
9-6	建植绿篱	237
9-7	花卉栽植	237
9-8	栽植攀缘植物	238
9-9	栽植水生植物	238
9-10	栽植竹类	238
9-11	树木支撑	239
9-12	树干绑扎草绳	239
9-13	密植植物篱	239
9-14	草篱护坡	240
9-15	三维植物网护坡	240
9-16	植生带护坡挖沟植草护坡	241
9-17	土工格室植草护坡	241
9-18	浆砌块(片)石骨架植草护坡	242
9-19	厚层基材喷射植被护坡	243
9-20	植草砖内植草	243
9-21	铺设沙障	244

第十章 辅助工程 ········· 245
	说　明	245
10-1	防渗(反滤)	246
10-2	输电线路工程	247
10-3	辅助房屋	252
10-4	地埋电缆敷设	252
10-5	软母线引下线及设备连接	253
10-6	木闸门	254
10-7	围堰	254
10-8	人工拉锤打基础圆木桩	254
10-9	庭院路	255
10-10	混凝土路面及路缘石	256
10-11	混凝土植树框	257
10-12	桌凳椅制安	257
10-13	景观小品	260

10-14　栏杆(木、混凝土、石、钢材) ······· 275

10-15　油　漆 ······· 277

10-16　乳胶漆 ······· 280

10-17　墙面砖石 ······· 281

10-18　刻　字 ······· 281

10-19　钢管脚手架 ······· 282

10-20　机械进出场 ······· 282

第十一章　拆除工程 ······· 284

说　明 ······· 284

11-1　房屋整体人工拆除 ······· 285

11-2　砌体人工拆除 ······· 285

11-3　地面及院坝人工拆除 ······· 285

11-4　房屋整体机械拆除 ······· 286

11-5　房屋院坝机械拆除 ······· 286

11-6　其他附属用地机械清杂 ······· 286

11-7　机械转场 ······· 287

11-8　挖掘机自开行进出场 ······· 287

附　录 ······· 288

附录1　土石方松实系数换算表 ······· 288

附录2　一般工程土类分级表 ······· 288

附录3　岩石类别分级表 ······· 288

附录4　水文地质钻探地层分类 ······· 290

附录5　岩石十二类分级与十六类分级对照表 ······· 291

附录6　混凝土、砂浆配合比及材料用量表 ······· 291

附录7　沥青混凝土材料配合比及材料用量表 ······· 299

第三篇　施工机械台班费定额

说　明 ······· 303

一、土石方机械 ······· 304

二、基础处理设备 ······· 306

三、混凝土机械 ······· 307

四、运输机械 ······· 308

五、起重机械 ······· 310

六、辅助设备 ······· 311

七、其他机械 ······· 313

第一篇　预算编制规定

第一章　总　则

一、为适应财政预算体制改革和实行部门预算管理的要求,规范重庆市土地开发整理项目预算的编制,确保土地开发整理项目资金的合理、有效使用,依据国家有关法律、法规等制定本规定。

二、本规定适用于重庆市政府投资或参与投资的土地开发整理项目,社会投资的土地开发整理项目可参照本规定执行。

三、本规定由重庆市规划和自然资源局、重庆市财政局负责解释。

第二章　项目预算文件的组成

项目预算文件由封面、目录、预算编制说明、预算表及附件组成。

一、封面

封面应按规定格式制作（详见本规定第六章）。项目承担单位和预算编制单位均须加盖印章，负责人、复核人和编制人均须加盖印章或签字，编制日期须如实填写。

二、目录

目录应按预算表的表号顺序编排。

三、预算编制说明

预算编制说明应力求文字简明扼要。主要包括：

（一）项目概况

说明项目的性质、类型、建设规模（总规模，开发、整理、复垦的规模），项目地点及地貌类型，预计新增指标面积，项目工程布置形式、工程内容及工程量、主要材料用量，施工工期，项目预算总投资，申请市级投资金额，其他资金来源情况，按年度说明项目实施内容及分年度投资计划等。

（二）预算编制依据

1.预算编制原则和依据；

2.人工预算单价，主要材料预算价格，施工用电、水、风、客土等基础预算单价的计算依据；

3.主要设备预算价格的编制依据；

4.指标、定额、费用的计算标准及依据；

5.拆迁规模、拆迁补偿标准的确定依据；

6.项目规划设计图纸、说明及相应批准文号；

7.项目施工组织设计或施工方案（涉及拆迁补偿工程的，应含拆迁补偿方案）。

（三）主要工程量计算及确定说明

应简要说明项目预算表中涉及的分部工程主要工程量的计算方法、过程和确定依据等。

（四）项目技术经济指标分析

着重分析投入与产出的社会、经济和生态环境效益，内容主要包括实物工程量与投资估算的比较分析，施工方案与技术需要的可能分析，单项工程技术手段、生产组织对工程成本的影响分析等。

（五）其他需要说明的事项

主要说明项目的建设优势及预算编制中需特殊说明的事项，其他与预算有关但未能在表格中反映的事项。

四、预算表

预算表应按规定的预算表格形式填制（详见本规定第六章）。主要包括：

1.总预算及分年度预算表：汇总项目总预算和编制分年度预算的表格。

2.预算总表：反映一个项目及各个部分所需投资总额的预算表。

3.工程施工费预算表：反映项目施工投资额度及单项工程预算明细的预算表。

4.设备购置费预算表：反映各单项工程设备购置费的预算表。

5.其他费用预算表：反映项目全程实施管理费用的预算表。

6.不可预见费预算表：反映项目可能发生的不可预见因素造成项目预算变化的预算表。

7.分月用款计划表：反映项目根据施工进度计划编制的分月用款计划的明细表。

8.预算附表：反映预算书各主要基础价格、工程施工费单价计算及其他相关技术经济数据的表格。主要包括：

（1）人工预算单价计算表；

（2）主要材料预算价格计算表；

（3）次要材料预算价格表；

（4）机械台班预算单价计算表；

（5）工程施工费单价分析表；

（6）补充定额子目计算表；

（7）补充施工机械台班费计算表；

（8）混凝土、砂浆单价计算表；

（9）人工及主要材料用量汇总表；

（10）工程量统计表。

五、附件

附件：在预算附表最后附"材料信息价复印件"。

第三章 项目划分

根据土地开发整理项目的工程性质,其工程项目分为土地平整工程、灌溉与排水工程、田间道路工程、生态环境整治工程、农村人居环境整治工程及其他工程,工程各部分设一、二、三、四共4个等级项目(表3-1至表3-4)。其中,三、四级项目可结合项目具体情况作必要的增删。

一、一级项目——单项工程

单项工程,一般是指具有独立的设计文件,建成后能够独立发挥生产能力或效益的工程。

二、二级项目——单位工程

单位工程,一般是指在单项工程中具有单独设计文件和独立的施工图,并且单独作为一个施工对象的工程。单位工程一般是进行施工成本核算的对象,对应土地开发整理工程中的二级项目,如土地平整工程中的农用地平整工程、未利用地平整工程等。

三、三级项目——分部工程

分部工程是将单位工程按工程结构、所用工种、材料和施工方法的不同而划分为若干部分,其中的每一部分称为分部工程,对应土地开发整理工程中的三级项目,如农用地平整工程下设的田块归并、梯田整治等,以及输水工程下设的明渠、管道等。

四、四级项目——分项工程

分项工程,一般是指通过较为单纯的施工过程就能生产出来,并且可以用适当计量单位计算的建筑或设备安装工程,如一套设备的安装或10m³混凝土现场浇筑等。分项工程是建筑与安装工程的基本构成要素,是为了便于确定建筑及设备安装工程费用而划分出来的一种假定产品。这种产品的工料消耗标准,作为建筑产品计价的基础。土地开发整理工程中最末一级子目,即预算定额中多数子目,如土(石)方开挖和回填及运输、混凝土、砌石、垫层、砂砾石铺筑、PVC管、水泵和电动机安装等为分项工程。

表3-1 土地开发整理工程

序号	一级项目	二级项目	三级项目	四级项目	技术经济指标
一	土地平整工程				
1		农用地平整工程			
(1)			垦造水田		
				除杂	元/m²
				表土剥离	元/m³
				田坎(埂)修筑	元/m³
				土(石)方开挖	元/m³
				犁底层夯实(挖方区)	元/m²
				犁底层夯实(填方区)	元/m³
				表土回覆	元/m³
				砾石清理	元/m²
				泡田打浆	元/m²
				绞田边	元/m²
				糊田坎	元/m³
				人工细部平整	元/公顷①

---

①注:1公顷=10000m²。

序号	一级项目	二级项目	三级项目	四级项目	技术经济指标
(2)			围水田(坎)		
				土(石)方开挖	元/m³
				土(石)方回填	元/m³
				混凝土	元/m³
				砌石	元/m³
				钢筋	元/t
				垫层	元/m³
				抹面	元/m²
(3)			条(格)田整治		
				除杂	元/m²
				开沟起厢滤水	元/m³
				表土剥离	元/m³
				田坎(埂)修筑	元/m³
				土(石)方开挖	元/m³
				犁底层夯实(挖方区)	元/m²
				犁底层夯实(填方区)	元/m³
				表土回覆	元/m³
				泡田打浆	元/m²
				绞田边	元/m²
				糊田坎	元/m³
				人工细部平整	元/公顷
(4)			田块归并		
				除杂	元/m²
				开沟起厢滤水	元/m³
				表土剥离	元/m³
				田坎(埂)修筑	元/m³
				土(石)方开挖	元/m³
				犁底层夯实(挖方区)	元/m²
				犁底层夯实(填方区)	元/m³
				表土回覆	元/m³
				泡田打浆	元/m²
				绞田边	元/m²
				糊田坎	元/m³
				人工细部平整	元/公顷
(5)			梯田整治		
				除杂	元/m²

续表

序号	一级项目	二级项目	三级项目	四级项目	技术经济指标
				开沟起厢滤水	元/m³
				表土剥离	元/m³
				田坎(埂)修筑	元/m³
				土(石)方开挖	元/m³
				犁底层夯实(挖方区)	元/m²
				犁底层夯实(填方区)	元/m³
				泡田打浆	元/m²
				表土回覆	元/m³
				绞田边	元/m²
				糊田坎	元/m³
				人工细部平整	元/公顷
(6)			缓坡整治		
				除杂	元/m²
				表土剥离	元/m³
				田坎(埂)修筑	元/m³
				土(石)方开挖	元/m³
				表土回覆	元/m³
				人工细部平整	元/公顷
(7)			坡改梯		
				除杂	元/m²
				表土剥离	元/m³
				田坎(埂)修筑	元/m³
				土(石)方开挖	元/m³
				表土回覆	元/m³
				人工细部平整	元/公顷
(8)			台面重构		
				除杂	元/m²
				表土剥离	元/m³
				田坎(埂)修筑	元/m³
				土(石)方开挖	元/m³
				表土回覆	元/m³
				人工细部平整	元/公顷
(9)			边角地整治		
				除杂	元/m²
				土(石)方开挖	元/m³
				人工细部平整	元/公顷

序号	一级项目	二级项目	三级项目	四级项目	技术经济指标
（10）			开发零星未利用非耕地		
				除杂	元/m²
				表土剥离	元/m³
				田坎（埂）修筑	元/m³
				土（石）方开挖	元/m³
				表土回覆	元/m³
				人工细部平整	元/公顷
（11）			低效园林地整治		
				除杂	元/m²
				表土剥离	元/m³
				田坎（埂）修筑	元/m³
				土（石）方开挖	元/m³
				表土回覆	元/m³
				人工细部平整	元/公顷
（12）			废弃坑塘复垦		
				除杂	元/m²
				清淤	元/m³
				田坎（埂）修筑	元/m³
				土（石）方开挖	元/m³
				人工细部平整	元/公顷
（13）			石漠化整治		
				除杂	元/m²
				表土剥离	元/m³
				取石	元/m³
				田坎（埂）修筑	元/m³
				土（石）方开挖	元/m³
				石渣粉碎摊铺	元/m³
				弃渣外运	元/m³
				表土回覆	元/m³
				基质搅拌、旋耕	元/m³
				万向结合约束（ODI约束）	元/亩[①]
（14）			其他		
2		未利用地平整工程			
（1）			荒草地开发		

①注：1亩≈666.7m²。

序号	一级项目	二级项目	三级项目	四级项目	技术经济指标
				除杂	元/m²
				表土剥离	元/m³
				田坎(埂)修筑	元/m³
				土(石)方开挖	元/m³
				表土回覆	元/m³
(2)			其他		
3		废弃地整理			
(1)			灾毁地整治	除杂	元/m²
				表土剥离	元/m³
				田坎(埂)修筑	元/m³
				土(石)方开挖	元/m³
				废弃物回填	元/m³
				废弃物运输	元/m³
				表土回覆	元/m³
(2)			其他		
4		耕作层地力保持工程			
(1)			客土回填		
				土(石)方开挖	元/m³
				土(石)方运输	元/m³
				土(石)方回填	元/m³
(2)			地力培肥		
				农家肥	元/kg
				有机肥	元/kg
				绿肥	元/kg
(3)			其他		
二	灌溉与排水工程				
1		水源工程			
(1)			塘堰(坝)		
				土(石)方开挖	元/m³
				土(石)方回填	元/m³
				混凝土	元/m³
				砌石	元/m³
				钢筋	元/t
				垫层	元/m³
				抹面	元/m²
				复合土工膜	元/m²

序号	一级项目	二级项目	三级项目	四级项目	技术经济指标
(2)			小型拦河坝（闸）		
				土（石）方开挖	元/m³
				土（石）方回填	元/m³
				混凝土	元/m³
				砌石	元/m³
				钢筋	元/t
				垫层	元/m³
				抹面	元/m²
				复合土工膜	元/m²
				闸门安装	元/套
(3)			农用井		
				人工成孔	元/m
				钻机成孔	元/m
				透水层填封	元/m
				非透水层填封	元/m
				机械洗井	元/m
				PVC 管安装	元/m
				铸铁管安装	元/m
				混凝土管安装	元/m
				水泵安装	元/台
				电动机安装	元/台
(4)			蓄水池		
				土（石）方开挖	元/m³
				土（石）方回填	元/m³
				混凝土	元/m³
				砌石	元/m³
				钢筋	元/t
				垫层	元/m³
				抹面	元/m²
				栏杆安装	元/m
(5)			其他		
2		输水工程			
(1)			明渠		
				土（石）方开挖	元/m³
				土（石）方回填	元/m³
				混凝土	元/m³

序号	一级项目	二级项目	三级项目	四级项目	技术经济指标
				砌石	元/m³
				钢筋	元/t
				垫层	元/m³
				抹面	元/m²
(2)			管道		
				土(石)方开挖	元/m³
				土(石)方回填	元/m³
				钢管安装	元/m
				铸铁管安装	元/m
				PVC管安装	元/m
				PE管安装	元/m
				PP管安装	元/m
				波纹管安装	元/m
				铝合金管安装	元/m
				混凝土管安装	元/m
(3)			地面灌溉		
				土(石)方开挖	元/m³
				土(石)方回填	元/m³
				混凝土	元/m³
				砌石	元/m³
				抹面	元/m²
(4)			其他		
3		喷微灌工程			
(1)			喷灌		
				土(石)方开挖	元/m³
				土(石)方回填	元/m³
				钢管安装	元/m
				铸铁管安装	元/m
				PVC管安装	元/m
				PE管安装	元/m
				PP管安装	元/m
				铝合金管安装	元/m
				首部枢纽安装	元/套
				喷头安装	元/套
(2)			微灌		
				土(石)方开挖	元/m³

序号	一级项目	二级项目	三级项目	四级项目	技术经济指标
				土(石)方回填	元/m³
				钢管安装	元/m
				铸铁管安装	元/m
				PVC 管安装	元/m
				PE 管安装	元/m
				PP 管安装	元/m
				铝合金管安装	元/m
				首部枢纽安装	元/套
				滴灌带安装	元/m
(3)			其他		
4		排水工程			
(1)			明沟		
				清淤	元/m³
				土(石)方开挖	元/m³
				土(石)方回填	元/m³
				混凝土	元/m³
				钢筋	元/t
				砌石	元/m³
				垫层	元/m³
				抹面	元/m²
(2)			暗渠(管)		
				土(石)方开挖	元/m³
				土(石)方回填	元/m³
				混凝土	元/m³
				钢筋	元/t
				砌石	元/m³
				垫层	元/m³
				抹面	元/m²
				暗管安装	元/m
(3)			其他		
5		渠系建筑物工程			
(1)			沉砂池		
				土(石)方开挖	元/m³
				土(石)方回填	元/m³
				混凝土	元/m³
				砌石	元/m³

序号	一级项目	二级项目	三级项目	四级项目	技术经济指标
				抹面	元/m²
				垫层	元/m³
(2)			水闸		
				土(石)方开挖	元/m³
				土(石)方回填	元/m³
				混凝土	元/m³
				钢筋	元/t
				砌石	元/m³
				垫层	元/m³
				抹面	元/m²
				闸门安装	元/套
(3)			渡槽		
				土(石)方开挖	元/m³
				土(石)方回填	元/m³
				混凝土	元/m³
				钢筋	元/t
				砌石	元/m³
				垫层	元/m³
				抹面	元/m²
(4)			倒虹吸		
				土(石)方开挖	元/m³
				土(石)方回填	元/m³
				混凝土	元/m³
				钢筋	元/t
				砌石	元/m³
				垫层	元/m³
				抹面	元/m²
(5)			农桥		
				土(石)方开挖	元/m³
				土(石)方回填	元/m³
				混凝土	元/m³
				钢筋	元/t
				砌石	元/m³
				垫层	元/m³
				抹面	元/m²
(6)			涵洞		

序号	一级项目	二级项目	三级项目	四级项目	技术经济指标
				土(石)方开挖	元/m³
				土(石)方回填	元/m³
				混凝土	元/m³
				钢筋	元/t
				砌石	元/m³
				垫层	元/m³
				抹面	元/m²
(7)			跌水、陡坡		
				土(石)方开挖	元/m³
				土(石)方回填	元/m³
				混凝土	元/m³
				钢筋	元/t
				砌石	元/m³
				垫层	元/m³
				抹面	元/m²
(8)			量水设施		
				土(石)方开挖	元/m³
				土(石)方回填	元/m³
				混凝土	元/m³
				砌石	元/m³
				垫层	元/m³
				抹面	元/m²
(9)			其他		
6		泵站及输配电工程			
(1)			泵站		
				土(石)方开挖	元/m³
				土(石)方回填	元/m³
				混凝土	元/m³
				钢筋	元/t
				砌石	元/m³
				垫层	元/m³
				抹面	元/m²
				泵房	元/m²
				水泵安装	元/台
(2)			输电线路		
				10kV 线路架设	元/km

序号	一级项目	二级项目	三级项目	四级项目	技术经济指标
				380V 线路架设	元/km
				照明线路架设	元/km
				电缆敷设	元/km
				线路移设	元/km
(3)			配电装置		
				变压器安装	元/台
				断路器安装	元/台
				互感器安装	元/台
				配电箱(屏)安装	元/台
				起动器安装	元/台
(4)			其他		
三	田间道路工程				
1		田间道			
(1)			路基		
				土(石)方开挖	元/m³
				土(石)方回填	元/m³
				原土夯实	元/m²
				灰土回填	元/m²
				砂砾石铺筑	元/m²
				碎石铺筑	元/m²
				煤矸石铺筑	元/m²
				块石铺筑	元/m²
				连槽石铺筑	元/m²
				水泥碎石稳定层铺筑	元/m²
(2)			路面		
				素土面层	元/m²
				泥结碎石面层	元/m²
				砂砾石面层	元/m²
				煤矸石面层	元/m²
				沥青碎石面层	元/m²
				沥青混凝土面层	元/m²
				水泥混凝土面层	元/m²
				彩色混凝土面层	元/m²
				块片石拼接面层	元/m²
2		生产路			
(1)			路基		

序号	一级项目	二级项目	三级项目	四级项目	技术经济指标
				土(石)方开挖	元/m³
				土(石)方回填	元/m³
				原土夯实	元/m²
				灰土回填	元/m²
				砂砾石铺筑	元/m²
				碎石铺筑	元/m²
				煤矸石铺筑	元/m²
				块石铺筑	元/m²
				连槽石铺筑	元/m²
				水泥碎石稳定层铺筑	元/m²
(2)			路面		
				素土面层	元/m²
				泥结碎石面层	元/m²
				砂砾石面层	元/m²
				煤矸石面层	元/m²
				沥青碎石面层	元/m²
				沥青混凝土面层	元/m²
				水泥混凝土面层	元/m²
				彩色混凝土面层	元/m²
				透水砖面层	元/m²
				青石板面层	元/m²
				块片石拼接面层	元/m²
				广场砖面层	元/m²
				塑木栈道	元/m
3		道路附属			
(1)			安全附属		
				广角镜	元/套
				减速带	元/m
				警示柱	元/个
				安全警示牌	元/套
				道路指示标识	元/套
				防护栏	元/m
(2)			其他附属		
				混凝土挡土墙	元/m³
				毛石混凝土挡土墙	元/m³
				浆砌块石挡土墙	元/m³

续表

序号	一级项目	二级项目	三级项目	四级项目	技术经济指标
				PVC管泄水孔	元/m
				反滤层	元/m³
				混凝土路缘石	元/m³
				石质路缘石	元/m³
				标线	元/km
				浆砌块石护坡	元/m³
				浆砌预制块护坡	元/m³
				格构混凝土护坡	元/m³
				切割伸缩缝	元/m
四	生态环境整治工程				
1		农田林网工程			
(1)			农田防风林		
				土(石)方开挖	元/m³
				土(石)方回填	元/m³
				栽植灌木	元/株
				栽植乔木	元/株
(2)			梯田埂坎防护林		
				土(石)方开挖	元/m³
				土(石)方回填	元/m³
				栽植灌木	元/株
				栽植乔木	元/株
(3)			护路护沟林		
				土(石)方开挖	元/m³
				土(石)方回填	元/m³
				栽植灌木	元/株
				栽植乔木	元/株
(4)			护岸林		
				土(石)方开挖	元/m³
				土(石)方回填	元/m³
				栽植灌木	元/株
				栽植乔木	元/株
2		岸坡防护工程			
(1)			护堤		
				土(石)方开挖	元/m³
				土(石)方回填	元/m³
				混凝土	元/m³

序号	一级项目	二级项目	三级项目	四级项目	技术经济指标
				钢筋	元/t
				砌石	元/m³
				垫层	元/m³
				抹面	元/m²
(2)			护岸		
				土(石)方开挖	元/m³
				土(石)方回填	元/m³
				混凝土	元/m³
				钢筋	元/t
				砌石	元/m³
				抹面	元/m²
3		沟道治理工程			
(1)			谷坊		
				土(石)方开挖	元/m³
				土(石)方回填	元/m³
				混凝土	元/m³
				砌石	元/m³
				抹面	元/m²
(2)			沟头防护		
				土(石)方开挖	元/m³
				土(石)方回填	元/m³
				混凝土	元/m³
				砌石	元/m³
				抹面	元/m²
(3)			拦沙坝		
				土(石)方开挖	元/m³
				土(石)方回填	元/m³
				混凝土	元/m³
				钢筋	元/t
				砌石	元/m³
				抹面	元/m²
4		坡面防护工程			
(1)			截水沟		
				土(石)方开挖	元/m³
				土(石)方回填	元/m³
				砌石	元/m³

续表

序号	一级项目	二级项目	三级项目	四级项目	技术经济指标
				混凝土	元/m³
				抹面	元/m²
(2)			排洪沟		
				土(石)方开挖	元/m³
				土(石)方回填	元/m³
				砌石	元/m³
				混凝土	元/m³
				抹面	元/m²
(3)			拦山堰		
				土(石)方开挖	元/m³
				土(石)方回填	元/m³
				砌石	元/m³
				混凝土	元/m³
				抹面	元/m²
5		其他			
五	农村人居环境整治工程				
1		庭院整治工程			
(1)			晒谷场		
				土(石)方开挖	元/m³
				土(石)方回填	元/m³
				砌石	元/m³
				砖	元/m³
				混凝土	元/m³
				抹面	元/m²
(2)			庭院环境治理		
				除杂	元/m²
				土(石)方开挖	元/m³
				土(石)方回填	元/m³
				砌石	元/m³
				砖	元/m³
				混凝土	元/m³
				抹面	元/m²
				栅栏(防腐木)	元/m
				栅栏(竹木)	元/m
				植物篱	元/m
				庭院灯	元/套

序号	一级项目	二级项目	三级项目	四级项目	技术经济指标
(3)			宅间路		
				土(石)方开挖	元/m³
				土(石)方回填	元/m³
				人工平土	元/m²
				原土夯实	元/m²
				灰土回填	元/m²
				砂砾石铺筑	元/m²
				碎石铺筑	元/m²
				煤矸石铺筑	元/m²
				块石铺筑	元/m²
				连槽石铺筑	元/m²
				水泥碎石稳定层铺筑	元/m²
				泥结碎石面层	元/m²
				砂砾石面层	元/m²
				煤矸石面层	元/m²
				沥青碎石面层	元/m²
				沥青混凝土面层	元/m²
				水泥混凝土面层	元/m²
				彩色混凝土面层	元/m²
				透水砖面层	元/m²
				青石板面层	元/m²
				块片石拼接面层	元/m²
				广场砖面层	元/m²
(4)			村沟宅河疏通		
				土(石)方开挖	元/m³
				土(石)方回填	元/m³
				混凝土	元/m³
				砌石	元/m³
				钢筋	元/t
				垫层	元/m³
				抹面	元/m²
(5)			环卫工程		
				垃圾收集点	元/套
				垃圾箱	元/套
(6)			照明工程		
				太阳能路灯安装	元/套

续表

序号	一级项目	二级项目	三级项目	四级项目	技术经济指标
				庭院灯安装	元/套
2		乡村生态保护修复工程			
(1)			土地污染修复		
				物理修复	元/公顷
				化学修复	元/公顷
				生物修复	元/公顷
(2)			水环境治理		
				N/P污染治理	元/公顷
(3)			景观生态工程		
				土（石）方开挖	元/m³
				土（石）方回填	元/m³
				砌石	元/m³
				砖	元/m³
				混凝土	元/m³
				抹面	元/m²
				土工格栅	元/m²
				无纺土工布铺设	元/m²
				生态袋护坡	元/m³
				围栏（防腐木）	元/m
				围栏（竹木）	元/m
				围栏（不锈钢）	元/m
				杀虫灯安装	元/套
				人工安装鸟箱	元/套
				生态浮岛	元/m²
				缓冲带建设	元/m²
				生态岛	元/m²
				栖息地保护	元/公顷
				植被恢复	元/m²
				栽种乔木	元/株
				栽种灌木	元/株
				栽种草本植物	元/m²
				穴播草本植物	元/m²
				散播草本植物	元/m²
				栽种挺水植物	元/m²
				栽种沉水植物	元/m²
				栽种浮叶植物	元/m²

序号	一级项目	二级项目	三级项目	四级项目	技术经济指标
				天然林地、草地、湿地和水体保护	元/公顷
3			乡村历史文化保护工程		
(1)				乡村古迹保护与修缮	
				土(石)方开挖	元/m³
				土(石)方回填	元/m³
				砌石	元/m³
				砖	元/m³
				混凝土	元/m³
				抹面	元/m²
				围栏(竹木)	元/m
				围栏(不锈钢)	元/m
(2)				乡村文化小品建设	
				风景石、雕塑	元/T
				凉亭安装	元/套
				装饰构件安装(稻草人、草垛、水车、风车等)	元/套
				生活器材安装(桌、椅、凳、垃圾桶、庭院灯、健身器材)	元/套
				墙壁图案喷绘	元/m²
4			其他		
六	其他工程				
1			项目标识牌		元/套
2			脚手架工程		
3			机械进出场		

表 3-2 设备

序号	一级项目	二级项目	三级项目	四级项目	技术经济指标
一	闸门及启闭设备				
				门叶	元/t
				埋件	元/t
				启闭机	元/台
二	排灌设备				
				水泵	元/台
				电动机	元/台
				喷灌机	元/台

续表

序号	一级项目	二级项目	三级项目	四级项目	技术经济指标
				滴灌机	元/台
三	变配电及电气控制设备				
				变压器	元/台
				断路器	元/台
				互感器	元/台
				配电箱（屏）	元/台
				起动器	元/台
	……				

表 3-3　其他费用

序号	一级项目	二级项目	三级项目	四级项目	技术经济指标
一	前期工作费				
				土地清查费	
				项目可行性研究费	
				项目前期勘测费	
				项目设计与预算编制费	
				概（预）算审查费	
				项目招标代理费	
二	工程监理费				
三	拆迁补偿费				
四	竣工验收费				
				新增耕地核定费	
				项目结（决）算审计费	
				整理后土地重估与登记费	
五	工程保险费				
六	业主管理费				

表 3-4　不可预见费

序号	一级项目	二级项目	三级项目	四级项目	技术经济指标
一	不可预见费				

第四章　费用构成

第一节　概述

土地开发整理项目费用由工程施工费、设备购置费、其他费用和不可预见费组成,具体内容如图 4-1 所示。

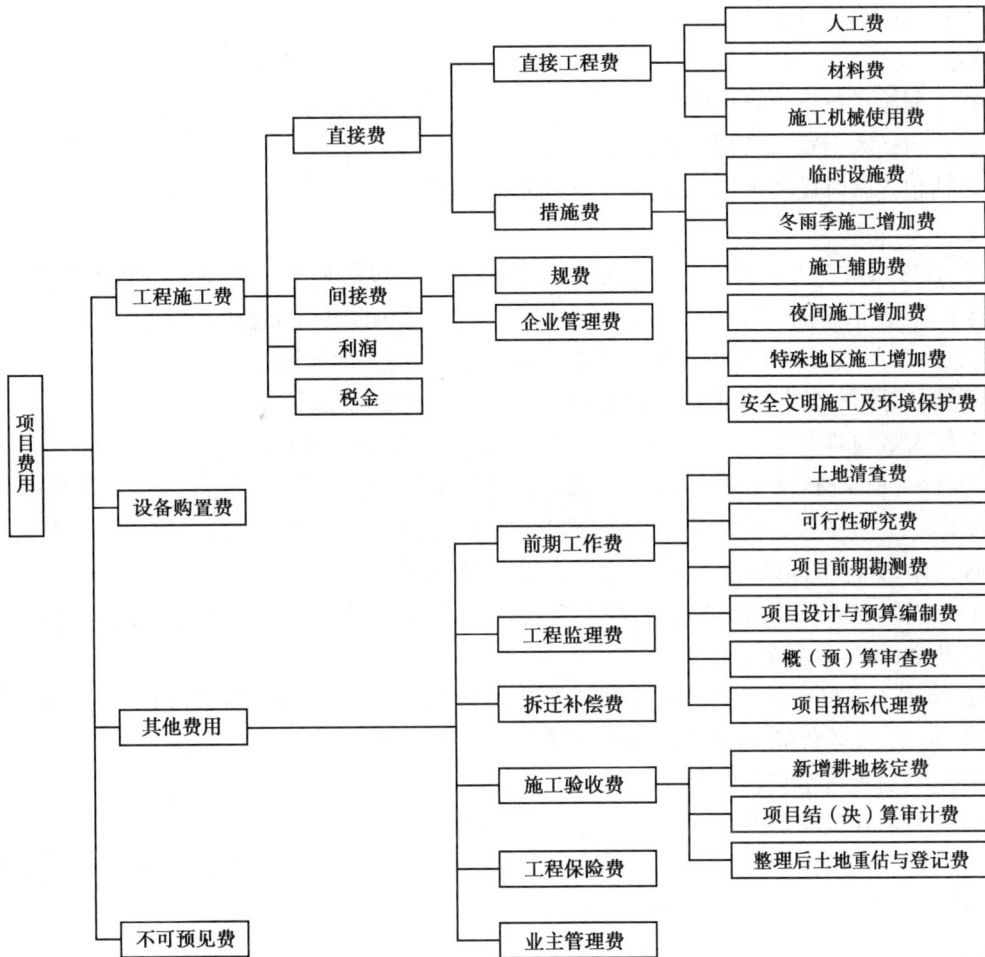

图 4-1　土地开发整理项目费用组成

一、工程施工费

工程施工费由直接费、间接费、利润和税金组成,具体内容如下:

(一)直接费

1.直接工程费;

2.措施费。

(二)间接费

1.规费;

2.企业管理费。

(三)利润

(四)税金

二、设备购置费

设备购置费由设备原价、运杂费、运输保险费、采购及保管费组成。

三、其他费用

其他费用由前期工作费、工程监理费、拆迁补偿费、竣工验收费、工程保险费和业主管理费组成。

四、不可预见费

第二节　工程施工费

工程施工费包括直接费、间接费、利润和税金。

一、直接费

直接费指工程施工过程中直接消耗在工程项目上的活劳动和物化劳动,由直接工程费、措施费组成。

直接工程费包括人工费、材料费和施工机械使用费。

措施费包括包含临时设施费、冬雨季施工增加费、夜间施工增加费、施工辅助费和特殊地区施工增加费。

（一）直接工程费

1.人工费:直接从事工程施工的生产工人开支的各项费用,包括基本工资、辅助工资和工资附加费。

（1）基本工资:包括岗位工资、年功工资以及年应工作天数内非作业天数的工资。

①岗位工资:按照职工所在岗位各项劳动要素测评结果确定的工资。

②年功工资:按照职工工作年限确定的工资,随工作年限增加而逐年累加。

③年应工作天数内非作业天数的工资:职工开会学习、培训期间的工资,调动工作、探亲、休假期间的工资,因气候影响停工的工资,女工哺乳期间的工资,病假在6个月以内的工资及产、婚、丧假期的工资。

（2）辅助工资:在基本工资之外,以其他形式支付给职工的工资性收入。包括根据国家有关规定属于工资性质的各种津贴,如地区津贴、施工津贴、夜餐津贴、节日加班津贴等。

（3）工资附加费:按照国家规定提取的职工福利基金、工会经费、养老保险费、医疗保险费、工伤保险费、职工失业保险基金、住房公积金。

2.材料费:指用于工程项目上的消耗性材料费、装置性材料费和周转性材料摊销费。材料预算价格一般包括材料原价、包装费、运杂费、运输保险费和采购及保管费5项。

（1）材料原价:材料指定交货地点的价格。

（2）包装费:材料在运输和保管过程中的包装费和包装材料的折旧摊销费。

（3）运杂费:材料从指定交货地点至工地分仓库或材料堆放场所发生的全部费用,包括运输费、装卸费、调车费、二次转运费、汽车超运距运输费及其他杂费。

（4）运输保险费:材料在运输途中的保险费。

（5）采购及保管费:材料在采购、供应和保管过程中所发生的各项费用,包括材料的采购、供应和保管部门工作人员的基本工资、辅助工资、工资附加费、教育经费、办公费、差旅交通费及工具用具使用费,仓库、转运站等设施的检修费、固定资产折旧费、技术安全措施费和材料检验费,材料在运输、保管过程中发生的损耗等。

3.施工机械使用费:消耗在工程项目上的机械磨损、维修和动力燃料费用等,包括折旧费、修理及替换设备费、安装拆卸费、机上人工费和动力燃料费。

（1）折旧费:施工机械在规定使用年限内回收原值的台班折旧摊销费用。

（2）修理及替换设备费:修理费指施工机械使用过程中,为了使机械保持正常功能而进行修理所需的摊销费用和机械正常运转及日常保养所需的润滑油料、擦拭用品的费用,以及保管机械所需的费用;替换设备费指施工机械正常运转时所耗用的替换设备及随机使用的工具用具等摊销费用。

（3）安装拆卸费:施工机械进出工地的安装、拆卸、试运转和场内转移及辅助设施的摊销费用。部分大型施工机械的安装拆卸费不在其施工机械使用费中计列,包含在企业管理费中。

（4）机上人工费：施工机械使用时机上操作人员的人工费用。

（5）动力燃料费：施工机械正常运转时所耗用的风、水、电、油和煤等费用。

（二）措施费

措施费指为完成工程项目施工,发生于该工程施工前和施工过程中非工程实体项目的费用。

1.临时设施费：施工企业为进行工程施工所必需的生活和生产用的临时建筑物、构筑物和其他临时设施费用等。

2.冬雨季施工增加费：在冬雨季施工期间为保证工程质量所需增加的费用。

3.夜间施工增加费：在夜间施工而增加的费用。

注：农用井工程需连续工作部分计取此项费用。

4.施工辅助费：包括已完工程及设备保护费、施工排水及降水费、检验试验费、工程定位复测费、工程点交等费用。

（1）已完工程及设备保护费：竣工验收前,对已完工程及设备进行保护所需费用。

（2）施工排水及降水费：为确保工程在正常条件下施工,采取各种排水、降水措施所发生的各种费用。

（3）检验试验费：对建筑材料、构件和建筑安装物进行一般鉴定、检查所发生的费用,包括自设试验室进行试验所耗用的材料和化学药品费用等,以及技术革新和研究试验费；不包括新结构、新材料的试验费和建设单位要求对具有出厂合格证明的材料进行检验,对构件进行破坏性试验及其他特殊要求检验试验的费用。

（4）工程定位复测费：对单项工程的坐标、标高、走线等按照建设单位提供的施工图纸进行复测所发生的费用。

（5）工程点交：因工程交工所发生的费用。

5.特殊地区施工增加费：在高海拔、酷热、风沙等特殊地区施工而增加的费用。

6.安全文明施工及环境保护费：指根据国家现行的施工安全、施工现场环境与卫生标准和有关规定,购置和更新施工安全防护用具及设施,改善安全生产条件和作业环境所需要的费用。

二、间接费

间接费由规费和企业管理费组成。

（一）规费

规费指施工现场发生并按政府和有关权力部门规定必须缴纳的费用。

（二）企业管理费

企业管理费指施工企业组织施工生产和经营活动所需费用,包括管理人员工资、差旅交通费、办公费、固定资产使用费、工具用具使用费、劳动保险费、工会经费、职工教育经费、财产保险费、财务费和税金等。

1.管理人员工资：管理人员的基本工资、辅助工资、工资附加费和劳动保护费。

2.差旅交通费：施工企业管理人员因公出差、工作调动的差旅费、误餐补助费,职工探亲路费,劳动力招募费,离退休职工一次性路费及交通工具油料、燃料、牌照、养路费等。

3.办公费：企业办公用具、印刷、邮电、书报、会议、水电、燃煤（气）等费用。

4.固定资产使用费：管理和试验部门及附属生产单位使用的属于固定资产的房屋、设备仪器等的折旧、大修、维修或租赁费。

5.工具用具使用费：企业管理使用的不属于固定资产的生产工具、器具、家具、交通工具和检验、试验、测绘、消防用具等的购置、维修和摊销费用。

6.劳动保险费：由企业支付离退休职工的易地安家补助费、职工退职金、6个月以上的病假人员工资、职工死亡丧葬补助费、抚恤费、按规定支付给离休干部的各项经费。

7.工会经费：企业按职工工资总额计提的工会经费。

8.职工教育经费：企业为职工学习先进技术和提高文化水平,按职工工资总额计提的费用。

9.财产保险费：施工管理所用财产、车辆的保险费。

10.财务费：企业为筹集资金而发生的各种费用。

11.税金：企业按规定缴纳的房产税、车船使用税、土地使用税、印花税等。

12.其他：包括技术转让费、技术开发费、业务招待费、广告费、公证费、法律顾问费、审计费、咨询费等。

三、利润

利润指施工企业完成所承包工程获得的盈利。

四、税金

税金指按国家及重庆市有关规定应计入土地开发整理项目工程施工费用内的增值税销项税额。

第三节　设备购置费

设备购置费包括设备原价、运杂费、运输保险费和采购及保管费。

一、设备原价

1.对于国产设备，其原价指出厂价。

2.拆装设备分瓣运至工地后的组装费用，应包括在设备原价内。

二、运杂费

运杂费指设备由厂家运至工地安装现场所发生的一切运杂费用，包括运输费、调车费、装卸费、包装绑扎费及可能发生的其他杂费。

三、运输保险费

运输保险费指设备在运输过程中的保险费用。

四、采购及保管费

采购及保管费指项目实施单位和施工企业在负责设备的采购、保管过程中发生的各项费用。包括：

1.采购及保管部门工作人员的基本工资、辅助工资、工资附加费、劳动保护费、教育经费、办公费、差旅交通费、工具用具使用费等。

2.临时仓库、转运站等设施的运行费、维修费、固定资产折旧费、技术安全措施费和设备的检验、试验费等。

第四节　其他费用

其他费用包括前期工作费、工程监理费、拆迁补偿费、竣工验收费、工程保险费和业主管理费。

一、前期工作费

前期工作费指土地开发整理项目在工程施工前所发生的各项支出，包括土地清查费、项目前期勘测费、项目设计与预算编制费、概（预）算审查费和项目招标代理费。

1.土地清查费：项目承担单位组织项目所在乡镇（含村社）人员对土地开发整理项目区进行权属调查、地籍测绘、土地评估所发生的费用。

2.项目可行性研究费：项目承担单位委托具有相关资质的单位对土地开发整理项目进行可行性研究时，按规定应支付的费用。

3.项目前期勘测费：项目前期项目承担单位委托具有相关资质的单位对土地开发整理项目区进行地形测量、新增耕地前期数据采集上图所发生的费用。

4.项目设计与预算编制费：项目承担单位委托具有相关资质的单位对土地开发整理项目进行规划设计与预算编制时，按规定应支付的费用。

5.概（预）算审查费：项目承担单位委托具有相关资质的单位对土地开发整理项目设计文件、投资概（预）算编制规范化的监督及评价所产生的费用。

6.项目招标代理费：项目承担单位委托具有相关资质的单位对土地开发整理项目进行招标时，按规定应支付的费用。

二、工程监理费

工程监理费指项目承担单位委托具有工程监理资质的单位,按国家有关规定对工程质量、进度、安全和投资进行全过程监督与管理所发生的费用。

三、拆迁补偿费

拆迁补偿费指土地开发整理项目实施过程中,针对林木及青苗损毁等所发生的适当补偿费用。

四、竣工验收费

竣工验收费指土地开发整理项目工程完工后,因项目竣工验收、结(决)算、成果的管理等发生的各项支出,包括新增耕地核定费、项目结(决)算审计费、整理后土地重估与登记费。

1.新增耕地核定费:项目承担单位委托具有相关资质的单位对项目建成后进行必要的资料采集数据分析的费用,包括竣工图测绘、整理后土地利用数据分析、新增耕地核定和新增耕地举证等其他相关附件资料制作等工作。

2.项目结(决)算审计费:按现行项目管理办法及竣工验收规范要求对结(决)算进行审计所需要的费用。

3.整理后土地重估与登记费:项目建成后,主管部门对土地的重新评估与登记费用。

五、工程保险费

工程保险费指为转移工程项目建设的意外风险,项目承担单位根据项目特点在建设期内对建筑工程、安装工程、机械设备和人身安全进行投保而发生的费用,包括建筑安装工程一切险、人身意外伤害险和引进设备财产保险等。

六、业主管理费

业主管理费指项目承担单位从项目筹建之日起至办理竣工财务决算之日止发生的管理性质的支出,包括不在原单位发工资的工作人员工资及相关费用、办公费、办公场地租用费、会议费、差旅交通费、劳动保护费、工具用具使用费、监测服务费(含监测设备租赁、监测技术服务费、风险评估等费用)、固定资产使用费、零星购置费、乡镇协调费(含村社)宣传费、培训费、咨询费、招募生产工人费、技术图书资料费(含软件)、业务招待费、施工现场津贴、组织竣工验收费、印花税和其他管理性质开支。

第五节　不可预见费

不可预见费指在施工过程中因自然灾害、重大政策变化及其他不可预见因素的变化而增加的费用。

第五章 编制方法及计算标准

第一节 基础单价编制

一、人工预算单价

（一）人工预算单价计算方法

1.基本工资：

基本工资（元/工日）＝基本工资标准（元/月）×地区工资系数×12月÷（年应工作天数−年非工作天数）

2.辅助工资：

（1）地区津贴（元/工日）＝津贴标准（元/月）×12月÷（年应工作天数−年非工作天数）；

（2）施工津贴（元/工日）＝津贴标准（元/天）×365天×K_1÷（年应工作天数−年非工作天数）；

（3）夜餐津贴（元/工日）＝（中班津贴标准+夜班津贴标准）÷2×K_2；

（4）节日加班津贴（元/工日）＝基本工资（元/工日）×（3−1）×法定假天数÷年应工作天数×K_3。

3.工资附加费：

（1）职工福利基金（元/工日）＝［基本工资（元/工日）+辅助工资（元/工日）］×费率标准（%）；

（2）工会经费（元/工日）＝［基本工资（元/工日）+辅助工资（元/工日）］×费率标准（%）；

（3）养老保险费（元/工日）＝［基本工资（元/工日）+辅助工资（元/工日）］×费率标准（%）；

（4）医疗保险费（元/工日）＝［基本工资（元/工日）+辅助工资（元/工日）］×费率标准（%）；

（5）工伤保险费（元/工日）＝［基本工资（元/工日）+辅助工资（元/工日）］×费率标准（%）；

（6）职工失业保险基金（元/工日）＝［基本工资（元/工日）+辅助工资（元/工日）］×费率标准（%）；

（7）住房公积金（元/工日）＝［基本工资（元/工日）+辅助工资（元/工日）］×费率标准（%）。

4.人工工日预算单价：

人工工日预算单价（元/工日）＝（基本工资+辅助工资+工资附加费）×（1+人工工资增长幅度Q_1×修正系数Q_2）

式中，Q_1为人工工资增长幅度；Q_2为人工工资增长幅度的修正系数。

（二）人工预算单价计算标准

1.有效工作时间：

（1）年应工作天数：250天（年日历日365天减法定假11天，再减52周双休日104天）。

（2）年非工作天数：指探亲假、气候影响停工、学习培训、6个月以内病假等在年应工作天数之内而未工作的天数。甲类、乙类平均按10天计。

2.基本工资：

基本工资标准（六类工资区）：甲类：540元/月，乙类：445元/月。

3.辅助工资：

（1）辅助工资标准如表5-1所示。

表5-1 辅助工资标准表

序号	项目	甲类	乙类
1	地区津贴	按重庆市的规定	
2	施工津贴	3.5元/天	2.0元/天
3	夜餐津贴	4.5元/夜班，3.5元/中班	

（2）辅助工资系数如表 5-2 所示。

表 5-2　辅助工资系数表

项目	甲类	乙类
K_1	0.95	0.95
K_2	0.20	0.05
K_3	0.35	0.15

4.工资附加费标准如表 5-3 所示。

表 5-3　工资附加费标准表

序号	项目	费率标准 甲（乙）类
1	职工福利基金	14%
2	工会经费	2%
3	养老保险费	按重庆市规定
4	医疗保险费	按重庆市规定
5	工伤保险费	1.5%
6	职工失业保险基金	2%
7	住房公积金	按重庆市规定

5.不定期以文件形式调整人工单价标准。

2022 年人工预算单价算例如表 5-4 所示。

表 5-4　××项目人工预算单价计算表

序号	公式	备注
2020 年甲类	$59.17 \times (1+12.71\% \times 0.85) = 65.56$	渝规资〔2020〕791 号
2020 年乙类	$47.07 \times (1+18.19\% \times 0.85) = 54.35$	
2022 年人工工资增长幅度 Q_1	4.31%	甲类
	2.80%	乙类
修正系数 Q_2	0.85	甲类
	0.85	乙类
2022 年甲类	$65.56 \times (1+4.31\% \times 0.85) = 67.96$	
2022 年乙类	$54.35 \times (1+2.80\% \times 0.85) = 55.64$	

6.高级技工单价标准。高级技工单价按照重庆市建设工程造价管理总站发布的《重庆工程造价信息》中预算编制期对应区县的木工综合工信息价进行限价计算,限价为 120 元/工日。当预算价格等于或小于限价时,直接计入工程施工费单价;当高级技工预算价格大于限价时,超出限价部分单独计算人工费价差(只计取人工费和税金),不参与取费。

二、材料预算价格

1.主要材料预算价格。对于用量多、影响工程投资大的主要材料,如钢材、木材、水泥、砂石料等,需编制材料预算价格。

计算公式为：

材料预算价格=（材料原价+包装费+运杂费）×（1+采购及保管费率）+运输保险费

（1）材料原价：按工程所在地区就近大的物资供应公司、材料交易中心的市场成交价或设计选定的生产厂家的出厂价计算。

（2）包装费：按工程所在地区的实际资料及有关规定计算。

（3）运杂费：铁路运输按现行《铁路货物运价规则》及有关规定计算，公路及水路运输按工程所在省、自治区、直辖市交通部门现行规定计算。

（4）运输保险费：按工程所在省、自治区、直辖市或中国人民保险公司的有关规定计算。

（5）采购及保管费：按材料运到工地仓库价格（不包含运输保险费）的2.17%计算。

2.其他材料预算价格。可参考工程所在地区的工业与民用建筑安装工程材料预算价格或信息价格。

3.对块石、水泥及钢筋等十一类主要材料进行限价。当上述材料预算价格等于或小于表5-5中所列的规定价格时，直接计入工程施工费单价；当材料预算价格大于表5-5中所列的规定价格时，超出限价部分单独计算材料价差（只计取材料费和税金），不参与取费。

表5-5　主材规定价格表

序号	材料名称	单位	限价（元）
1	块石、片石	m³	40
2	砂子、石子（碎石、卵石、石屑）	m³	60
3	条石、料石	m³	70
4	水泥	t	300
5	标砖	千块	240
6	钢筋（型钢）	t	3500
7	柴油	t	3500
8	汽油	t	3600
9	锯材（板枋材）	m³	1200
10	生石灰	t	180
11	树苗	株	5

4.其他说明：

（1）采用的"材料信息价"是指由重庆市建设工程造价管理总站发布的《重庆工程造价信息》中预算编制期对应区县的材料信息价（材料信息价含材料原价、25km以内运输费、除人力运输运杂费外的所有运杂费、运输损耗费）。

（2）若编制期内《重庆工程造价信息》中公布了相应材料价格，则采用公布的信息价；若编制期内《重庆工程造价信息》中没有公布相应的材料价格，则必须附相应询价证明资料，综合考虑材料原价、运杂费和采保费后作为材料预算价格。

（3）碎石容重统一取1.5t/m³，特细砂容重统一取1.4t/m³。

（4）"主要材料人力运杂费"按表5-6进行计算。

表 5-6　主要材料人力运杂费标准

序号	材料名称	单位	材料人力运杂费(元)	
			运 20~50m(含 20m 和 50m)	每增运 10m
1	块石、片石	m³	20.06	1.74
2	特细砂	m³	13.35	1.22
3	碎石、卵石	m³	17.71	1.27
4	条石、料石	m³	28.77	2.55
5	水泥	t	9.84	0.87
6	标砖	千块	30.24	2.15
7	钢筋	t	12.82	1.16

注:1.本标准适用于运距在 20~500m 以内的情况。

2.材料运距是指最近的汽车下车点至材料分仓库或相当于分仓库材料堆放地的人力运输距离。

3.人力运输距离下限为 20m,上限为 500m,人力运输距离在 20m 以内的不予计算。

4.人力运输距离不超过汽车下车点至工程实施点距离。

5.规划的新修与整修田间道按汽车可直接通达情况考虑,不予计算。

6.注意合理选定材料分仓库或相当于分仓库材料堆放地的位置。

7.材料运距的数值要求设计单位必须在预算说明中按照实际情况进行综合测算和说明,不得虚报运距。

(5)"主要材料汽车超运距运输费"按表 5-7 进行计算。

表 5-7　主要材料汽车超运距运输费标准

材料	块石、片石(m³)	条石、料石(m³)	碎石、卵石(m³)	砂(m³)	水泥(t)	备注
超运费标准(元/km)	1.0	1.0	1.0	1.0	0.8	

注:1.材料信息价含 25km 以内运输费,主要材料运距超过 25km 时,每增加 1km 按此标准计算超运费。

2.重庆市主城九区不计算超运距运输费。

5.电缆、管道安装工程中的管材、管件、闸阀、法兰、出水栓等和定额内注明按"未计价材料费"的定额项只计取材料费和税金,其材料费直接计入工程施工费单价计算表中的"未计价材料费",不参与其他取费。

6.根据不定期发布人工单价标准,同时对主要材料人力运杂费和主要材料汽车超运距运输费标准进行调整。

三、电、风、水预算价格

(一)施工用电价格

施工用电价格由基本电价、电能损耗摊销费和供电设施维修摊销费组成。根据施工组织设计确定的供电方式以及不同电源的电量所占比例,按国家或工程所在省、自治区、直辖市规定的电网电价和规定的加价进行计算。

计算公式为:

电网供电价格=基本电价÷(1-高压输电线路损耗率)÷(1-变配电设备及配电线路损耗率)+供电设施维修摊销费

采用柴油发电机供电,电价计算公式为:

柴油发电机供电价格=[柴油发电机组(台)班总费用÷(柴油发电机额定容量之和×8 小时×K_1×K_2)]÷(1-厂用电率)÷(1-变配电设备及配电线路损耗率)+单位循环冷却水费+供电设施维修摊销费

式中,K_1 为时间利用系数,一般取 0.7~0.8;K_2 为发电机出力系数,一般取 0.8~0.85;厂用电率取 4%~6%;高压输电线路损耗率取 4%~6%;变配电设备及配电线路损耗率 5%~8%;供电设施维修摊销费取

$0.02\sim0.03$ 元/（kW·h）；单位循环冷却水费取 $0.03\sim0.05$ 元/（kW·h）。

（二）施工用水价格

施工用水价格由基本水价、供水损耗和供水设施维修摊销费组成，根据施工组织设计所配置的供水系统设备组（台）班总费用和组（台）班总有效供水量计算。

计算公式为：

施工用水价格＝［水泵组（台）班总费用÷（水泵额定容量之和×8 小时×K_1×K_2）］÷（1－供水损耗率）+供水设施维修摊销费

式中，K_1 为时间利用系数，一般取 $0.7\sim0.8$；K_2 为能量利用系数，一般取 $0.75\sim0.85$；供水损耗率取 5%～8%；供水设施维修摊销费取 $0.02\sim0.03$ 元/m^3。

（三）施工用风价格

施工用风价格由基本风价、供风损耗和供风设施维修摊销费组成，根据施工组织设计所配置的空气压缩机系统设备组（台）班总费用和组（台）班总有效供风量计算。

计算公式为：

施工用风价格＝［（空气压缩机组（台）班总费用）/（空气压缩机额定容量之和×60 分钟×8 小时×K_1×K_2）］÷（1－供风损耗率）+单位循环冷却水费+供风设施维修摊销费

式中，K_1 为时间利用系数，一般取 $0.7\sim0.8$；K_2 为能量利用系数，一般取 $0.7\sim0.85$；供风损耗率取 8%～12%；单位循环冷却水费取 0.005 元/m^3；供风设施维修摊销费取 $0.002\sim0.003$ 元/m^3。

四、施工机械使用费

施工机械使用费应根据《土地开发整理项目施工机械台班费定额》及有关规定计算。对于定额缺项的施工机械，可补充编制台班费定额。

第二节 工程施工费单价编制

工程施工费单价按下式计算：

工程施工费单价=直接费（不含安全文明施工及环境保护费）+间接费+利润+税金

一、直接费

直接费=直接工程费+措施费。

（一）直接工程费

直接工程费由人工费、材料费和机械使用费组成。

1.人工费=定额劳动量（工日）×人工预算单价（元/工日）。

2.材料费=定额材料用量×材料预算单价。

3.施工机械使用费=定额机械使用量（台班）×施工机械台班费（元/台班）。

（二）措施费

措施费=直接工程费×措施费率。

1.临时设施费：不同工程类别的临时设施费费率如表 5-8 所示。

表 5-8　临时设施费费率表

序号	工程类别	计算基础	临时设施费费率（%）
1	土方工程	直接工程费	1.93
2	石方工程	直接工程费	1.93
3	砌体工程	直接工程费	1.93
4	混凝土工程	直接工程费	2.9
5	农用井工程	直接工程费	2.9

序号	工程类别	计算基础	临时设施费费率(%)
6	其他工程	直接工程费	1.93
7	安装工程	直接工程费	2.9

注:1.其他工程:指除上述工程以外的工程,如防渗、架线工程及 PVC 管、混凝土管安装等。

2.安装工程:包括设备及金属结构件(钢管、铸铁管等)安装工程等。

2.冬雨季施工增加费:按直接工程费的百分率计算,费率为 0.68%~1.45%。其中,不在冬雨季施工的项目取小值,部分工程在冬雨季施工的项目取中值,全部工程在冬雨季施工的项目取大值。

3.夜间施工增加费:按直接工程费的百分率计算,安装工程为 0.48%,建筑工程为 0.19%。

4.施工辅助费:按直接工程费的百分率计算,安装工程为 0.97%,建筑工程为 0.68%。

5.特殊地区施工增加费:高海拔地区的高程增加费,按规定直接计入定额;其他特殊增加费(如酷热、风沙等),按工程所在地区规定的标准计算,地方没有规定的不得计算此项费用。

6.安全文明施工及环境保护费:不计入工程施工费单价计算,单列清单项管理,按工程施工费(不含本身)的 1.35%计算,计算公式如下:

$$安全文明施工及环境保护费 = 工程施工费 \times 费率$$

二、间接费

间接费=直接费(或人工费)×间接费率。

不同工程类别的间接费费率如表 5-9 所示。

表 5-9　间接费费率表

序号	工程类别	计算基础	间接费费率(%)
1	土方工程	直接费	4.92
2	石方工程	直接费	5.90
3	砌体工程	直接费	4.92
4	混凝土工程	直接费	5.90
5	农用井工程	直接费	7.86
6	其他工程	直接费	4.92
7	安装工程	人工费	65

三、利润

利润按直接费(不含安全文明施工及环境保护费)和间接费之和计算,利润率取 3%。计算公式为:

$$利润 = (直接费 + 间接费) \times 利润率$$

四、税金

增值税销项税额=不含税工程造价×9%。

不含税工程造价=直接费(不含安全文明施工及环境保护费)+间接费+利润。

第三节　土地开发整理项目预算编制

一、工程施工费预算

项目工程预算按土地平整工程、灌溉与排水工程、田间道路工程、生态环境整治工程、农村人居环境整治工程和其他工程分别采用不同的方法编制预算。

工程施工费按设计工程量乘以工程单价进行编制。其中,安装工程预算按设备数量乘以安装单价进行计算。

设计工程量应根据《重庆市土地开发整理项目预算定额》的规定,按项目划分要求计算到四级项目。

二、设备购置费预算

设备购置费预算主要由设备原价、运杂费、运输保险费、采购及保管费等组成。

(1)设备原价:以出厂价或设计单位分析论证后的询价为设备原价。

(2)运杂费:分主要设备运杂费和其他设备运杂费,均按占设备原价的6%~8%计算。

(3)运输保险费:以设备原价为计费基数,按重庆市有关规定计算。

(4)采购及保管费:按设备原价、运杂费之和的0.7%计算。

如果采用综合费率法计算设备购置费,计算公式如下:

$$设备购置费 = 设备原价 \times (1 + 综合费率)$$

$$综合费率 = 运杂费率 + (1 + 运杂费率) \times 采购及保管费率 + 运输保险费率$$

三、其他费用预算

(一)前期工作费

1.土地清查费

土地清查费按不超过工程施工费的0.5%计算。计算公式为:

$$土地清查费 = 工程施工费 \times 费率$$

2.项目可行性研究费

项目可行性研究费以工程施工费与设备购置费之和作为计费基数,采用分档定额计费方式计算(表5-10),各区间按内插法确定。

表 5-10　项目可行性研究费计费标准　　　　　　　　　　单位:万元

序号	计费基数	项目可行性研究费
1	≤100	1
2	500	5
3	1000	6.5
4	3000	13
5	5000	18
6	8000	26
7	10000	31
8	20000	44
9	40000	69
10	60000	90
11	80000	106
12	100000	121

注:计费基数大于10亿元时,按计费基数的0.121%计取;计费基数小于100万元时,可行性研究费按1万元计费。

3.项目前期勘测费

编制预算时,项目前期勘测费按不超过工程施工费的1.65%计算。计算公式为:

$$项目前期勘测费 = 工程施工费 \times 费率$$

4.项目设计及预算编制费

项目设计及预算编制费以工程施工费与设备购置费之和作为计费基数,采用分档定额计费方式计算,各区间按内插法确定(表5-11)。

表 5-11 项目设计及预算编制费计费标准 单位:万元

序号	计费基数	一般设计及预算编制费	复杂设计及预算编制费
1	≤200	7.57	—
2	500	17.59	—
3	1000	32.65	35.92
4	2000	46.9	48.32
5	3000	61.15	67.26
6	5000	96.54	106.20
7	8000	147.03	161.73
8	10000	179.54	197.50
9	20000	333.87	367.26
10	40000	620.86	682.94
11	60000	892.53	981.78
12	80000	1154.59	1270.05
13	100000	1409.84	1550.82

注:1.计费基数大于 10 亿元时,按计费基数的 1.107% 计取。

2.计费基数小于 200 万元时,一般难度设计及预算编制费按 7.57 万元计费。

3.设计方案中还涵盖了生态修复、人居环境整治、历史文化保护、景观提升等工程,且其工程施工费之和(大于 1000 万元)与项目中所有工程施工费之和的比例在 10% 以上,按复杂设计及预算编制计费标准计费。

5.概(预)算审查费

概(预)算审查费以工程施工费与设备购置费之和作为计费基数,采用差额定率累进法计算(表 5-12)。

表 5-12 概(预)算审查费计费标准 单位:万元

序号	计费基数	费率(%)	算例
1	500	0.35	500×0.35% = 1.75
2	500~1000	0.3	1.75+(1000−500)×0.3% = 3.25
3	1000~5000	0.25	3.25+(5000−1000)×0.25% = 13.25
4	5000~10000	0.15	13.25+(10000−5000)×0.15% = 20.75
5	10000 以上	0.12	20.75+(15000−10000)×0.12% = 26.75

注:1.财政部门另行安排概(预)算审查的项目不计此项费用。

2.概(预)算审查费按上述计费标准计算不足 0.3 万元时,按 0.3 万元计费。

6.项目招标代理费

项目招标代理费以工程施工费与设备购置费之和作为计费基数,采用差额定率累进法计算(表 5-13)。

表 5-13 项目招标代理费计费标准 单位:万元

序号	计费基数	费率(%)	算例	
			计费基数	项目招标代理费
1	≤1000	0.5	1000	1000×0.5% = 5
2	1000~3000	0.3	3000	5+(3000−1000)×0.3% = 11
3	3000~5000	0.2	5000	11+(5000−3000)×0.2% = 15

序号	计费基数	费率(%)	算例	
			计费基数	项目招标代理费
4	5000~10000	0.1	10000	15+(10000-5000)×0.1%=20
5	10000~100000	0.05	100000	20+(100000-10000)×0.05%=65
6	100000 以上	0.01	150000	65+(150000-100000)×0.01%=70

（二）工程监理费

工程监理费以工程施工费与设备购置费之和作为计费基数,采用分档定额计费方式计算,各区间按内插法确定(表5-14)。

表 5-14　工程监理费计费标准　　　　　　　　　　　　　单位:万元

序号	计费基数	工程监理费
1	≤200	4.8
2	500	12
3	1000	22
4	3000	56
5	5000	87
6	8000	130
7	10000	157
8	20000	283
9	40000	510
10	60000	714
11	80000	904
12	100000	1085

注:计费基数大于10亿元时,按计费基数的1.085%计取;计费基数小于200万元时,工程监理费按4.8万元计费。

（三）拆迁补偿费

拆迁补偿费采取适量一次补偿方式编制预算。拆迁工程涉及的施工费用可列计在工程施工费中,补偿标准应结合项目所在地实际情况确定。

（四）竣工验收费

竣工验收费按下式计算:

竣工验收费=新增耕地核定费+项目结(决)算审计费+整理后土地的重估与登记费

1.新增耕地核定费

新增耕地核定费以工程施工费与设备购置费之和作为计费基数,采用分档定额计费方式计算(表5-15),各区间按内插法确定。

表 5-15　新增耕地核定费计费标准　　　　　　　　　　　　单位:万元

序号	计费基数	新增耕地核定费
1	≤200	2.8
2	500	7
3	1000	13.5

序号	计费基数	新增耕地核定费
4	3000	37.5
5	5000	59.5
6	10000	109.5
7	50000	469.5
8	100000	869.5

注:计费基数大于10亿元时,按计费基数的0.7%计取;计费基数小于200万元时,新增耕地核定费按2.8万元计取。

2.项目结(决)算审计费

项目结(决)算审计费以工程施工费与设备购置费之和作为计费基数,采用差额定率累进法计算(表5-16)。

表 5-16 项目结(决)算审计费计费标准 单位:万元

序号	计费基数	费率(%)	算例	
			计费基数	项目结(决)算审计费
1	≤500	1.0	500	500×1.0%=5
2	500~1000	0.9	1000	5+(1000−500)×0.9%=9.5
3	1000~3000	0.8	3000	9.5+(3000−1000)×0.8%=25.5
4	3000~5000	0.7	5000	25.5+(5000−3000)×0.7%=39.5
5	5000~10000	0.6	10000	39.5+(10000−5000)×0.6%=69.5
6	10000~50000	0.5	50000	69.5+(50000−10000)×0.5%=269.5
7	50000~100000	0.4	100000	269.5+(100000−50000)×0.4%=469.5
8	100000 以上	0.3	150000	469.5+(150000−100000)×0.3%=619.5

3.整理后土地重估与登记费

整理后土地重估与登记费以工程施工费与设备购置费之和作为计费基数,采用差额定率累进法计算(表5-17)。

表 5-17 整理后土地重估与登记费计费标准 单位:万元

序号	计费基数	费率(%)	算例	
			计费基数	整理后土地重估与登记费
1	≤500	0.65	500	500×0.65%=3.25
2	500~1000	0.60	1000	3.25+(1000−500)×0.60%=6.25
3	1000~3000	0.55	3000	6.25+(3000−1000)×0.55%=17.25
4	3000~5000	0.50	5000	17.25+(5000−3000)×0.50%=27.25
5	5000~10000	0.45	10000	27.25+(10000−5000)×0.45%=49.75
6	10000~50000	0.40	50000	49.75+(50000−10000)×0.40%=209.75
7	50000~100000	0.35	100000	209.75+(100000−50000)×0.35%=384.75

续表

序号	计费基数	费率(%)	算例	
			计费基数	整理后土地重估与登记费
8	100000 以上	0.30	150000	384.75+（150000−100000）×0.30%=534.75

（五）工程保险费

编制设计预算时,工程保险费可按工程施工费与设备购置费之和的 0.3%~0.6%计算。

（六）业主管理费

业主管理费以工程施工费、设备购置费、前期工作费、工程监理费、拆迁补偿费、竣工验收费和工程保险费之和作为基数,采用差额定率累进法计算(表 5-18)。

表 5-18 业主管理费总额控制数费率表　　　　　　　单位:万元

序号	计费基数	费率(%)	算例	
			计费基数	业主管理费
1	≤1000	2	1000	1000×2%=20
2	1000~5000	1.5	5000	20+（5000−1000）×1.5%=80
3	5000~10000	1.2	10000	80+（10000−5000）×1.2%=140
4	10000~50000	1	50000	140+（50000−10000）×1%=540
5	50000~100000	0.8	100000	540+（100000−50000）×0.8%=940
6	100000 以上	0.4	200000	940+（200000−100000）×0.4%=1340

注:宣传费用不超过业主管理费的 30%。

四、不可预见费预算

编制可行性研究报告投资估算时,不可预见费按不超过工程施工费、设备购置费和其他费用之和的 8%计算;编制初步设计预算时,不可预见费按不超过工程施工费、设备购置费和其他费用之和的 3%计算。

计算公式为:

$$不可预见费＝（工程施工费＋设备购置费＋其他费用）×费率$$

第六章　预算表格及格式

××××项目预算书

（一号黑体字）

项目承担单位:（三号宋体字）

预算编制单位:（三号宋体字）

编 制 日 期:　　　年　月　　日
（三号宋体字）

××××项目预算书

（二号黑体字）

项目承担单位(公章)

预算编制单位（公章）

负 责 人:（三号宋体字）（签字）

复 核 人:（三号宋体字）（签字）

编 制 人:（三号宋体字）（签字）

编制日期: 年 月 日
（三号宋体字）

三、目录(略)

四、预算编制说明(略)

五、预算表格

表1 总预算及分年度预算表

编制单位：　　　　　　　　　　　　　　　　　　　　　　　　　　　　　　　　　　金额单位:万元

类别 \ 项目名称	项目地点	项目性质及建设规模（公顷）				项目资金预算										预计净增耕地面积（公顷）
						总预算			分年度预算							
									第一年			第二年			……	
		合计	开发	整理	复垦	合计	政府投资	社会投资	小计	政府投资	社会投资	小计	政府投资	社会投资	……	
总计															……	

填表说明:项目性质分为土地开发、土地整理和土地复垦3种。

表2 预算总表

项目名称:　　　　　　　　　　项目规模(公顷):　　　　　　　　　　　金额单位:万元

序号	工程或费用名称	预算金额	各项费用占总费用的比例(%)
	(1)	(2)	(3)
一	工程施工费		
二	设备购置费		
三	其他费用		
四	不可预见费		
	总计		

表3 工程施工费预算汇总表

项目名称:　　　　　　　　　　　　　　　　　　　　　　　　　　　　金额单位:万元

序号	单项名称	预算金额	各项费用占工程施工费的比例(%)
	(1)	(2)	(3)
1	土地平整工程		
2	灌溉与排水工程		
3	田间道路工程		
4	生态环境整治工程		
5	农村人居环境整治工程		
6	其他工程		
总计	—		

填表说明:表中预算金额(2)见表3-1。

表 3-1　工程施工费预算表

项目名称：　　　　　　　　　　　　　　　　　　　　　　　　　　　　　　　　　金额单位:元

序号	定额编号	单项名称	单位	工程量	综合单价	合计
	(1)	(2)	(3)	(4)	(5)	(6)
一		土地平整工程				
1		农用地平整工程				
(1)		田块归并				
		土方开挖	m³			
		……				
二		灌溉与排水工程				
1		输水工程				
(1)		支渠				
		土方回填	m³			
		……				
三		田间道路工程				
1		田间道				
(1)		路基				
		土方开挖	m³			
		……				
四		生态环境整治工程				
1		农田林网工程				
(1)		农田防风林				
		土方回填	m³			
		……				
五		农村人居环境整治工程				
1		庭院整治工程				
(1)		晒谷场				
		土方开挖	m³			
		……				
六		其他工程				
		……				
总计	—		—			

填表说明：1.表中(6) = (4)×(5)。

　　　　　2.表中(5)见表3-2。

表 3-2 工程施工费单价分析汇总表

项目名称：

金额单位：元

序号	定额编号	单项名称	单位	直接费						间接费	利润	材料价差	高级工价差	未计价材料费	税金	综合单价
				人工费	材料费	机械使用费	直接工程费	措施费	合计							
	(1)	(2)	(3)	(4)	(5)	(6)	(7)	(8)	(9)	(10)	(11)	(12)	(13)	(14)	(15)	(16)
一		土地平整工程														
1		农用地平整工程														
(1)		田块归并														
		土方开挖	m³													
		……														
二		灌溉与排水工程														
1		输水工程														
(1)		支渠														
		土方回填	m³													
		……														
三		田间道路工程														
1		田间道														
(1)		路基														
		土方开挖	m³													
		……														
四		生态环境整治工程														
1		农田林网工程														
(1)		农田防风林														

序号	定额编号	单项名称	单位	直接费					间接费	利润	材料价差	高级工价差	未计价材料费	税金	综合单价
				人工费	材料费	机械使用费	直接工程费	措施费	合计							
	(1)	(2)	(3)	(4)	(5)	(6)	(7)	(8)	(9)	(10)	(11)	(12)	(13)	(14)	(15)	(16)
		土方回填	m³													
		……														
五		农村人居环境整治工程														
1		庭院院整治工程														
(1)		晒谷场														
		土方开挖	m³													
		……														
六		其他工程														
		……	—													
总计																

填表说明:表中(4)~(16)见附表6。

表 4　设备购置费预算表

项目名称：　　　　　　　　　　　　　　　　　　　　　　　　　　　　　　　　　　　金额单位:元

序号	设备名称	规格	单位	数量	单价	合计	说明
	（1）	（2）	（3）	（4）	（5）	（6）	（7）
总计			—	—	—		—

填表说明:1.本表应根据具体的设备购置情况进行计算,包括设备规格(2)、单位(3)、数量(4)、单价(5)以及说明(7)。

2.表中(6)=(4)×(5)。

表 5　其他费用预算表

项目名称：　　　　　　　　　　　　　　　　　　　　　　　　　　　　　　　　　　　金额单位:万元

序号	费用名称	计算式	预算金额	各项费用占其他费用的比例（%）
	（1）	（2）	（3）	（4）
1	前期工作费			
（1）	土地清查费			
（2）	项目可行性研究费			
（3）	项目前期勘测费			
（4）	项目设计与预算编制费			
（5）	概(预)算审查费			
（6）	项目招标代理费			
2	工程监理费			
3	拆迁补偿费			
4	竣工验收费			
（1）	新增耕地核定费			
（2）	项目结(决)算审计费			
（3）	整理后土地重估与登记费			
5	工程保险费			
6	业主管理费			
总计				

表 5-1 拆迁补偿费预算表

项目名称：　　　　　　　　　　　　　　　　　　　　　　　　　　　　　　　　　　金额单位:万元

序号	名称	单位	数量	单价	合计	备注
	（1）	（2）	（3）	（4）	（5）	（6）
总计		—	—	—		—

填表说明:1.备注中应简要阐述拆迁补偿标准确定依据。

　　　　　2.表中(5)=(3)×(4)。

表 6 不可预见费预算表

项目名称：　　　　　　　　　　　　　　　　　　　　　　　　　　　　　　　　　　金额单位:万元

序号	费用名称	工程施工费	设备购置费	其他费用	小计	费率(%)	合计
	（1）	（2）	（3）	（4）	（5）	（6）	（7）
总 计		—	—	—		—	

填表说明:1.表中的(5)=[(2)+(3)+(4)],(2)见表3总计,(3)见表4总计,(4)见表5总计。

　　　　　2.表中的(7)=(5)×(6)。

表 7 分月用款计划表

项目名称：　　　　　　　　　　　　　　　　　　　　　　　　　　　　　　　　　　金额单位:万元

工程名称	项目地点	具体用款科目	合计	项目各月用款数												第……年			
				第一年												第……年			
				1月	2月	3月	4月	5月	6月	7月	8月	9月	10月	11月	12月	1月	2月	3月	……
总计	—	—																	

六、预算附表

附表 1　人工预算单价计算表

地区类别		定额人工等级	
序号	项目	计算式	单价(元)
1	基本工资		
2	辅助工资		
(1)	地区津贴		
(2)	施工津贴		
(3)	夜餐津贴		
(4)	节日加班津贴		
3	工资附加费		
(1)	职工福利基金		
(2)	工会经费		
(3)	养老保险费		
(4)	医疗保险费		
(5)	工伤保险费		
(6)	职工失业保险基金		
(7)	住房公积金		
4	人工工日预算单价		

附表 2　主要材料预算价格计算表

序号	名称及规格	单位	原价依据	单位毛重(t)	每吨运费(元)	价格(元)					
						原价	运杂费	采购及保管费	到工地价格	保险费	预算价格

附表 2-1　主要材料运杂费计算表

编号		材料名称		运输起止地点	
运距		毛重系数	装载系数	计算单位	
序号	费用名称	计算公式			小计(元)
	合计				

附表3 次要材料预算价格表

序号	名称及规格	单位	预算价格

附表4 机械台班预算单价计算表

定额编号	机械名称及规格	台班费	一类费小计	二类费														
				二类费合计	人工费（元/日）		动力燃料费小计	汽油（元/kg）		柴油（元/kg）		电（元/kW·h）		水（元/m³）		风（元/m³）	
					工日	金额		数量	金额	数量	金额	数量	金额	数量	金额	数量	金额

附表5 混凝土、砂浆单价计算表

编号	混凝土强度等级	水泥强度等级	级配	水泥		砂		碎石		水		外加剂		单价（元）
				kg	单价	m³	单价	m³	单价	m³	单价	kg	单价	

附表6 工程施工费单价分析表

定额编号： 金额单位:元

序号	项目名称	单位	数量	单价	小计
一	直接费				
（一）	直接工程费				
1	人工费				
	甲类工				
	乙类工				
	高级技工				
2	材料费				
	……				
3	机械费				
4	其他费用				
5	混凝土拌制				

序号	项目名称	单位	数量	单价	小计
6	混凝土运输				
（二）	措施费	％			
二	间接费	％			
三	利润	％			
四	材料价差				
五	高级技工价差				
	块石	m³			
	汽油 90#	kg			
	……			……	
六	未计价材料费				
	PE 管	m			
	……				
七	税金	％			
合计		—	—	—	

注：1.材料价差＝∑（材料预算价格－限价）×定额数量。

2.未计价材料费是指安装工程中只计取材料费和税金的管材、管件、闸阀、法兰、出水栓等构件的材料费。

3.税金＝综合税率×（一至五之和）。

附表 7 补充定额子目计算表
（参照实物定额）

附表 8 补充机械台班费计算表
（参照机械台班定额）

附表 9 人工及主要材料用量汇总表

序号	名称及规格	单位	数量
（1）	（2）	（3）	（4）

附表 10 工程量统计表

序号	名称及规格	单位	工程量合计
（1）	（2）	（3）	（4）

七、附件（略）
附录

第二篇　预算定额

总　说　明

一、《重庆市土地开发整理项目预算定额标准》(以下简称"本定额"),分为土方工程、石方工程、砌体工程、混凝土工程、管道安装工程、农用井工程、设备安装工程、道路工程、植物工程、辅助工程及拆除工程,共11章170节2326个子目及7个附录。

二、本定额适用于土地开发整理项目工程,是完成规定计量单位分项工程计价的人工、材料、施工机械台班消耗量标准,是编制重庆市土地开发整理项目预算、确定工程造价、编制招标标底、编制预算标准等的依据,同时可作为编制重庆市土地开发整理项目投标报价的参考。

三、本定额适用于海拔2000m以下地区的工程项目。海拔2000m以上地区,按项目工程所在地的海拔高程乘以调整系数计算。

高原地区定额调整系数表

项目	海拔高程(m)	
	2000~2500	2500~3000
人工	1.10	1.15
机械	1.25	1.35

四、本定额不包括冬季、雨季等气候影响的因素和增加的设施费用。

五、本定额按一日两班作业施工、每班八小时工作制拟定。若部分工程项目采用一日一班制的,定额不作调整。

六、本定额的"工作内容"仅扼要说明各章节的主要施工过程和主要工序。次要的施工过程、施工工序和必要的辅助工作,虽未列出,但已包括在定额内。

七、定额中人工、机械用量是指完成一项定额子目内容所需的人工数和机械台班数,包括基本工作、准备与结束、辅助生产、不可避免的中断、必要的休息、工程检查、交接班、班内工作干扰、夜间工效影响、常用工具和机械小修、保养、加油、加水等全部工作在内。

八、材料消耗定额,是指完成一个定额子目内容所需的全部材料耗用量。

1.材料定额中,未列示品种、规格的,可根据设计选定的品种、规格计算,但定额数量不得调整。凡材料已列示了品种、规格的,编制预算单价时不予调整。

2.材料定额中,凡一种材料名称之后同时并列了几种不同型号规格的,如石方工程导线的电线,表示这种材料只能选用其中一种型号规格的定额进行计价。

3.材料定额中,凡一种材料分几种型号规格与材料名称同时并列的,如石方工程中同时并列导电线和电线,则表示这些名称相同,规格不同的材料都应同时计价。

4.材料从分仓库或相当于分仓库的材料堆放地至工作面的场内运输所需的人工、机械及费用,已包括在各定额子目中。

九、机械台班定额,是指完成一个定额子目工作内容所需要的机械使用费。

1.机械定额中,凡数量以"组班"表示的,其机械数量等,均按设计选定计算,定额数量不予调整。

2.机械定额中,凡一种机械名称之后,同时并列几种型号规格的,如运输定额中的自卸汽车等,表示这种机械只能选用其中一种型号、规格的定额进行计价。

3.机械定额中,凡一种机械分几种型号规格与机械名称同时并列的,表示这些名称相同规格不同的机械定额都应同时进行计价。

十、其他费用是指完成该项工作内容所需耗用少量和临时的零星用工、用料和辅助机械所发生的摊销费用;以费率形式表示,其计算基数为人工费、材料费和机械使用费之和。零星材料费,以人工费、机械费之和为计算基数;其他机械费,以主要机械费之和为计算基数。

十一、定额用数字表示的适用范围

1.只用一个数字表示的,仅适用于该数字本身。当需要选用的定额介于两子目之间时,可用插入法计算。

2.数字用上下限表示的,如2000~2500,适用于大于2000、小于或等于2500的数字范围。

十二、本定额已包括场内运输和场内小搬运所需的劳动力及运输机具用量,除另有规定外,一般不作调整。

十三、本定额各项人工运输定额,其运距按水平距离计算;载重方向有上下坡时,按下述办法换算为水平距离。

高差折平距离等于载重方向坡道起止点的高差乘以高差折平系数。

高差折平系数表

运输方法	高差(m)									
	≤5		5~10		10~15		15~20		>20	
	上坡	下坡	上坡	下坡	上坡	下坡	上坡	下坡	上坡	下坡
挑、抬运	10	7	12	8	14	8	16	8	18	8
胶轮车运	30	14	36	16	42	16	48	16	54	16

当高差折平距离小于实际斜坡距离时,按斜坡实际距离计算。

非连续性的坡运中间水平距离在10m以上的,应分别计算高差折平距离。

十四、本定额已计入必要的超挖、超填及施工附加量,使用本定额时除注明外,不得再增加超挖、超填及施工附加量。

第一章　土方工程

说　明

一、本章包括土方开挖、运输、填筑、压实、平土、土地翻耕、树(根)清除等定额共 16 节 434 个子目。

二、土方定额的计量单位,除注明外均按自然方计算。

三、土方定额的名称:

1.自然方:指未经扰动的自然状态土方。

2.松方:指自然方经过机械或人工开挖而松动过的土方。

3.实方:指填筑、回填经过压实后的成品方。

四、土类级别划分,除砂礓土、淤泥、流砂、冻土外,均按土石十六级分类法的前四级划分土类级别。

五、土方开挖和填筑工程,除定额规定的工作内容外,还包括挖小排水沟、修坡、清除场地草皮杂物、交通指挥、安全设施等所需的其他用工和费用。

六、一般土方开挖定额,适用于一般明挖土方工程和上口宽度超过 16m 的渠道及上口面积大于 80m² 的基坑土方工程。

七、沟槽土方开挖定额,适用于上口宽小于或等于 3m 的矩形断面或边坡陡于 1:0.5 的梯形断面,长度大于宽度 3 倍的长条形沟槽土方工程。

八、渠道土方开挖定额,适用于上口宽度大于 3m 且小于或等于 16m 的梯形断面、长条形底边需要修整的渠道土方工程。

九、基坑土方开挖定额,适用于上口面积小于或等于 80m²、长度小于或等于宽度的 3 倍、深度小于上口短边长度或直径,四侧垂直或边坡陡于 1:0.5,不修边坡只修底的坑挖工程。

十、清理表土适用于清除采石场、坝基及施工场地等处表层草皮表土或杂物,按其水平投影面积计算其工程量。

十一、土地翻耕适用于新增耕地高差在 30cm 以内土的松动,按其水平投影面积计算其工程量。

十二、在有挡土板支撑或挖桩间开挖土方时,人工乘以系数 1.5。

十三、挖掘机、装载机挖装自卸汽车运输各节定额适用于三类土,一、二类土按定额人工和机械乘以系数 0.88,四类土按定额人工和机械乘以系数 1.15。

十四、人工装土、机动翻斗车、拖拉机运输各节定额适用于三类土,一、二类土按定额人工和机械乘以系数 0.91,四类土按定额人工和机械乘以系数 1.09。

十五、挖掘机或装载机装土汽车运输各节定额系按自然方拟定,如挖装松土,人工和机械乘以系数 0.85,定额中已包括卸料场配备的推土机定额在内。

十六、管道沟槽回填,以挖土方体积减去管径所占体积计算。管径在 500mm 以下(含 500mm)的不扣除管道所占体积;管径在 500mm 以上时,按照下表规定扣除管道所占的体积计算。

管道扣除土方体积表 单位:m³/m

管道类型	管道直径(mm)					
	501~600	601~800	801~1000	1001~1200	1201~1400	1401~1600
钢管	0.21	0.44	0.71			
铸铁管	0.24	0.49	0.77			
混凝土管	0.33	0.60	0.92	1.15	1.35	1.55

十七、推土机的推土距离和铲运机的铲运距离,均指取土中心至卸土中心的平均距离。推土机推松土时,定额乘以系数 0.8。

十八、压实定额均按压实成品方计。

1-1 人工挖土方、淤泥流砂

1-1-1 人工挖土方

适用范围:一般土方。

工作内容:挖土、就近堆放。

单位:100m³

定额编号				10001	10002	10003
顺序号	名称		单位	人工挖土方		
				一、二类土	三类土	四类土
1	人工	甲类工	工日	0.3	0.6	1.0
2		乙类工	工日	5.5	10.9	18.1
3		合计	工日	5.8	11.5	19.1
4	其他费用		%	5.0	5.0	5.0

1-1-2 人工挖淤泥流砂

适用范围:用泥兜、水桶挑抬运输。

工作内容:挖淤泥、流砂,就近堆积。

单位:100m³

定额编号				10004	10005	10006
顺序号	名称		单位	一般淤泥	淤泥流砂	稀淤流砂
1	人工	甲类工	工日	1.8	2.4	3.2
2		乙类工	工日	34.7	45.1	61.4
3		合计	工日	36.5	47.5	64.6
4	其他费用		%	2.8	2.2	1.6

注:1.排水用工另计。

2.一般淤泥:指含水量较大、黏筐、黏铣、行走陷脚的淤泥,使用铁铣挖装。

3.淤泥流砂:指含水量超过饱和状态的淤泥,虽然能用铁铣开挖,但挖后的坑能平复无痕,挖而复涨,一般用铁铣开挖,用泥兜或水桶运输。

1-1-3 人工挖冻土

工作内容:挖抛冻土、修整底边,弃土于槽、坑1m以外。

单位:100m³

定额编号				10007	10008	10009
顺序号	名称		单位	人工挖冻土		
				0.5m 以内	0.5~1.0m	1.0m 以上
1	人工	甲类工	工日	6.0	8.6	9.7
2		乙类工	工日	114.4	162.7	183.8
3		合计	工日	120.4	171.3	193.5
4	其他费用		%	1.3	0.8	0.7

1-1-4 人工挖砂礓土

工作内容:挖砂礓土、就近堆积。

单位:100m³

定额编号				10010	10011	10012	10013
顺序号	名称		单位	砂礓含量(%)			
				15~30	30~50	50~60	60~70
1	人工	甲类工	工日	1.3	1.6	1.8	2.1
2		乙类工	工日	24.1	29.5	34.7	39
3		合计	工日	25.4	31.1	36.5	41.1
4	其他费用		%	3.0	3.0	3.0	3.0

1-1-5 人工水下挖土

适用范围:基槽、沟渠、基坑等底部表面有水,且无法抽、排、掏干情况下的人工挖土。

工作内容:挖土、就近堆积。

单位:100m³

定额编号				10014	10015	10016
顺序号	名称		单位	水下挖土		
				水深(m)		
				0.2	0.4	0.6
1	人工	甲类工	工日	2.2	3.1	4.3
2		乙类工	工日	42.7	58.2	81.6
3		合计	工日	44.9	61.3	85.9
4	其他费用		%	2.0	2.0	2.0

1-2 人工挖沟槽、基坑、沟渠

1-2-1 人工挖沟槽

适用范围:上口宽3m以内的土沟。

工作内容:挖土、修边底、抛土于沟边两侧0.5m以外。

单位:100m³

定额编号				10017	10018	10019
顺序号	名称		单位	人工挖沟槽		
				一、二类土	三类土	四类土
1	人工	甲类工	工日	0.9	1.5	2.2
2		乙类工	工日	17.2	29.1	41.6
3		合计	工日	18.1	30.6	43.8
4	其他费用		%	4.6	3.2	2.4

注:不需要修边的沟槽,定额乘以系数0.9。

1-2-2　人工挖基坑(一、二类土)

适用范围:上口面积80m²以内。

工作内容:挖土、清理、修底。

单位:100m³

定额编号				10020	10021	10022
顺序号	名称		单位	人工挖基坑(一、二类土)		
				深度(m以内)		
				2	4	6
1	人工	甲类工	工日	1.1	1.2	1.4
2		乙类工	工日	20.0	22.9	25.9
3		合计	工日	21.0	24.1	27.3
4	其他费用		%	4.5	4.4	4.3

1-2-3　人工挖基坑(三类土)

适用范围:上口面积80m²以内。

工作内容:挖土、清理、修底。

单位:100m³

定额编号				10023	10024	10025
顺序号	名称		单位	人工挖基坑(三类土)		
				深度(m以内)		
				2	4	6
1	人工	甲类工	工日	1.8	2.2	2.6
2		乙类工	工日	35.0	40.9	49.2
3		合计	工日	36.8	43.1	51.8
4	其他费用		%	3.3	3.2	3.1

1-2-4　人工挖基坑(四类土)

适用范围:上口面积80m²以内。

工作内容:挖土、清理、修底。

单位:100m³

定额编号				10026	10027	10028
顺序号	名称		单位	人工挖基坑(四类土)		
				深度(m以内)		
				2	4	6
1	人工	甲类工	工日	2.7	3.1	3.7
2		乙类工	工日	51.6	59.5	70.7
3		合计	工日	54.3	62.6	74.4
4	其他费用		%	2.2	2.1	2.0

1-2-5 人工挖沟渠(一、二类土)

工作内容:挖土、清理、修边底。

单位:100m³

顺序号	名称		单位	10029	10030	10031
				人工挖沟渠(一、二类土)		
				上口宽(m以内)		
				4	8	16
1	人工	甲类工	工日	1.1	1.0	0.9
2		乙类工	工日	21.0	20.0	18.0
3		合计	工日	22.1	21.0	18.9
4	其他费用		%	4.2	4.0	3.8

1-2-6 人工挖沟渠(三类土)

工作内容:挖土、清理、修边底。

单位:100m³

顺序号	名称		单位	10032	10033	10034
				人工挖沟渠(三类土)		
				上口宽(m以内)		
				4	8	16
1	人工	甲类工	工日	1.8	1.7	1.5
2		乙类工	工日	35.1	31.6	29.4
3		合计	工日	36.9	33.3	30.9
4	其他费用		%	4.1	4.0	3.9

1-2-7 人工挖沟渠(四类土)

工作内容:挖土、清理、修边底。

单位:100m³

顺序号	名称		单位	10035	10036	10037
				人工挖沟渠(四类土)		
				上口宽(m以内)		
				4	8	16
1	人工	甲类工	工日	2.9	2.5	2.3
2		乙类工	工日	54.6	47.0	43.3
3		合计	工日	57.5	49.5	45.6
4	其他费用		%	3.8	3.7	3.6

1-3 爆破土方

适用范围:人工操作使用一般手工工具,孔深2m以下。

工作内容:人工掏孔、装药、填塞、爆破、安全处理。

单位:100m³

定额编号			10038	10039
顺序号	名称	单位	爆破土方	
			三类土	四类土
1	人工 甲类工	工日	0.1	0.1
2	乙类工	工日	1.2	2.1
3	合计	工日	1.3	2.2
4	材料 电雷管	个	15.00	15.00
5	炸药	kg	10.00	10.00
6	导电线	m	50.00	50.00
7	其他费用	%	1.0	1.0

1-4 清理表土、削放坡及找平

1-4-1 人工清理表土、削放坡及找平

工作内容:1.清理表土:清除采石场,坝基及施工场地等处表层草皮表土,并运20m距离。

2.削放坡及找平:厚度在30cm以内的挖土,20m基本运距的运填,最后削坡找平,符合设计要求。

单位:100m²

定额编号			10040	10041
顺序号	名称	单位	人工清理表土	人工削放坡及找平
1	人工 甲类工	工日	0.2	0.3
2	乙类工	工日	3.5	4.8
3	合计	工日	3.7	5.1
4	其他费用	%	1.0	1.0

1-4-2 机械清除表土

工作内容:清除表土及草皮30cm内,推土机推挖表土,推出路基外。

单位:100m²

定额编号			10042	10043
序号	名称	单位	推土机功率(kW)	
			90以内	135以内
1	人工 甲类工	工日	0.12	0.12
2	乙类工	工日		
3	合计	工日	0.12	0.12
4	机械 90kW以内履带式推土机	台班	0.078	
5	135kW以内履带式推土机	台班		0.048
6	其他费用	%	1	1

注:1.修边乘以系数1.1。

2.清除表土与除草定额不得同时套用。

1-5　田埂修筑

适用范围: 适用于埂顶宽为40cm以下的田埂。

工作内容: 筑土、压实、整修。

单位:100m^3

定额编号				10044	10045
顺序号	名称		单位	人工田埂修筑	机械田埂修筑
1	人工	甲类工	工日	2.5	2.0
2		乙类工	工日	48.5	16.2
3		合计	工日	51.0	18.2
4	机械	双胶轮车	台班	13.60	
5		55kW 推土机	台班		0.56
6	其他费用		%	5.0	2.0

1-6　土地翻耕

适用范围: 新增耕地。

工作内容: 松土。

单位:hm^2

定额编号				10046	10047
顺序号	名称		单位	土地翻耕	
				一、二类土	三类土
1	人工	甲类工	工日	0.6	0.7
2		乙类工	工日	11.4	12.8
3		合计	工日	12.0	13.5
4	机械	拖拉机 59kW	台班	1.20	1.44
5		三铧犁	台班	1.20	1.44
6	其他费用		%	0.5	0.5

1-7　人工挖、运土

1-7-1　人工挖、挑、抬运土

适用范围: 无法使用施工机械工作。

工作内容: 挖装、运输、卸除、空回。

单位:100m^3

定额编号				10048	10049	10050	10051
顺序号	名称		单位	人工挖、运土 20m 内			每增运 10m
				一、二类土	三类土	四类土	
1	人工	甲类工	工日	1.1	1.5	2.0	2.8
2		乙类工	工日	21.5	28.6	37.6	
3		合计	工日	22.6	30.1	39.6	2.8
4	其他费用		%	4.7	3.5	2.6	

1-7-2 人工挖、挑、抬运砂礓土(砂礓含量:15%~30%)

工作内容:挖装、运输、卸除、空回。　　　　　　　　　　　　　　　　　　　　单位:100m³

定额编号			10052	10053	10054	10055	10056	10057	10058	10059	10060	10061
顺序号	名称	单位	人工挖运砂礓土(砂礓含量:15%~30%)									每增运50m
			挖装起运卸(m)									
			0~10	10~50	50~100	100~150	150~200	200~250	250~300	300~350	350~400	
1	人工 甲类工	工日	1.9	2.4	3.1	3.7	4.4	5.1	6.0	6.9	7.8	
2	乙类工	工日	35.3	46.6	59.2	70.3	82.7	97.6	113.4	131.2	147.9	17.9
3	合计	工日	37.2	49.0	62.3	74.0	87.1	102.7	119.4	138.1	155.7	17.9
4	其他费用	%	1.7	1.3	1.1	0.8	0.6	0.3	0.2	0.1	0.1	

1-7-3 人工挖、挑、抬运砂礓土(砂礓含量:30%~50%)

工作内容:挖装、运输、卸除、空回。　　　　　　　　　　　　　　　　　　　　单位:100m³

定额编号			10062	10063	10064	10065	10066	10067	10068	10069	10070	10071
顺序号	名称	单位	人工挖运砂礓土(砂礓含量:30%~50%)									每增运50m
			挖装起运卸(m)									
			0~10	10~50	50~100	100~150	150~200	200~250	250~300	300~350	350~400	
1	人工 甲类工	工日	2.2	2.8	3.5	4.1	4.8	5.6	6.5	7.5	8.4	
2	乙类工	工日	41.3	53.1	66.5	78.2	91.4	107.2	123.4	142.6	159.8	18.8
3	合计	工日	43.5	55.9	70.0	82.3	96.2	112.8	129.9	150.1	168.2	18.8
4	其他费用	%	1.7	1.3	1.0	0.8	0.6	0.3	0.2	0.1	0.1	

1-7-4 人工挖、挑、抬运砂礓土(砂礓含量:50%~60%)

工作内容:挖装、运输、卸除、空回。　　　　　　　　　　　　　　　　　　　　单位:100m³

定额编号			10072	10073	10074	10075	10076	10077	10078	10079	10080	10081
顺序号	名称	单位	人工挖运砂礓土(砂礓含量:50%~60%)									每增运50m
			挖装起运卸(m)									
			0~10	10~50	50~100	100~150	150~200	200~250	250~300	300~350	350~400	
1	人工 甲类工	工日	2.5	3.2	3.9	4.6	5.3	6.2	7.1	8.2	9.1	
2	乙类工	工日	48.4	61.3	75.0	87.1	101.1	117.8	134.9	155.0	173.5	19.9
3	合计	工日	50.9	64.5	78.9	91.7	106.4	124.0	142.0	163.2	182.6	19.9
4	其他费用	%	1.7	1.3	1.0	0.8	0.6	0.3	0.2	0.1	0.1	

1-7-5 人工挖、挑、抬运砂礓土(砂礓含量:60%~70%)

工作内容:挖装、运输、卸除、空回。　　　　　　　　　　　　　　　　　　　　单位:100m³

定额编号			10082	10083	10084	10085	10086	10087	10088	10089	10090	10091
顺序号	名称	单位	人工挖运砂礓土(砂礓含量:60%~70%)									每增运50m
			挖装起运卸(m)									
			0~10	10~50	50~100	100~150	150~200	200~250	250~300	300~350	350~400	
1	人工 甲类工	工日	3.0	3.7	4.3	5.1	5.9	6.8	7.8	8.9	9.9	
2	乙类工	工日	56.7	70.2	81.4	97.6	112.3	129.6	147.9	168.7	188.0	21.2
3	合计	工日	59.7	73.9	85.7	102.7	118.2	136.4	155.7	177.6	197.9	21.2
4	其他费用	%	1.7	1.3	1.0	0.8	0.6	0.3	0.2	0.1	0.1	

1-7-6 人工挖、运一般淤泥

适用范围:用泥兜、水桶挑抬运输。

工作内容:挖装、运输、卸除、空回、洗刷工具。　　　　　　　　　　　　　　单位:100m³

定额编号			10092	10093	10094	10095	10096	10097	10098	10099	10100	10101	10102
顺序号	名称	单位	人工挖运一般淤泥										每增运10m
			挖装运(m)										
			0~10	10~20	20~30	30~40	40~50	50~60	60~70	70~80	80~90	90~100	
1	人工 甲类工	工日	2.1	2.2	2.4	2.6	2.8	2.9	3.1	3.2	3.4	3.5	
2	乙类工	工日	39.3	42.7	46.2	49.5	52.3	55.5	58.3	61.6	64.5	67.4	3.2
3	合计	工日	41.4	44.9	48.6	52.1	55.1	58.4	61.4	64.8	67.9	70.9	3.2
4	其他费用	%	1.6	1.4	1.3	1.2	1.2	1.1	1.0	1.0	0.9	0.8	

注:1.排水用工另计。

2.一般淤泥指含水量较大、粘筐、粘铣、行走陷脚的淤泥,使用铁铣挖装。

1-7-7 人工挖、运淤泥流砂

适用范围:用泥兜、水桶挑抬运输。

工作内容:挖装、运输、卸除、空回、洗刷工具。　　　　　　　　　　　　　　单位:100m³

定额编号			10103	10104	10105	10106	10107	10108	10109	10110	10111	10112	10113
顺序号	名称	单位	人工挖运淤泥流砂										每增运10m
			挖装运(m)										
			0~10	10~20	20~30	30~40	40~50	50~60	60~70	70~80	80~90	90~100	
1	人工 甲类工	工日	2.7	2.9	3.1	3.3	3.4	3.6	3.8	4.0	4.1	4.3	
2	乙类工	工日	50.8	54.5	58.3	61.8	65.1	68.5	71.5	75.1	78.2	81.3	3.5
3	合计	工日	53.5	57.4	61.4	65.1	68.5	72.1	75.3	79.0	82.3	85.6	3.5
4	其他费用	%	1.6	1.4	1.3	1.2	1.2	1.1	1.0	1.0	0.9	0.8	

注:1.排水用工另计。

2.淤泥流砂指含水量超过饱和状态的淤泥,虽然能用铁铣开挖,但挖后的坑能平复无痕,挖而复涨,一般用铁铣开挖,用泥兜或水桶运输。

1-8 人工装机械运土

1-8-1 人工装双胶轮车运土

适用范围:一般土方。

工作内容:挖装、运输、卸除、空回。

单位:100m³

顺序号	名称		单位	10114	10115	10116	10117
				人工挖双胶车运土50m内			每增运50m
				一、二类土	三类土	四类土	
1	人工	甲类工	工日	0.9	1.3	1.8	
2		乙类工	工日	17.6	25.1	34.1	2.3
3		合计	工日	18.5	26.4	35.9	2.3
4	机械	双胶轮车	台班	13.60	15.90	18.00	2.6
5	其他费用		%	4.7	3.5	2.6	

1-8-2 人工装机动翻斗车运土

适用范围:一般土方。

工作内容:挖装、运输、卸除、空回。

单位:100m³

顺序号	名称		单位	10118	10119	10120	10121	10122	10123
				人工装机动翻斗车运土					每增运100m
				运距(m)					
				0~100	100~200	200~300	300~400	400~500	
1	人工	甲类工	工日	0.9	0.9	0.9	0.9	0.9	
2		乙类工	工日	16.6	16.6	16.6	16.6	16.6	
3		合计	工日	17.5	17.5	17.5	17.5	17.5	
4	机械	机动翻斗车1t	台班	3.71	4.25	4.74	5.21	5.66	0.43
5	其他费用		%	1.1	1.0	1.0	1.0	0.9	

1-8-3 人工装手扶式拖拉机运土

适用范围:一般土方。

工作内容:挖装、运输、卸除、空回。

单位:100m³

顺序号	名称		单位	10124	10125	10126	10127	10128	10129
				人工装手扶式拖拉机运土					每增运100m
				运距(m)					
				0~100	100~200	200~300	300~400	400~500	
1	人工	甲类工	工日	1.0	1.0	1.0	1.0	1.0	
2		乙类工	工日	18.1	18.1	18.1	18.1	18.1	
3		合计	工日	19.1	19.1	19.1	19.1	19.1	
4	机械	手扶式拖拉机11kW	台班	4.07	4.51	4.92	5.30	5.67	0.36
5	其他费用		%	1.1	1.0	1.0	1.0	0.9	

1-8-4 人工装拖拉机运土

适用范围:一般土方。

工作内容:挖装、运输、卸除、空回。

单位:100m³

定额编号			单位	10130	10131	10132	10133	10134	10135	10136
顺序号	名称		单位	人工装拖拉机运土						每增运1km
				运距(km)						
				0.5~1	1~1.5	1.5~2	2~3	3~4	4~5	
1	人工	甲类工	工日	1.2	1.2	1.2	1.2	1.2	1.2	
2		乙类工	工日	23.7	23.7	23.7	23.7	23.7	23.7	
3		合计	工日	24.9	24.9	24.9	24.9	24.9	24.9	
4	机械	拖拉机 20kW	台班	5.91	6.16	7.32	8.72	10.20	11.67	1.2
5		拖拉机 26kW	台班	4.72	5.13	6.12	7.11	8.16	9.20	0.72
6		拖拉机 37kW	台班	3.45	3.83	4.43	5.10	5.86	6.59	0.6
7	其他费用		%	0.5	0.5	0.5	0.5	0.5	0.4	

1-8-5 人工装自卸汽车运土

适用范围:一般土方。

工作内容:挖装、运输、卸除、空回。

单位:100m³

定额编号			单位	10137	10138	10139	10140	10141	10142	10143	10144	10145	10146	10147	10148	10149
顺序号	名称		单位	人工装自卸汽车运土												每增运1km
				运距(km)												
				0~0.5	0.5~1	1~1.5	1.5~2	2~3	3~4	4~5	5~6	6~7	7~8	8~9	9~10	
1	人工	甲类工	工日	0.9	0.9	0.9	0.9	0.9	0.9	0.9	0.9	0.9	0.9	0.9	0.9	
2		乙类工	工日	16.8	16.8	16.8	16.8	16.8	16.8	16.8	16.8	16.8	16.8	16.8	16.8	
3		合计	工日	17.7	17.7	17.7	17.7	17.7	17.7	17.7	17.7	17.7	17.7	17.7	17.7	
4	机械	推土机 59kW	台班	0.06	0.06	0.06	0.06	0.06	0.06	0.06	0.06	0.06	0.06	0.06	0.06	
5		自卸汽车 3.5t	台班	2.33	2.82	3.18	3.47	4.11	4.78	5.56	6.13	6.88	7.37	8.08	8.79	0.65
6		自卸汽车 5t	台班	1.87	2.18	2.42	2.60	3.00	3.42	3.92	4.28	4.75	5.06	5.51	5.97	0.41
7		自卸汽车 8t	台班	1.60	1.81	1.97	2.09	2.37	2.65	2.98	3.23	3.55	3.76	4.07	4.38	0.28
8	其他费用		%	0.6	0.5	0.5	0.5	0.4	0.4	0.4	0.3	0.3	0.3	0.3	0.2	

1-8-6 人工装载货汽车运土

适用范围:一般土方。

工作内容:挖装、运输、卸除、空回。 单位:100m³

定额编号				10150	10151	10152	10153	10154	10155	10156	10157	10158	10159	10160	10161	10162
顺序号	名称		单位	人工装载货汽车运土												每增运1km
				运距(km)												
				0~0.5	0.5~1	1~1.5	1.5~2	2~3	3~4	4~5	5~6	6~7	7~8	8~9	9~10	
1	人工	甲类工	工日	1.1	1.1	1.1	1.1	1.1	1.1	1.1	1.1	1.1	1.1	1.1	1.1	
2		乙类工	工日	20.5	20.5	20.5	20.5	20.5	20.5	20.5	20.5	20.5	20.5	20.5	20.5	
3		合计	工日	21.6	21.6	21.6	21.6	21.6	21.6	21.6	21.6	21.6	21.6	21.6	21.6	
4	机械	载货汽车汽油4t	台班	2.54	2.94	3.24	3.47	3.99	4.53	5.17	5.63	6.23	6.63	7.21	7.78	0.52
5		载货汽车汽油5t	台班	2.32	2.64	2.87	3.05	3.46	3.88	4.38	4.74	5.21	5.52	5.97	6.42	0.41
6	其他费用		%	0.6	0.5	0.5	0.5	0.4	0.4	0.4	0.3	0.3	0.3	0.3	0.2	

1-9 机械挖淤泥、流砂

工作内容:挖淤泥(流砂),堆在一边或装车,清理机下余土。 单位:100m³

定额编号				10163	10164
顺序号	名称		单位	机械挖装淤泥、流砂	
				不装车	装车
1	人工	甲类工	工日	0.79	0.9
2		乙类工	工日	3.18	3.6
3		合计	工日	3.97	4.5
4	机械	抓铲挖掘机0.5m³	台班	0.6	0.68
5		抓铲挖掘机1m³	台班	0.39	0.44
6	其他费用		%	2.6	2.4

1-10 机械挖运土

1-10-1 2.5~2.75m³拖式铲运机铲运土(一、二类土)

适用范围:一般土方。

工作内容:铲装、运送、卸除、空回、转向、土场道路平整、洒水、卸土推平。 单位:100m³

定额编号				10165	10166	10167	10168	10169
顺序号	名称		单位	2.5~2.75m³拖式铲运机铲运一、二类土				
				铲运距离(m)				
				0~100	100~200	200~300	300~400	400~500
1	人工	甲类工	工日					
2		乙类工	工日	0.4	0.5	0.6	0.8	0.9
3		合计	工日	0.4	0.5	0.6	0.8	0.9

顺序号	名称		单位	10165	10166	10167	10168	10169
				2.5~2.75m³ 拖式铲运机铲运一、二类土				
				铲运距离(m)				
				0~100	100~200	200~300	300~400	400~500
4	机械	铲运机	台班	0.74	1.03	1.32	1.61	1.91
5		拖拉机 55kW	台班	0.74	1.03	1.32	1.61	1.91
6		推土机 55kW	台班	0.05	0.07	0.09	0.11	0.13
7	其他费用		%	12.8	9.9	7.8	6.4	5.4

注:1.铲运距离=1/2(铲装距离+运土距离+空回距离)。

2.铲运冻土时,冻土层部分另加74kW(100马力)推土机挂松土器先松土,定额为0.052台班/100m³。

1-10-2 2.5~2.75m³ 拖式铲运机铲运土(三类土)

工作内容:铲装、运送、卸除、空回、转向、土场道路平整、洒水、卸土推平。　　　　　　　　　单位:100m³

顺序号	名称		单位	10170	10171	10172	10173	10174
				2.5~2.75m³ 拖式铲运机铲运三类土				
				铲运距离(m)				
				0~100	100~200	200~300	300~400	400~500
1	人工	甲类工	工日					
2		乙类工	工日	0.4	0.5	0.6	0.8	0.9
3		合计	工日	0.4	0.5	0.6	0.8	0.9
4	机械	铲运机	台班	0.75	1.04	1.33	1.63	1.94
5		拖拉机 55kW	台班	0.75	1.04	1.33	1.63	1.94
6		推土机 55kW	台班	0.05	0.07	0.09	0.11	0.13
7	其他费用		%	12.7	9.8	7.8	6.3	5.3

注:1.铲运距离=1/2(铲装距离+运土距离+空回距离)。

2.铲运冻土时,冻土层部分另加74kW(100马力)推土机挂松土器先松土,定额为0.052台班/100m³。

1-10-3 2.5~2.75m³ 拖式铲运机铲运土(四类土)

工作内容:铲装、运送、卸除、空回、转向、土场道路平整、洒水、卸土推平。　　　　　　　　　单位:100m³

顺序号	名称		单位	10175	10176	10177	10178	10179
				2.5~2.75m³ 拖式铲运机铲运四类土				
				铲运距离(m)				
				0~100	100~200	200~300	300~400	400~500
1	人工	甲类工	工日					
2		乙类工	工日	0.4	0.5	0.6	0.8	0.9
3		合计	工日	0.4	0.5	0.6	0.8	0.9
4	机械	铲运机	台班	0.84	1.19	1.54	1.87	2.22
5		拖拉机 55kW	台班	0.84	1.19	1.54	1.87	2.22
6		推土机 55kW	台班	0.06	0.08	0.1	0.12	0.15
7	其他费用		%	11.2	8.7	6.7	5.6	4.7

注:1.铲运距离=1/2(铲装距离+运土距离+空回距离)。

2.铲运冻土时,冻土层部分另加74kW(100马力)推土机挂松土器先松土,定额为0.052台班/100m³。

1-10-4　3~4m³ 拖式铲运机铲运土(一、二类土)

工作内容:铲装、运送、卸除、空回、转向、土场道路平整、洒水、卸土推平。　　　　　　单位:100m³

定额编号				10180	10181	10182	10183	10184
顺序号	名称		单位	3~4m³ 拖式铲运机铲运一、二类土				
				铲运距离(m)				
				0~100	100~200	200~300	300~400	400~500
1	人工	甲类工	工日					0.1
2		乙类工	工日	0.4	0.5	0.6	0.8	1.0
3		合计	工日	0.4	0.5	0.6	0.8	1.1
4	机械	铲运机	台班	0.65	0.92	1.19	1.47	1.75
5		拖拉机 55kW	台班	0.65	0.92	1.19	1.47	1.75
6		推土机 55kW	台班	0.05	0.07	0.09	0.11	0.13
7	其他费用		%	9.0	6.4	4.9	4.0	3.3

注:1.铲运距离=1/2(铲装距离+运土距离+空回距离)。

　　2.铲运冻土时,冻土层部分另加74kW(100马力)推土机挂松土器先松土,定额为0.052台班/100m³。

1-10-5　3~4m³ 拖式铲运机铲运土(三类土)

工作内容:铲装、运送、卸除、空回、转向、土场道路平整、洒水、卸土推平。　　　　　　单位:100m³

定额编号				10185	10186	10187	10188	10189
顺序号	名称		单位	3~4m³ 拖式铲运机铲运三类土				
				铲运距离(m)				
				0~100	100~200	200~300	300~400	400~500
1	人工	甲类工	工日					0.1
2		乙类工	工日	0.4	0.5	0.6	0.8	1.0
3		合计	工日	0.4	0.5	0.6	0.8	1.1
4	机械	铲运机	台班	0.68	0.95	1.22	1.51	1.8
5		拖拉机 55kW	台班	0.68	0.95	1.22	1.51	1.8
6		推土机 55kW	台班	0.05	0.07	0.09	0.11	0.13
7	其他费用		%	8.6	6.2	4.8	3.9	3.3

注:1.铲运距离=1/2(铲装距离+运土距离+空回距离)。

　　2.铲运冻土时,冻土层部分另加74kW(100马力)推土机挂松土器先松土,定额为0.052台班/100m³。

1-10-6　3~4m³ 拖式铲运机铲运土(四类土)

工作内容:铲装、运送、卸除、空回、转向、土场道路平整、洒水、卸土推平。　　　　　　单位:100m³

定额编号				10190	10191	10192	10193	10194
顺序号	名称		单位	3~4m³ 拖式铲运机铲运四类土				
				铲运距离(m)				
				0~100	100~200	200~300	300~400	400~500
1	人工	甲类工	工日					0.1
2		乙类工	工日	0.4	0.5	0.6	0.8	1.0
3		合计	工日	0.4	0.5	0.6	0.8	1.1

顺序号		名称	单位	10190	10191	10192	10193	10194
				3~4m³ 拖式铲运机铲运四类土				
				铲运距离(m)				
				0~100	100~200	200~300	300~400	400~500
4	机械	铲运机	台班	0.75	1.08	1.41	1.72	2.05
5		拖拉机 55kW	台班	0.75	1.08	1.41	1.72	2.05
6		推土机 55kW	台班	0.06	0.08	0.1	0.12	0.15
7		其他费用	%	7.8	5.4	4.2	3.4	2.9

注:1.铲运距离=1/2(铲装距离+运土距离+空回距离)。

2.铲运冻土时,冻土层部分另加74kW(100马力)推土机挂松土器先松土,定额为0.052台班/100m³。

1-10-7 6~8m³ 拖式铲运机铲运土(一、二类土)

工作内容:铲装、运送、卸除、空回、转向、土场道路平整、洒水、卸土推平。

单位:100m³

顺序号		名称	单位	10195	10196	10197	10198	10199
				6~8m³ 拖式铲运机铲运一、二类土				
				铲运距离(m)				
				0~100	100~200	200~300	300~400	400~500
1	人工	甲类工	工日				0.1	0.1
2		乙类工	工日	0.5	0.6	0.8	1.0	1.2
3		合计	工日	0.5	0.6	0.8	1.1	1.3
4	机械	铲运机	台班	0.37	0.51	0.72	0.96	1.19
5		拖拉机 74kW	台班	0.35	0.49	0.69	0.91	1.13
6		推土机 59kW	台班	0.04	0.05	0.07	0.09	0.11
7		其他费用	%	14.6	13.4	9.6	7.3	5.9

注:1.铲运距离=1/2(铲装距离+运土距离+空回距离)。

2.铲运冻土时,冻土层部分另加74kW(100马力)推土机挂松土器先松土,定额为0.052台班/100m³。

1-10-8 6~8m³ 拖式铲运机铲运土(三类土)

工作内容:铲装、运送、卸除、空回、转向、土场道路平整、洒水、卸土推平。

单位:100m³

顺序号		名称	单位	10200	10201	10202	10203	10204
				6~8m³ 拖式铲运机铲运三类土				
				铲运距离(m)				
				0~100	100~200	200~300	300~400	400~500
1	人工	甲类工	工日				0.1	0.1
2		乙类工	工日	0.5	0.6	0.8	1.0	1.2
3		合计	工日	0.5	0.6	0.8	1.1	1.3
4	机械	铲运机	台班	0.45	0.62	0.85	1.08	1.31
5		拖拉机 74kW	台班	0.43	0.59	0.81	1.03	1.25
6		推土机 59kW	台班	0.04	0.06	0.08	0.1	0.13
7		其他费用	%	14.4	11.2	8.2	6.5	5.3

注:1.铲运距离=1/2(铲装距离+运土距离+空回距离)。

2.铲运冻土时,冻土层部分另加74kW(100马力)推土机挂松土器先松土,定额为0.052台班/100m³。

1-10-9 6~8m³ 拖式铲运机铲运土(四类土)

工作内容: 铲装、运送、卸除、空回、转向、土场道路平整、洒水、卸土推平。　　　　　　　　单位:100m³

定额编号			10205	10206	10207	10208	10209
顺序号	名称	单位	6~8m³ 拖式铲运机铲运四类土				
			铲运距离(m)				
			0~100	100~200	200~300	300~400	400~500
1	人工 甲类工	工日				0.1	0.1
2	乙类工	工日	0.5	0.6	0.8	1.0	1.2
3	合计	工日	0.5	0.6	0.8	1.1	1.3
4	机械 铲运机	台班	0.5	0.69	0.95	1.2	1.44
5	拖拉机 74kW	台班	0.48	0.66	0.9	1.14	1.37
6	推土机 59kW	台班	0.05	0.07	0.09	0.12	0.14
7	其他费用	%	13.5	10.1	7.4	5.8	4.9

注:1.铲运距离=1/2(铲装距离+运土距离+空回距离)。

2.铲运冻土时,冻土层部分另加74kW(100马力)推土机挂松土器先松土,定额为0.052台班/100m³。

1-10-10 挖掘机挖土

工作内容: 挖土、就地堆放。　　　　　　　　单位:100m³

定额编号			10210	10211	10212
顺序号	名称	单位	挖掘机挖土		
			一、二类土	三类土	四类土
1	人工 甲类工	工日			
2	乙类工	工日	0.6	0.6	0.7
3	合计	工日	0.6	0.6	0.7
4	机械 挖掘机油动 0.5m³	台班	0.26	0.29	0.31
5	挖掘机油动 1m³	台班	0.16	0.18	0.20
6	挖掘机电动 2m³	台班	0.12	0.14	0.16
7	其他费用	%	15.0	15.0	15.0

1-10-11 0.5m³ 挖掘机挖装自卸汽车运土

适用范围: 露天作业。

工作内容: 挖装、运输、卸除、空回。　　　　　　　　单位:100m³

定额编号			10213	10214	10215	10216	10217	10218	10219	10220	10221	10222	10223	10224	10225
顺序号	名称	单位	0.5m³ 挖掘机挖装自卸汽车运土												增运 1km
			运距(km)												
			0~0.5	0.5~1	1~1.5	1.5~2	2~3	3~4	4~5	5~6	6~7	7~8	8~9	9~10	
1	人工 甲类工	工日	0.1	0.1	0.1	0.1	0.1	0.1	0.1	0.1	0.1	0.1	0.1	0.1	
2	乙类工	工日	1.7	1.7	1.7	1.7	1.7	1.7	1.7	1.7	1.7	1.7	1.7	1.7	
3	合计	工日	1.8	1.8	1.8	1.8	1.8	1.8	1.8	1.8	1.8	1.8	1.8	1.8	

定额编号			10213	10214	10215	10216	10217	10218	10219	10220	10221	10222	10223	10224	10225
顺序号	名称	单位	0.5m³挖掘机挖装自卸汽车运土												增运1km
			运距(km)												
			0~0.5	0.5~1	1~1.5	1.5~2	2~3	3~4	4~5	5~6	6~7	7~8	8~9	9~10	
4	机械 挖掘机 油动0.5m³	台班	0.32	0.32	0.32	0.32	0.32	0.32	0.32	0.32	0.32	0.32	0.32	0.32	
5	推土机 59kW	台班	0.25	0.25	0.25	0.25	0.25	0.25	0.25	0.25	0.25	0.25	0.25	0.25	
6	自卸汽车 3.5t	台班	1.66	2.15	2.52	2.81	3.45	4.11	4.90	5.47	6.22	6.70	7.42	8.14	0.56
7	自卸汽车 5t	台班	1.24	1.54	1.78	1.96	2.37	2.78	3.28	3.64	4.12	4.42	4.88	5.28	0.41
8	其他费用	%	4.0	3.6	3.2	3.0	2.5	2.2	1.9	1.6	1.3	1.0	0.7	0.5	

1-10-12 1m³挖掘机挖装自卸汽车运土

适用范围：露天作业。

工作内容：挖装、运输、卸除、空回。

单位:100m³

定额编号			10226	10227	10228	10229	10230	10231	10232	10233	10234	10235	10236	10237	10238
顺序号	名称	单位	1m³挖掘机挖装自卸汽车运土												增运1km
			运距(km)												
			0~0.5	0.5~1	1~1.5	1.5~2	2~3	3~4	4~5	5~6	6~7	7~8	8~9	9~10	
1	人工 甲类工	工日	0.1	0.1	0.1	0.1	0.1	0.1	0.1	0.1	0.1	0.1	0.1	0.1	
2	乙类工	工日	0.9	0.9	0.9	0.9	0.9	0.9	0.9	0.9	0.9	0.9	0.9	0.9	
3	合计	工日	1.0	1.0	1.0	1.0	1.0	1.0	1.0	1.0	1.0	1.0	1.0	1.0	
4	机械 挖掘机 油动1m³	台班	0.22	0.22	0.22	0.22	0.22	0.22	0.22	0.22	0.22	0.22	0.22	0.22	
5	推土机 59kW	台班	0.16	0.16	0.16	0.16	0.16	0.16	0.16	0.16	0.16	0.16	0.16	0.16	
6	自卸汽车 5t	台班	1.08	1.39	1.62	1.81	2.21	2.63	3.13	3.49	3.96	4.27	4.72	5.18	0.41
7	自卸汽车 8t	台班	0.84	1.06	1.21	1.34	1.61	1.90	2.23	2.47	2.79	3.00	3.31	3.62	0.28
8	自卸汽车 10t	台班	0.81	0.99	1.14	1.24	1.49	1.74	2.04	2.26	2.54	2.73	3.00	3.27	0.25
9	其他费用	%	5.0	4.0	3.5	3.2	2.7	2.3	2.0	1.7	1.5	1.2	1.0	0.8	

1-10-13 1.2m³ 挖掘机挖装自卸汽车运土

适用范围: 露天作业。

工作内容: 挖装、运输、卸除、空回。

单位:100m³

定额编号			10239	10240	10241	10242	10243	10244	10245	10246	10247	10248	10249	10250	10251
顺序号	名称	单位	1.2m³ 挖掘机挖装自卸汽车运土												增运 1km
			运距(km)												
			0~0.5	0.5~1	1~1.5	1.5~2	2~3	3~4	4~5	5~6	6~7	7~8	8~9	9~10	
1	人工 甲类工	工日	0.1	0.1	0.1	0.1	0.1	0.1	0.1	0.1	0.1	0.1	0.1	0.1	
2	乙类工	工日	0.9	0.9	0.9	0.9	0.9	0.9	0.9	0.9	0.9	0.9	0.9	0.9	
3	合计	工日	1.0	1.0	1.0	1.0	1.0	1.0	1.0	1.0	1.0	1.0	1.0	1.0	
4	挖掘机 油动 1.2m³	台班	0.2	0.2	0.2	0.2	0.2	0.2	0.2	0.2	0.2	0.2	0.2	0.2	
5	推土机 59kW	台班	0.15	0.15	0.15	0.15	0.15	0.15	0.15	0.15	0.15	0.15	0.15	0.15	
6	机械 自卸汽车 5t	台班	1.05	1.35	1.59	1.77	2.18	2.59	3.09	3.46	3.93	4.23	4.69	5.14	0.41
7	自卸汽车 8t	台班	0.81	1.02	1.18	1.30	1.57	1.86	2.19	2.44	2.76	2.97	3.27	3.58	0.28
8	自卸汽车 10t	台班	0.77	0.96	1.10	1.21	1.45	1.70	2.00	2.22	2.50	2.69	2.96	3.23	0.25
9	自卸汽车 12t	台班	0.73	0.90	1.02	1.12	1.34	1.56	1.83	2.02	2.28	2.45	2.70	2.94	0.22
10	其他费用	%	5.0	4.0	3.5	3.2	2.7	2.3	2.0	1.7	1.5	1.2	1.0	0.8	

1-10-14 1.6m³ 挖掘机挖装自卸汽车运土

适用范围: 露天作业。

工作内容: 挖装、运输、卸除、空回。

单位:100m³

定额编号			10252	10253	10254	10255	10256	10257	10258
顺序号	名称	单位	运距(km)						增运 1km
			0.5	1	2	3	4	5	
1	人工 甲类工	工日							
2	乙类工	工日	0.9	0.9	0.9	0.9	0.9	0.9	
3	合计	工日	0.9	0.9	0.9	0.9	0.9	0.9	
4	挖掘机 油动 1.6m³	台班	0.15	0.15	0.15	0.15	0.15	0.15	
5	推土机 59kW	台班	0.11	0.11	0.11	0.11	0.11	0.11	
6	机械 自卸汽车 5t	台班	1.02	1.30	1.81	2.17	2.61	3.05	0.41
7	自卸汽车 8t	台班	0.78	0.97	1.31	1.55	1.87	2.14	0.28
8	自卸汽车 10t	台班	0.74	0.91	1.22	1.43	1.70	1.95	0.25
9	自卸汽车 12t	台班	0.70	0.85	1.12	1.31	1.54	1.78	0.22
10	自卸汽车 15t	台班	0.59	0.71	0.93	1.08	1.26	1.45	0.18
11	其他费用	%	5.0	4.0	3.2	2.7	2.3	2.0	

1-10-15 2m³挖掘机挖装自卸汽车运土

适用范围:露天作业。

工作内容:挖装、运输、卸除、空回。　　　　　　　　　　　　　　　　　　　　　单位:100m³

	定额编号		10259	10260	10261	10262	10263	10264	10265	10266	10267	10268	10269	10270	10271
顺序号	名称	单位	2m³挖掘机挖装自卸汽车运土												增运1km
			运距(km)												
			0~0.5	0.5~1	1~1.5	1.5~2	2~3	3~4	4~5	5~6	6~7	7~8	8~9	9~10	
1	人工 甲类工	工日													
2	乙类工	工日	0.8	0.8	0.8	0.8	0.8	0.8	0.8	0.8	0.8	0.8	0.8	0.8	
3	合计	工日	0.8	0.8	0.8	0.8	0.8	0.8	0.8	0.8	0.8	0.8	0.8	0.8	
4	挖掘机电动2m³	台班	0.15	0.15	0.15	0.15	0.15	0.15	0.15	0.15	0.15	0.15	0.15	0.15	
5	推土机59kW	台班	0.11	0.11	0.11	0.11	0.11	0.11	0.11	0.11	0.11	0.11	0.11	0.11	
6	自卸汽车8t	台班	0.74	0.94	1.10	1.22	1.50	1.78	2.12	2.37	2.69	2.90	3.20	3.50	0.28
7	机械 自卸汽车10t	台班	0.70	0.89	1.02	1.14	1.38	1.63	1.93	2.14	2.43	2.62	2.89	3.16	0.25
8	自卸汽车12t	台班	0.66	0.82	0.94	1.04	1.26	1.49	1.76	1.95	2.21	2.38	2.62	2.87	0.22
9	自卸汽车15t	台班	0.56	0.69	0.79	0.86	1.03	1.22	1.42	1.58	1.77	1.90	2.10	2.28	0.18
10	自卸汽车18t	台班	0.51	0.62	0.70	0.76	0.90	1.04	1.22	1.34	1.50	1.61	1.77	1.92	0.14
11	自卸汽车20t	台班	0.50	0.58	0.66	0.71	0.84	0.98	1.14	1.25	1.40	1.50	1.64	1.78	0.13
12	其他费用	%	6.5	5.4	4.8	4.4	3.7	3.2	2.8	2.5	2.2	1.9	1.6	1.3	

1-10-16 1m³装载机挖装自卸汽车运土

适用范围:露天作业。

工作内容:挖装、运输、卸除、空回。　　　　　　　　　　　　　　　　　　　　　单位:100m³

	定额编号		10272	10273	10274	10275	10276	10277	10278	10279	10280	10281	10282	10283	10284
顺序号	名称	单位	1m³装载机装自卸汽车运土												增运1km
			运距(km)												
			0~0.5	0.5~1	1~1.5	1.5~2	2~3	3~4	4~5	5~6	6~7	7~8	8~9	9~10	
1	人工 甲类工	工日	0.1	0.1	0.1	0.1	0.1	0.1	0.1	0.1	0.1	0.1	0.1	0.1	
2	乙类工	工日	1.2	1.2	1.2	1.2	1.2	1.2	1.2	1.2	1.2	1.2	1.2	1.2	
3	合计	工日	1.3	1.3	1.3	1.3	1.3	1.3	1.3	1.3	1.3	1.3	1.3	1.3	

续表

顺序号	名称		单位	10272	10273	10274	10275	10276	10277	10278	10279	10280	10281	10282	10283	10284
				1m³ 装载机装自卸汽车运土												增运 1km
				运距(km)												
				0~0.5	0.5~1	1~1.5	1.5~2	2~3	3~4	4~5	5~6	6~7	7~8	8~9	9~10	
4	机械	装载机 1m³	台班	0.45	0.45	0.45	0.45	0.45	0.45	0.45	0.45	0.45	0.45	0.45	0.45	
5		推土机 59kW	台班	0.17	0.17	0.17	0.17	0.17	0.17	0.17	0.17	0.17	0.17	0.17	0.17	
6		自卸汽车 3.5t	台班	1.88	2.37	2.74	3.02	3.66	4.39	5.11	5.77	6.43	7.09	7.75	8.41	
7		自卸汽车 5t	台班	1.35	1.66	1.90	2.08	2.48	2.94	3.40	3.82	4.24	4.66	5.08	5.50	0.41
8		自卸汽车 8t	台班	1.03	1.24	1.40	1.52	1.80	2.11	2.42	2.70	2.98	3.26	3.54	3.82	0.28
9		自卸汽车 10t	台班	1.02	1.22	1.35	1.46	1.70	1.98	2.26	2.51	2.76	3.01	3.26	3.51	0.25
10	其他费用		%	3.1	2.6	2.3	2.1	1.8	1.5	1.2	0.9	0.7	0.5	0.5	0.5	

1-10-17 1.5m³ 装载机挖装自卸汽车运土

适用范围:露天作业。

工作内容:挖装、运输、卸除、空回。　　　　　　　　　　　　　　　　　　单位:100m³

顺序号	名称		单位	10285	10286	10287	10288	10289	10290	10291	10292	10293	10294	10295	10296	10297
				1.5m³ 装载机装自卸汽车运土												增运 1km
				运距(km)												
				0~0.5	0.5~1	1~1.5	1.5~2	2~3	3~4	4~5	5~6	6~7	7~8	8~9	9~10	
1	人工	甲类工	工日	0.1	0.1	0.1	0.1	0.1	0.1	0.1	0.1	0.1	0.1	0.1	0.1	
2		乙类工	工日	0.9	0.9	0.9	0.9	0.9	0.9	0.9	0.9	0.9	0.9	0.9	0.9	
3		合计	工日	1.0	1.0	1.0	1.0	1.0	1.0	1.0	1.0	1.0	1.0	1.0	1.0	
4	机械	装载机 1.5m³	台班	0.32	0.32	0.32	0.32	0.32	0.32	0.32	0.32	0.32	0.32	0.32	0.32	
5		推土机 59kW	台班	0.13	0.13	0.13	0.13	0.13	0.13	0.13	0.13	0.13	0.13	0.13	0.13	
6		自卸汽车 3.5t	台班	1.69	2.18	2.54	2.82	3.47	4.14	4.92	5.58	6.24	6.90	7.56	8.22	
7		自卸汽车 5t	台班	1.26	1.57	1.80	1.98	2.38	2.81	3.30	3.72	4.14	4.56	4.98	5.40	0.41
8		自卸汽车 8t	台班	0.95	1.16	1.32	1.44	1.71	2.00	2.34	2.62	2.90	3.18	3.46	3.74	0.28
9		自卸汽车 10t	台班	0.93	1.12	1.26	1.37	1.61	1.86	2.16	2.41	2.66	2.91	3.16	3.41	0.25
10		自卸汽车 12t	台班	0.86	1.03	1.16	1.26	1.47	1.70	1.97	2.19	2.41	2.63	2.85	3.07	0.22
11		自卸汽车 15t	台班	0.73	0.86	0.96	1.03	1.21	1.38	1.59	1.77	1.95	2.13	2.31	2.49	0.18
12	其他费用		%	3.1	2.6	2.3	2.1	1.8	1.5	1.2	0.9	0.7	0.5	0.5	0.5	

1-10-18　2m³装载机挖装自卸汽车运土

适用范围:露天作业。

工作内容:挖装、运输、卸除、空回。

单位:100m³

	定额编号		10298	10299	10300	10301	10302	10303	10304	10305	10306	10307	10308	10309	10310
顺序号	名称	单位	2m³装载机装自卸汽车运土												增运1km
			运距(km)												
			0~0.5	0.5~1	1~1.5	1.5~2	2~3	3~4	4~5	5~6	6~7	7~8	8~9	9~10	
1	人工 甲类工	工日													
2	乙类工	工日	0.8	0.8	0.8	0.8	0.8	0.8	0.8	0.8	0.8	0.8	0.8	0.8	
3	合计	工日	0.8	0.8	0.8	0.8	0.8	0.8	0.8	0.8	0.8	0.8	0.8	0.8	
4	机械 装载机 2m³	台班	0.24	0.24	0.24	0.24	0.24	0.24	0.24	0.24	0.24	0.24	0.24	0.24	
5	推土机 59kW	台班	0.10	0.10	0.10	0.10	0.10	0.10	0.10	0.10	0.10	0.10	0.10	0.10	
6	自卸汽车 5t	台班	1.14	1.46	1.69	1.87	2.28	2.75	3.19	3.61	4.03	4.45	4.87	5.29	0.41
7	自卸汽车 8t	台班	0.88	1.09	1.25	1.37	1.65	1.97	2.26	2.54	2.82	3.10	3.38	3.66	0.28
8	自卸汽车 10t	台班	0.87	1.06	1.20	1.31	1.55	1.84	2.10	2.35	2.60	2.85	3.10	3.35	0.25
9	自卸汽车 12t	台班	0.81	0.98	1.10	1.20	1.42	1.68	1.92	2.14	2.36	2.58	2.80	3.02	0.22
10	自卸汽车 15t	台班	0.68	0.81	0.90	0.98	1.15	1.35	1.54	1.73	1.92	2.10	2.28	2.46	0.18
11	自卸汽车 18t	台班	0.63	0.74	0.82	0.88	1.02	1.18	1.34	1.49	1.64	1.78	1.92	2.06	0.14
12	自卸汽车 20t	台班	0.59	0.70	0.77	0.82	0.95	1.10	1.24	1.38	1.52	1.65	1.78	1.91	0.13
13	其他费用	%	4.0	3.9	3.0	2.8	2.5	2.1	1.9	1.6	1.3	1.1	0.8	0.5	

1-10-19　3m³装载机挖装自卸汽车运土

适用范围:露天作业。

工作内容:挖装、运输、卸除、空回。

单位:100m³

	定额编号		10311	10312	10313	10314	10315	10316	10317	10318	10319	10320	10321	10322	10323
顺序号	名称	单位	3m³装载机装自卸汽车运土												增运1km
			运距(km)												
			0~0.5	0.5~1	1~1.5	1.5~2	2~3	3~4	4~5	5~6	6~7	7~8	8~9	9~10	
1	人工 甲类工	工日													
2	乙类工	工日	0.6	0.6	0.6	0.6	0.6	0.6	0.6	0.6	0.6	0.6	0.6	0.6	
3	合计	工日	0.6	0.6	0.6	0.6	0.6	0.6	0.6	0.6	0.6	0.6	0.6	0.6	

续表

定额编号			10311	10312	10313	10314	10315	10316	10317	10318	10319	10320	10321	10322	10323
顺序号	名称	单位	3m³ 装载机装自卸汽车运土												增运 1km
			运距（km）												
			0~0.5	0.5~1	1~1.5	1.5~2	2~3	3~4	4~5	5~6	6~7	7~8	8~9	9~10	
4	机械 装载机 3m³	台班	0.17	0.17	0.17	0.17	0.17	0.17	0.17	0.17	0.17	0.17	0.17	0.17	
5	推土机 88kW	台班	0.07	0.07	0.07	0.07	0.07	0.07	0.07	0.07	0.07	0.07	0.07	0.07	
6	自卸汽车 8t	台班	0.79	1.00	1.16	1.28	1.37	1.88	2.18	2.46	2.74	3.02	3.30	3.58	0.41
7	自卸汽车 10t	台班	0.75	0.94	1.08	1.19	1.43	1.72	1.98	2.23	2.48	2.73	2.98	3.23	0.28
8	自卸汽车 12t	台班	0.71	0.88	1.00	1.10	1.32	1.56	1.82	2.04	2.26	2.48	2.70	2.92	0.25
9	自卸汽车 15t	台班	0.62	0.74	0.84	0.92	1.09	1.30	1.48	1.66	1.84	2.02	2.20	2.38	0.22
10	自卸汽车 18t	台班	0.57	0.67	0.75	0.82	0.95	1.12	1.27	1.41	1.55	1.69	1.83	1.97	0.18
11	自卸汽车 20t	台班	0.54	0.63	0.70	0.76	0.89	1.04	1.18	1.31	1.44	1.57	1.70	1.83	0.14
12	自卸汽车 25t	台班	0.47	0.55	0.62	0.66	0.77	0.90	1.02	1.13	1.24	1.35	1.46	1.57	0.11
13	其他费用	%	4.2	3.4	3.1	2.9	2.5	2.1	1.9	1.6	1.3	1.1	0.8	0.5	

1-10-20 机械挖沟槽

适用范围：适用于挖深 1.2m 以内、宽度 0.7m 的沟槽。

工作内容：定位、挖槽、清底。

单位：100m³

定额编号				10324	10325	10326
顺序号	名称		单位	一、二类土	三类土	四类土
1	人工	甲类工	工日	0.1	0.1	0.1
2		乙类工	工日	1.7	1.8	2.0
3		合计	工日	1.8	1.9	2.1
4	机械	单斗挖掘机 0.5m³	台班	0.41	0.44	0.49
5		其他费用	%	15.0	15.0	15.0

1-10-21 机械挖基坑土方

工作内容:1.挖土,将土置于坑边1m以外5m以内自然堆放,清理机下余土。

2.工作面内排水,清理边坡。

单位:100m³

顺序号	名称		单位	10327	10328	10329
				机械挖基坑土方		
				深度(m以内)		
				2	4	6
1	人工	甲类工	工日	0.33	0.66	0.924
2		乙类工	工日			
3		合计	工日	0.33	0.66	0.924
4	机械	履带式单斗液压挖掘机 0.6m³	台班	0.104	0.208	0.291
5		单斗挖掘机 液压 1m³	台班	0.11	0.22	0.308

1-11 推土机推土

1-11-1 推土机推土(一、二类土)

工作内容:推松、运送、卸除、拖平、空回。

单位:100m³

顺序号	名称		单位	10330	10331	10332	10333	10334	10335	10336	10337
				推土机推土(一、二类土)							
				推土距离(m)							
				0~10	10~20	20~30	30~40	40~50	50~60	60~70	70~80
1	人工	甲类工	工日								
2		乙类工	工日	0.1	0.2	0.2	0.3	0.3	0.4	0.4	0.5
3		合计	工日	0.1	0.2	0.2	0.3	0.3	0.4	0.4	0.5
4	机械	推土机 55kW	台班	0.26	0.47	0.68	0.88	1.10	1.31	1.51	1.73
5		推土机 74kW	台班	0.14	0.21	0.27	0.34	0.42	0.50	0.58	0.66
6		推土机 103kW	台班	0.10	0.14	0.20	0.26	0.32	0.38	0.43	0.49
7		推土机 118kW	台班	0.09	0.13	0.18	0.23	0.28	0.33	0.39	0.44
8		推土机 132kW	台班	0.08	0.12	0.16	0.21	0.25	0.29	0.33	0.39
9		推土机 176kW	台班	0.06	0.09	0.11	0.15	0.18	0.20	0.23	0.27
10		其他费用	%	5.0	5.0	5.0	5.0	5.0	5.0	5.0	5.0

注:推土机推土按自然方体积计算。本定额适用于推土层>0.3m,推土上坡坡度≤5%;土层厚度<0.3m时,推土机定额乘以系数1.25;推土上坡坡度为5%~10%时,推土机乘以系数1.09。

1-11-2 推土机推土(三类土)

工作内容:推松、运送、卸除、拖平、空回。

单位:100m³

	定额编号			10338	10339	10340	10341	10342	10343	10344	10345
顺序号		名称	单位	推土机推土(三类土)							
				推土距离(m)							
				0~10	10~20	20~30	30~40	40~50	50~60	60~70	70~80
1	人工	甲类工	工日								
2		乙类工	工日	0.1	0.2	0.2	0.3	0.3	0.4	0.4	0.5
3		合计	工日	0.1	0.2	0.2	0.3	0.3	0.4	0.4	0.5
4	机械	推土机 55kW	台班	0.31	0.55	0.79	1.04	1.28	1.53	1.76	2.01
5		推土机 74kW	台班	0.16	0.24	0.31	0.41	0.50	0.59	0.68	0.77
6		推土机 103kW	台班	0.12	0.18	0.24	0.32	0.41	0.48	0.55	0.62
7		推土机 118kW	台班	0.10	0.15	0.21	0.27	0.33	0.40	0.45	0.51
8		推土机 132kW	台班	0.09	0.14	0.19	0.23	0.30	0.35	0.41	0.48
9		推土机 176kW	台班	0.06	0.10	0.13	0.16	0.21	0.25	0.29	0.45
10		其他费用	%	5.0	5.0	5.0	5.0	5.0	5.0	5.0	5.0

注:推土机推土按自然方体积计算。本定额适用于推土层>0.3m,推土上坡坡度≤5%;土层厚度<0.3m 时,推土机定额乘以系数1.25;推土上坡坡度为5%~10%时,推土机乘以系数1.09。

1-11-3 推土机推土(四类土)

工作内容:推松、运送、卸除、拖平、空回。

单位:100m³

	定额编号			10346	10347	10348	10349	10350	10351	10352	10353
顺序号		名称	单位	推土机推土(四类土)							
				推土距离(m)							
				0~10	10~20	20~30	30~40	40~50	50~60	60~70	70~80
1	人工	甲类工	工日								
2		乙类工	工日	0.1	0.2	0.2	0.3	0.3	0.4	0.4	0.5
3		合计	工日	0.1	0.2	0.2	0.3	0.3	0.4	0.4	0.5
4	机械	推土机 55kW	台班	0.36	0.63	0.90	1.20	1.46	1.75	2.01	2.29
5		推土机 74kW	台班	0.18	0.27	0.35	0.48	0.58	0.68	0.78	0.88
6		推土机 103kW	台班	0.14	0.22	0.28	0.38	0.50	0.58	0.67	0.75
7		推土机 118kW	台班	0.11	0.18	0.24	0.31	0.38	0.47	0.51	0.58
8		推土机 132kW	台班	0.10	0.15	0.22	0.25	0.35	0.41	0.49	0.57
9		推土机 176kW	台班	0.06	0.11	0.15	0.17	0.24	0.30	0.35	0.43
10		其他费用	%	5.0	5.0	5.0	5.0	5.0	5.0	5.0	5.0

注:推土机推土按自然方体积计算。本定额适用于推土层>0.3m,推土上坡坡度≤5%;土层厚度<0.3m 时,推土机定额乘以系数1.25;推土上坡坡度为5%~10%时,推土机乘以系数1.09。

1-12 平 土

1-12-1 人工平土

工作内容:人工挖、填、平整。

适用范围:20m² 以内,高差不超过±30cm。

单位:100m²

定额编号				10354	10355
序号	名称		单位	人工平土	
				一、二类土	三、四类土
1	人工	甲类工	工日	0.1	0.2
2		乙类工	工日	2.7	4.2
3		合计	工日	2.8	4.4
4	其他费用		%	5.0	5.0

1-12-2 平地机平土

适用范围:土坝坝面平土和一般平土。

工作内容:推平土料。

单位:100m²

定额编号				10356	10357	10358
顺序号	名称		单位	土坝坝面平地机平土		一般平土
				干容重(t/m³)		
				≤1.7	>1.7	
1	人工	甲类工	工日			
2		乙类工	工日	0.2	0.2	0.2
3		合计	工日	0.2	0.2	0.2
4	机械	自行式平地机 118kW	台班	0.1	0.11	0.1
5	其他费用		%	5.0	5.0	5.0

1-12-3 人工修整边坡

工作内容:挂线修整、拍平。

单位:100m²

定额编号				10359	10360	10361
顺序号	名称		单位	挖方边坡		填方边坡
				一、二类土	三类土	
1	人工	甲类工	工日	0.2	0.2	0.2
2		乙类工	工日	2.0	2.9	2.3
3		合计	工日	2.2	3.1	2.5
4	其他费用		%	5.0	5.0	5.0

注:挖方边坡四类土在三类土基础上乘以系数1.09。

1-12-4 人工细部平整

适用范围:机械平整后的田块。

工作内容:人工挖、填、平整。

单位:hm²

定额编号				10362
顺序号	名称		单位	人工细部平整
1	人工	甲类工	工日	
2		乙类工	工日	41.00
3		合计	工日	41.00
4	其他费用		%	3.1

注:人工细部平整按田块平整的面积计算。

1-12-5 人工平整场地

适用范围:为便于进行定位放线,在基础土开挖之前,对施工现场高低不平的部位进行平整的工作。

工作内容:平整场地:厚度±30cm以内的就地挖、填、找平、工作面内排水。

单位:100m²

定额编号				10363
顺序号	名称		单位	人工平整场地
1	人工	甲类工	工日	3.579
2		乙类工	工日	
3		合计	工日	3.579

1-12-6 机械修整边坡

工作内容:按设计边坡挂线、机械修整、人工配合修边、修坡。

单位:100m²

定额编号				10364	10365	10366	10367	10368	10369
顺序号	名称		单位	机械修整边坡					
				一至三类土			四类土		
				液压反铲挖掘机修整边坡					
				挖掘机 0.6m³	挖掘机 1.0m³	挖掘机 1.6m³	挖掘机 0.6m³	挖掘机 1.0m³	挖掘机 1.6m³
1	人工	甲类工	工日	0.54	0.54	0.54	0.61	0.61	0.61
2		乙类工	工日	1.61	1.61	1.61	1.86	1.86	1.86
3		合计	工日	2.15	2.15	2.15	2.47	2.47	2.47
4	材料	零星材料费	%	4	4	4	4	4	4
5	机械	单斗挖掘机 液压 0.6m³	台班	0.04			0.05		
6		单斗挖掘机 液压 1.0m³	台班		0.03			0.04	
7		单斗挖掘机 液压 1.6m³	台班			0.02			0.03
8		其他机械费	%	5	5	5	5	5	5

1-12-7　机械平整场地

工作内容: 平整场地,厚度±30cm 以内的就地挖、填、找平、工作面内排水。　　　　　　单位:100m²

定额编号				10370
顺序号	名称		单位	机械平整场地
1	人工	甲类工	工日	0.085
2		乙类工	工日	
3		合计	工日	0.085
4	机械	履带式推土机 75kW	台班	0.15

1-13　回填压实

1-13-1　原土夯实

工作内容: 碎土、平土、洒水、夯实。　　　　　　单位:100m²

定额编号				10371
顺序号	名称		单位	原土夯实
1	人工	甲类工	工日	0.2
2		乙类工	工日	3.3
3		合计	工日	3.5
4	机械	蛙式打夯机 2.8kW	台班	1.50
5	其他费用		%	3.0

1-13-2　建筑物土方回填

工作内容: 1.松填不夯实,包括5m 以内取土回填。

2.夯填土,包括5m 内取土、倒土、平土、洒水、夯实(干密度1.6t/m³ 以下)。　　　　　　单位:100m³

定额编号				10372	10373	10374
顺序号	名称		单位	土方回填		
				松填不夯实	人工夯实	机械夯填
1	人工	甲类工	工日	0.5	2.5	1.3
2		乙类工	工日	8.6	48.0	25.1
3		合计	工日	9.1	50.5	26.4
4	机械	蛙式打夯机 2.8kW	台班			2.20
5	其他费用		%	5.0	3.0	4.5

1-13-3　土坝填筑

工作内容:平土、扫土、洒水、刨毛、夯实和捡拾杂物等。

适用范围:人工修筑小型堤坝。

单位:100m³ 实方

顺序号	名称		单位	10375	10376	10377	10378
				填土面积			
				≤15m²		>15m²	
				干密度(t/m³)			
				≤1.6	>1.6	≤1.6	>1.6
1	人工	甲类工	工日	4.3	6.1	3.4	4.9
2		乙类工	工日	81.3	116.1	65.3	93.2
3		合计	工日	85.6	122.2	68.7	98.1
4	其他费用		%	2.3	1.6	2.9	2.0

1-13-4　种植土回填

适用范围:对土壤质量要求较高的绿植等,如制作绿带地形时。

工作内容:种植土松填、平整。

单位:100m³

顺序号	名称		单位	10379
				种植土回填
1	人工	甲类工	工日	0.2
2		乙类工	工日	19.55
3		合计	工日	19.75
4	材料	种植土	m³	103
5		零星材料费	%	5

注:种植土需要采用土质疏松的地表土,土壤中不能有建筑垃圾和残渣,砾石含量小于10%。

1-14　土方压实

1-14-1　羊脚碾压实

适用范围:坝体土料,拖拉机牵引羊角碾压实。

工作内容:推平、刨毛、压实、削坡、洒水、补边夯、辅助工作。

单位:100m³ 实方

顺序号	名称		单位	10380	10381
				土料	
				干密度(t/m³)	
				≤1.7	>1.7
1	人工	甲类工	工日	0.2	0.2
2		乙类工	工日	3.0	3.5
3		合计	工日	3.2	3.7

顺序号	名称		单位	10380	10381
				土料	
				干密度(t/m³)	
				≤1.7	>1.7
4	机械	羊角碾 5~7t,拖拉机 59kW	台班	0.31	0.41
5		羊角碾 5~7t,拖拉机 74kW	台班	0.23	0.32
6		羊角碾 8~12t,拖拉机 74kW	台班	0.23	0.29
7		推土机 74kW	台班	0.10	0.10
8		蛙式打夯机 2.8kW	台班	0.18	0.18
9		刨毛机	台班	0.10	0.10
10	其他费用		%	17.6	15.0

1-14-2 轮胎碾压实

适用范围:坝体土料,拖拉机牵引轮胎碾压实。

工作内容:推平、刨毛、压实、削坡、洒水、补边夯、辅助工作。

单位:100m³ 实方

顺序号	名称		单位	10382	10383
				土料	
				干密度(t/m³)	
				≤1.7	>1.7
1	人工	甲类工	工日	0.2	0.2
2		乙类工	工日	3.0	3.5
3		合计	工日	3.2	3.7
4	机械	轮胎碾 9~16t,拖拉机 74kW	台班	0.19	0.24
5		推土机 74kW	台班	0.10	0.10
6		蛙式打夯机 2.8kW	台班	0.18	0.18
7		刨毛机	台班	0.11	0.11
8	其他费用		%	16.0	13.0

1-14-3 夯实机夯实

适用范围:坝体土料,挖掘机改装夯实机。

工作内容:推平、刨毛、压实、削坡、洒水、补边夯、辅助工作。

单位:100m³ 实方

顺序号	名称		单位	10384	10385
				土料	
				干密度(t/m³)	
				≤1.7	>1.7
1	人工	甲类工	工日	0.2	0.2
2		乙类工	工日	3.0	3.5
3		合计	工日	3.2	3.7

定额编号				10384	10385
顺序号	名称		单位	土料	
				干密度(t/m³)	
				≤1.7	>1.7
4	机械	夯实机 0.5m³	台班	0.24	0.26
5		夯实机 1m³	台班	0.22	0.23
6		推土机 74kW	台班	0.10	0.10
7		蛙式打夯机 2.8kW	台班	0.18	0.18
8		刨毛机	台班	0.10	0.10
9	其他费用		%	13.0	12.0

注:打夯机系用挖掘机改装,型号规格指机斗斗容,按油动机械计算。

1-14-4 履带拖拉机压实

适用范围:坝体土料,履带拖拉机碾压。

工作内容:推平、刨毛、压实、削坡、洒水、补边夯、辅助工作。

单位:100m³ 实方

定额编号				10386	10387
顺序号	名称		单位	土料	
				干密度(t/m³)	
				≤1.7	>1.7
1	人工	甲类工	工日	0.2	0.2
2		乙类工	工日	3.0	3.5
3		合计	工日	3.2	3.7
4	机械	履带拖拉机 74kW	台班	0.38	0.49
5		推土机 74kW	台班	0.10	0.10
6		蛙式打夯机 2.8kW	台班	0.18	0.18
7		刨毛机	台班	0.10	0.10
8	其他费用		%	13.0	11.0

1-15 残树(根)清除

1-15-1 人工伐树、挖根

工作内容:伐树、挖根、堆放。

单位:100棵

定额编号			10388	10389	10390	10391	10392	10393	10394	10395	10396	10397	10398	10399
顺序号	名称	单位	伐树							挖树根				
			树身直径(cm)											
			20~40	40~60	60~80	80~100	100~120	120~140	140~150	20~40	40~60	60~80	80~100	≥100
1	人工 甲类工	工日												
2	乙类工	工日	7.3	14.5	23.0	42.0	77.8	167.9	307.9	39.1	139.1	352.5	625.8	978.3
3	合计	工日	7.3	14.5	23.0	42.0	77.8	167.9	307.9	39.1	139.1	352.5	625.8	978.3
4	其他费用	%	8.0	4.6	2.9	1.6	0.9	0.4	0.2	1.7	0.5	0.2	0.1	0.1

注:1.树身直径以离地面20cm高的树径为准。

2.伐树如需截断、砍枝,人工定额乘以系数 3.02。

1-15-2 人工挖竹根

工作内容：起土挖根、场地清理。 单位：100m³

定额编号				10400
顺序号	名称		单位	人工挖竹根
1	人工	甲类工	工日	3.1
2		乙类工	工日	27.5
3		合计	工日	30.6
4	其他费用		%	0.5

1-15-3 推土机推树根

适用范围：场地地面处理。

工作内容：将树根从土中推出。 单位：100棵

定额编号				10401	10402	10403	10404	10405
顺序号	名称		单位	推土机推树根				
				树身直径(cm)				
				≤10	10~20	20~30	30~40	40~50
1	人工	甲类工	工日	0.1	0.1	0.1	0.1	0.1
2		乙类工	工日	0.9	0.9	0.9	0.9	0.9
3		合计	工日	1.0	1.0	1.0	1.0	1.0
4	机械	推土机 59kW	台班	0.30	0.38	0.63	1.40	2.17
5	其他费用		%	7.7	7.7	4.8	2.2	1.4

1-15-4 挖掘机挖树根

工作内容：将树根从土中挖出。 单位：100棵

定额编号				10406	10407	10408	10409	10410
顺序号	名称		单位	挖掘机挖树根				
				树身直径 ≤10cm	树身直径 10~20cm	树身直径 20~30cm	树身直径 30~40cm	树身直径 40~50cm
1	人工	甲类工	工日	0.1	0.1	0.1	0.1	0.1
2		乙类工	工日	0.9	0.9	0.9	0.9	0.9
3		合计	工日	1	1	1	1	1
4	机械	单斗挖掘机 油动 0.5m³	台班	0.24	0.3	0.5	1.11	1.72
5		单斗挖掘机 油动 1m³	台班	0.18	0.22	0.36	0.85	1.35
6	其他费用		%	7.7	7.7	4.8	2.2	1.4

1-15-5 机械挖竹根

工作内容: 1.伐树:锯(砍)倒、断枝、截断、运出路基外、场地清理。
2.挖根:起土挖根、场地清理、运出路。

单位:100m³

定额编号				10411
顺序号		名称	单位	挖竹根
1	人工	甲类工	工日	3
2		乙类工	工日	
3		合计	工日	3
4	机械	1.0m³ 以内履带式液压单斗挖掘机	台班	0.5

1-16 地力培肥

1-16-1 人工地力培肥

适用范围: 全面整理、耕深 0.2~0.3m、秸秆还田等。
工作内容: 人工施肥、畜力翻耕。

单位:hm²

定额编号				10412	10413	10414
顺序号		名称	单位	土类级别		
				一、二类土	三类土	四类土
1	人工	甲类工	工日			
2		乙类工	工日	41.0	79.9	133.5
3		合计	工日	41.0	79.9	133.5
4	材料	肥料	项	1	1	1
5	其他费用		%	13	13	13

1-16-2 机械地力培肥

工作内容: 拖拉机牵引铧犁翻耕。

单位:hm²

定额编号				10415	10416	10417
顺序号		名称	单位	土类级别		
				一、二类土	三类土	四类土
1	人工	甲类工	工日			
2		乙类工	工日	2.4	2.4	2.4
3		合计	工日	2.4	2.4	2.4
4	材料	肥料	项	1	1	1
5	机械	拖拉机 74kW	台班	1.14	1.43	1.57
6	其他费用		%	1	1	1

1-16-3 土壤培肥改良

工作内容: 1.农作物与绿肥、牧草等轮作;

2.粉碎秸秆耕翻入土中;

3.拖拉机耕地。

单位:公顷

顺序号	名称		单位	10418	10419	10420	10421	10422	10423	10424
				土壤培肥改良					土壤措施	
				粮肥轮作	玉米秸秆	小麦秸秆	机械深耕	深松	农家肥	硫酸亚铁
1	人工	甲类工	工日	3	7.5	4.5	4.5	4.5	7.5	3
2		乙类工	工日	30	7.5	7.5	4.5	4.5	37.5	15
3		合计	工日	33	15	12	9	9	45	18
4	材料	绿肥种子	kg	30						
5		秸秆	kg		9000	4500				
6		氮肥(折碳铵)	kg		225	180				
7		农家肥	t						26.25	
8		硫酸亚铁	kg							600
9	机械	拖拉机 履带式 55kW	台班		0.9	0.6	0.45	0.3		
10		拖拉机 轮胎式 37kW	台班						0.9	

1-17 生态田坎修筑

工作内容: 整修、装土、封包、堆筑。

单位:100m³

顺序号	名称		单位	10425
				生态田坎修筑
1	人工	甲类工	工日	1.75
2		乙类工	工日	33.33
3		合计	工日	35.08
4	材料	袋子	个	1670
5		其他费用	%	2

1-18 水泥土护坡、护底

适用范围: 软土区增加土壤强度。

工作内容: 碎土、过筛、水泥土配料、拌和、夯实、养护。

单位:100m²

顺序号	名称		单位	10426	10427
				10cm	每增减1cm
1	人工	甲类工	工日	0.3	0.04
2		乙类工	工日	5.2	0.57
3		合计	工日	5.5	0.61
4	材料	水	m³	20	2
5		水泥	t	2.25	0.2
6		黏土	m³	11	1.1
7	机械	蛙式打夯机 功率 2.8kW	台班	0.78	0.1
8		其他费用	%	1	0

1-19 垦造水田

1-19-1 人工清除土壤中石砾

适用范围:无法使用施工机械清除石砾的工作。

工作内容:清理石渣,装筐,挑、抬运至田外堆放。

单位:100m²

定额编号				10428	10429
顺序号	名称		单位	石砾含量1%~5%	石砾含量6%~10%
1	人工	甲类工	工日		
2		乙类工	工日	1.5	2
3		合计	工日	1.5	2
4	其他费用		%	3	3

1-19-2 犁底层压实

工作内容:推平、压实、削坡、洒水、补边夯、辅助工作。

单位:100m²

定额编号				10430	10431
顺序号	名称		单位	犁底层夯实（挖方区）	犁底层夯实（填方区）（100m³）
1	人工	甲类工	工日	0.03	0.52
2		乙类工	工日	0.02	0.6
3		合计	工日	0.05	1.12
4	机械	蛙式夯实机 2.80kW	台班	0.02	0.66
5		自行式平地机 118kW	台班	0.02	0.3
6	其他费用		%	3	3

1-19-3 蓄水泡田

工作内容:配置抽水设备及管道,蓄水。

单位:100m²

定额编号				10432
顺序号	名称		单位	蓄水泡田
1	人工	甲类工	工日	
2		乙类工	工日	0.1
3		合计	工日	0.1
4	机械	离心水泵 单级 7kW	台班	0.1
5	其他费用		%	0.5

1-19-4 糊田坎

工作内容:挖淤泥、搭田坎。

单位:100m³

定额编号				10433
顺序号	名称		单位	水田泥
1	人工	甲类工	工日	1.8
2		乙类工	工日	34.7
3		合计	工日	36.5
4	其他费用		%	2.8

1-19-5 耙田造浆

工作内容:耙田、造浆(一次)。

单位:100m²

定额编号				10434
顺序号	名称		单位	机械耙田造浆
1	人工	甲类工	工日	
2		乙类工	工日	0.12
3		合计	工日	0.12
4	机械	拖拉机 履带式 40~55kW	台班	0.02

第二章　石方工程

说　明

一、本章包括一般石方开挖、保护层、沟槽、坑等石方开挖和石渣运输定额等共 12 节 385 子目。

二、本章计量单位,除注明外,均按自然方计。

三、一般石方开挖定额,适用于一般明挖石方工程和底宽超过 7m 的沟、槽,上口大于 160m² 的坑挖石方工程及倾角小于或等于 20°,开挖厚度大于 5m(垂直于设计面的平均厚度)的坡面石方开挖。

四、一般坡面石方开挖定额,适用于设计倾角大于 20°或厚度 5m 以内的石方开挖。

五、槽石方开挖定额,适用于底宽小于或等于 7m,两侧垂直或有边坡的长条形石方开挖工程,如渠道、排水沟等。

六、坑石方开挖定额,适用于上口面积小于或等于 160m²、深度小于上口短边长度或直径的石方开挖工程,如集水坑、墩基、柱基、基座、混凝土基坑等。

七、各开挖定额已考虑控制规格的布孔,未考虑防震孔、预裂孔。石方爆破定额是按炮眼法松动爆破编制的,不分明炮、闷炮,但闷炮的覆盖材料应另行计算。

八、合金钻头的修磨费,应计入合金钻头预算价格,一般可按每个合金钻头原价的 25%计算。

九、炸药价格的计取:定额表中只列出 2 号乳化炸药;在实际露天石方开挖(边坡、坑、槽、基础)时,可按实际情况选 2 号岩石乳化和 4 号抗水岩石乳化炸药各半或其他炸药计算。

十、挖掘机或装载机装石碴、自卸汽车运输定额,按露天作业计。

2-1 一般石方开挖

2-1-1 人工一般石方开挖

适用范围: 一般明挖。

工作内容: 撬移、解小、翻碴、清面。

单位:100m³

定额编号				20001	20002	20003	20004	20005	20006	20007	20008	20009
顺序号	名称		单位	人工一般石方开挖								
				基础石方			沟槽石方			基坑石方		
				V~Ⅷ	Ⅸ~Ⅹ	Ⅺ~Ⅻ	V~Ⅷ	Ⅸ~Ⅹ	Ⅺ~Ⅻ	V~Ⅷ	Ⅸ~Ⅹ	Ⅺ~Ⅻ
1	人工	甲类工	工日	7.2	8.3	11.9	8.0	11.0	18.0	11.8	16.4	27.7
2		乙类工	工日	138.0	158.1	225.0	151.1	208.0	341.0	223.7	312.5	525.8
3		合计	工日	145.2	166.4	236.9	159.1	219.0	359.0	235.5	328.9	553.5
4	其他费用		%	1.5	1.5	1.5	1.0	1.0	1.0	1.0	1.0	1.0

2-1-2 一般石方开挖 人工打孔

适用范围: 一般明挖。

工作内容: 人工打孔、爆破、撬移、解小、翻碴、清面。

单位:100m³

定额编号				20010	20011	20012
顺序号	名称		单位	人工打孔一般石方开挖		
				V~Ⅷ	Ⅸ~Ⅹ	Ⅺ~Ⅻ
1	人工	甲类工	工日	1.3	2.6	4.4
2		乙类工	工日	24.1	49.0	83.7
3		合计	工日	25.4	51.6	88.1
4	材料	钢钎	kg	0.77	2.08	3.96
5		炸药	kg	27.15	39.05	42.90
6		电雷管	个	40.55	58.25	69.85
7		导电线	m	165.04	237.08	284.29
8	其他费用		%	3.5	2.6	2.3

2-1-3 一般石方开挖 风钻、电钻钻孔

适用范围: 一般明挖。

工作内容: 风(电)钻钻孔、爆破、撬移、解小、翻碴、清面。

单位:100m³

定额编号				20013	20014	20015	20016	20017	20018	20019
顺序号	名称		单位	风钻钻孔一般石方开挖				电钻钻孔一般石方开挖		
				V~Ⅷ	Ⅸ~Ⅹ	Ⅺ~Ⅻ	ⅩⅢ~ⅩⅣ	V~Ⅶ	Ⅷ	Ⅸ
1	人工	甲类工	工日	0.6	0.8	1.0	1.3	0.6	0.8	1.0
2		乙类工	工日	11.9	15.0	18.8	25.2	11.5	15.1	20.3
3		合计	工日	12.5	15.8	19.8	26.5	12.1	15.9	21.3

续表

定额编号			20013	20014	20015	20016	20017	20018	20019
顺序号	名称	单位	风钻钻孔一般石方开挖				电钻钻孔一般石方开挖		
			V~Ⅷ	Ⅸ~Ⅹ	Ⅺ~Ⅻ	ⅩⅢ~ⅩⅣ	V~Ⅶ	Ⅷ	Ⅸ
4	材料 合金钻头	个	1.02	1.75	2.54	3.78			
5	电钻钻头	个					0.69	1.58	2.32
6	电钻钻杆	m					2.53	5.78	8.50
7	空心钢	kg	0.43	0.86	1.44	2.62			
8	炸药	kg	26.40	33.95	39.35	45.25	25.00	33.00	37.00
9	电雷管	个	39.00	50.50	58.00	67.50	38.00	49.00	55.00
10	导电线	m	120.00	155.00	179.00	206.50	94.00	124.00	138.00
11	机械 风钻(手持式)	台班	0.77	1.51	2.53	4.59			
12	电钻 1.5kW	台班					0.99	3.09	6.57
13	修钎设备	台班	0.04	0.06	0.12	0.20			
14	载货汽车 5t	台班	0.20	0.20	0.20	0.20	0.20	0.20	0.20
15	其他费用	%	4.2	4.2	3.7	3.3	2.8	2.6	2.4

2-1-4 一般石方开挖 80型潜孔钻钻孔

适用范围: 潜孔钻钻孔,风钻配合。

工作内容: 钻孔、爆破、撬移、解小、翻碴、清面。

单位:100m³

定额编号			20020	20021	20022	20023	20024	20025	20026	20027	20028	20029	20030	20031
顺序号	名称	单位	80型潜孔钻钻孔一般石方开挖											
			孔深6m以下				孔深6~9m				孔深9m以上			
			V~Ⅷ	Ⅸ~Ⅹ	Ⅺ~Ⅻ	ⅩⅢ~ⅩⅣ	V~Ⅷ	Ⅸ~Ⅹ	Ⅺ~Ⅻ	ⅩⅢ~ⅩⅣ	V~Ⅷ	Ⅸ~Ⅹ	Ⅺ~Ⅻ	ⅩⅢ~ⅩⅣ
1	人工 甲类工	工日	0.4	0.5	0.6	0.8	0.4	0.4	0.5	0.7	0.3	0.3	0.5	0.6
2	乙类工	工日	7.3	9.7	12.0	15.0	6.0	8.2	10.1	12.7	5.2	7.1	8.9	11.6
3	合计	工日	7.7	10.2	12.6	15.8	6.4	8.6	10.6	13.4	5.5	7.4	9.4	12.2
4	材料 合金钻头	个	0.06	0.10	0.14	0.18	0.07	0.01	0.14	0.18	0.06	0.10	0.14	0.18
5	钻头80型	个	0.37	0.56	0.77	0.99	0.34	0.46	0.63	0.82	0.27	0.39	0.54	0.69
6	冲击器	套	0.04	0.06	0.08	0.11	0.03	0.05	0.07	0.09	0.03	0.04	0.06	0.08
7	钻杆	m	0.41	0.54	0.66	0.80	0.40	0.50	0.62	0.74	0.36	0.45	0.56	0.66
8	空心钢	kg	0.18	0.28	0.35	0.42	0.21	0.28	0.32	0.42	0.20	0.28	0.35	0.42
9	炸药	kg	39.40	47.30	53.05	59.35	36.47	43.03	50.57	53.98	34.02	39.24	44.37	49.10
10	电雷管	个	22.42	27.16	30.00	33.00	22.23	26.00	29.65	33.00	19.50	22.00	25.50	27.00
11	导电线	m	81.88	97.00	108.17	121.17	133.00	154.00	175.00	195.50	160.00	192.00	221.33	244.50
12	机械 风钻(手持式)	台班	0.29	0.38	0.49	0.59	0.30	0.38	0.49	0.59	0.32	0.38	0.49	0.59
13	潜孔钻80型	台班	0.86	1.31	1.84	2.52	0.78	1.12	1.49	2.10	0.65	0.88	1.28	1.79
14	载货汽车5t	台班	0.20	0.20	0.20	0.20	0.20	0.20	0.20	0.20	0.20	0.20	0.20	0.20
15	其他费用	%	2.7	2.4	2.3	2.1	3.1	2.8	2.4	2.0	3.5	3.1	2.7	2.3

2-1-5 一般石方开挖 100型潜孔钻钻孔

适用范围:潜孔钻钻孔,风钻配合。

工作内容:钻孔、爆破、撬移、解小、翻碴、清面。

单位:100m³

定额编号				20032	20033	20034	20035	20036	20037	20038	20039	20040	20041	20042	20043
				100型潜孔钻钻孔一般石方开挖											
顺序号	名称		单位	孔深6m以下				孔深6~9m				孔深9m以上			
				V~Ⅷ	Ⅸ~Ⅹ	Ⅺ~Ⅻ	Ⅻ~XIV	V~Ⅷ	Ⅸ~Ⅹ	Ⅺ~Ⅻ	Ⅻ~XIV	V~Ⅷ	Ⅸ~Ⅹ	Ⅺ~Ⅻ	Ⅻ~XIV
1	人工	甲类工	工日	0.3	0.4	0.5	0.7	0.3	0.3	0.4	0.6	0.3	0.3	0.4	0.5
2		乙类工	工日	6.3	7.9	9.6	12.3	5.4	6.9	8.5	10.6	4.6	6.0	8.0	9.2
3		合计	工日	6.6	8.3	10.1	13.0	5.7	7.2	8.9	11.2	4.9	6.3	8.4	9.7
4	材料	合金钻头	个	0.06	0.1	0.14	0.18	0.06	0.10	0.14	0.18	0.06	0.10	0.14	0.18
5		钻头100型	个	0.23	0.33	0.45	0.61	0.19	0.27	0.38	0.51	0.17	0.24	0.33	0.42
6		冲击器	套	0.03	0.04	0.05	0.08	0.02	0.04	0.05	0.07	0.02	0.03	0.04	0.06
7		钻杆	m	0.36	0.54	0.66	0.80	0.39	0.50	0.61	0.73	0.36	0.45	0.56	0.66
8		空心钢	kg	0.18	0.28	0.35	0.42	0.17	0.31	0.35	0.42	0.18	0.28	0.35	0.42
9		炸药	kg	44.04	51.71	58.37	65.12	40.65	47.21	53.24	59.49	37.02	42.93	48.56	54.05
10		电雷管	个	17.24	19.83	22	25.00	17.56	20.16	22.16	24.83	14.24	16.83	19.00	21.00
11		导电线	m	52.97	59.38	66.8	74.62	80.91	92.00	107.83	117.00	87.41	112.67	128.00	143.50
12	机械	风钻(手持式)	台班	0.31	0.43	0.55	0.65	0.31	0.42	0.55	0.65	0.31	0.42	0.55	0.65
13		潜孔钻100型	台班	0.51	0.73	0.97	1.35	0.41	0.57	0.82	1.07	0.33	0.51	0.71	0.96
14		载货汽车5t	台班	0.20	0.20	0.20	0.20	0.20	0.20	0.20	0.20	0.20	0.20	0.20	0.20
15	其他费用		%	3.2	2.9	2.5	2.1	3.7	3.3	2.9	2.4	4.1	3.7	3.2	2.7

2-1-6 一般石方开挖 150型潜孔钻钻孔

适用范围:潜孔钻钻孔,风钻配合。

工作内容:钻孔、爆破、撬移、解小、翻碴、清面。

单位:100m³

定额编号				20044	20045	20046	20047	20048	20049	20050	20051	20052	20053	20054	20055
				150型潜孔钻钻孔一般石方开挖											
顺序号	名称		单位	孔深6m以下				孔深6~9m				孔深9m以上			
				V~Ⅷ	Ⅸ~Ⅹ	Ⅺ~Ⅻ	Ⅻ~XIV	V~Ⅷ	Ⅸ~Ⅹ	Ⅺ~Ⅻ	Ⅻ~XIV	V~Ⅷ	Ⅸ~Ⅹ	Ⅺ~Ⅻ	Ⅻ~XIV
1	人工	甲类工	工日	0.2	0.4	0.5	0.5	0.2	0.3	0.4	0.5	0.2	0.3	0.4	0.4
2		乙类工	工日	5.0	6.5	8.0	9.6	4.4	5.8	7.0	8.6	3.9	5.2	6.4	7.8
3		合计	工日	5.2	6.9	8.5	10.1	4.6	6.1	7.4	9.1	4.1	5.5	6.8	8.2

定额编号			20044	20045	20046	20047	20048	20049	20050	20051	20052	20053	20054	20055
顺序号	名称	单位	\multicolumn{12}{c}{150型潜孔钻钻孔一般石方开挖}											
			\multicolumn{4}{c}{孔深6m以下}				\multicolumn{4}{c}{孔深6~9m}				\multicolumn{4}{c}{孔深9m以上}			
			V~Ⅷ	Ⅸ~Ⅹ	Ⅺ~Ⅻ	Ⅷ~XIV	V~Ⅷ	Ⅸ~Ⅹ	Ⅺ~Ⅻ	XIII~XIV	V~Ⅷ	Ⅸ~Ⅹ	Ⅺ~Ⅻ	XIII~XIV

顺序号	名称		单位	V~Ⅷ	Ⅸ~Ⅹ	Ⅺ~Ⅻ	XIII~XIV	V~Ⅷ	Ⅸ~Ⅹ	Ⅺ~Ⅻ	XIII~XIV	V~Ⅷ	Ⅸ~Ⅹ	Ⅺ~Ⅻ	XIII~XIV
4	材料	合金钻头	个	0.06	0.10	0.14	0.18	0.06	0.09	0.13	0.17	0.06	0.10	0.14	0.18
5		钻头150型	个	0.05	0.08	0.11	0.14	0.04	0.07	0.09	0.12	0.04	0.06	0.08	0.10
6		冲击器	套	0.01	0.01	0.01	0.02	0.01	0.01	0.01	0.02	0.01	0.01	0.01	0.02
7		钻杆	m	0.38	0.51	0.62	0.74	0.37	0.46	0.55	0.67	0.34	0.43	0.52	0.63
8		空心钢	kg	0.18	0.28	0.35	0.42	0.18	0.28	0.35	0.42	0.18	0.28	0.35	0.42
9		炸药	kg	49.81	53.32	63.63	70.11	44.74	51.19	58.03	64.08	41.71	48.09	54.17	59.60
10		电雷管	个	12.57	14.24	16.24	18.24	12.49	14.53	16.30	18.30	11.18	13.00	14.00	16.33
11		导电线	m	26.86	32.12	33.05	35.93	74.46	84.98	96.98	107.50	93.39	116.45	139.46	159.00
12	机械	风钻(手持式)	台班	0.27	0.38	0.49	0.59	0.28	0.38	0.49	0.59	0.28	0.39	0.50	0.59
13		潜孔钻150型	台班	0.20	0.26	0.38	0.51	0.14	0.22	0.32	0.43	0.14	0.21	0.30	0.41
14		载货汽车5t	台班	0.20	0.20	0.20	0.20	0.20	0.20	0.20	0.20	0.20	0.20	0.20	0.20
15	其他费用		%	3.9	3.4	3.0	2.5	4.4	4.0	3.5	3.0	4.6	4.1	3.6	3.0

2-2 坡面一般石方开挖

2-2-1 坡面一般石方开挖 风钻、电钻钻孔

适用范围:一般明挖。

工作内容:风(电)钻钻孔、爆破、撬移、解小、翻碴、清面。

单位:100m³

定额编号			单位	20056	20057	20058	20059	20060	20061	20062
顺序号	名称			\multicolumn{4}{c}{风钻钻孔坡面一般石方开挖}				\multicolumn{3}{c}{电钻钻孔坡面一般石方开挖}		
				V~Ⅷ	Ⅸ~Ⅹ	Ⅺ~Ⅻ	XIII~XIV	V~Ⅶ	Ⅷ	Ⅸ
1	人工	甲类工	工日	1.3	1.6	1.9	2.4	1.4	1.7	2
2		乙类工	工日	25.9	30.4	36.8	45.5	26.3	31.7	38.1
3		合计	工日	27.2	32	38.7	47.9	27.7	33.4	40.1
4	材料	合金钻头	个	1.02	1.75	2.52	3.78			
5		电钻钻头	个					0.69	1.58	2.32
6		电钻钻杆	m					2.53	5.78	8.5
7		空心钢	kg	0.48	0.95	1.6	2.91			
8		炸药	kg	26.4	34	39.4	45.25	25	33	37
9		电雷管	个	39	50.5	58	67.5	38	49	55
10		导电线	m	120	155	179	206.5	94	124	138
11	机械	风钻(手持式)	台班	0.84	1.67	2.81	5.09			
12		电钻1.5kW	台班					0.99	3.09	6.57
13		修钎设备	台班	0.04	0.07	0.13	0.23			
14		载货汽车5t	台班	0.2	0.2	0.2	0.2	0.2	0.2	0.2
15	其他费用		%	2.6	2.4	2	1.9	3	3	2.7

注:1.风钻钻孔倾角大于40°时,人工定额乘以系数1.10,风钻乘以系数1.25。

2.电钻钻孔倾角大于40°时,人工定额乘以系数1.15,电钻乘以系数1.25。

2-3 坡面保护层石方开挖

2-3-1 坡面保护层石方开挖 人工打孔

适用范围：设计坡度倾角为 20°~40°，不允许破坏岩层的石方工程，如坝基、基础等。

工作内容：人工打孔、爆破、撬移、解小、翻碴、清面、修断面。 单位：100m³

定额编号				20063	20064	20065
顺序号	名称		单位	人工打孔 坡面保护层石方开挖		
				钻孔深度0.5m以内		
				V~Ⅷ	Ⅸ~Ⅹ	Ⅺ~Ⅻ
1	人工	甲类工	工日	3.5	7.6	12.5
2		乙类工	工日	66.1	144.8	237.6
3		合计	工日	69.6	152.4	250.1
4	材料	钢钎	kg	1.82	5.71	10.54
5		炸药	kg	46	63	74
6		电雷管	个	269	356	411.5
7		导电线	m	538	713	823.5
8	机械	载货汽车 5t	台班	0.2	0.2	0.2
9	其他费用		%	2.5	2.3	2.2

2-3-2 坡面保护层石方开挖 电钻、风钻钻孔

适用范围：设计坡度倾角为 20°~40°，不允许破坏岩层的石方工程，如坝基、基础等。

工作内容：钻孔、爆破、撬移、解小、翻碴、清面、修断面。 单位：100m³

定额编号				20066	20067	20068	20069	20070	20071	20072
顺序号	名称		单位	电钻、风钻钻孔 坡面保护层石方开挖						
				电钻			风钻			
				V~Ⅶ	Ⅷ	Ⅸ	V~Ⅷ	Ⅸ~Ⅹ	Ⅺ~Ⅻ	ⅩⅢ~ⅩⅣ
1	人工	甲类工	工日	1.9	2.6	3.3	2.8	3.4	4.1	5.5
2		乙类工	工日	37	49.1	64	53.7	64.9	77.4	104
3		合计	工日	38.9	51.7	67.3	56.5	68.3	81.5	109.5
4	材料	空心钢	kg				1.21	2.16	3.71	7.75
5		电钻钻头	个	2.08	4.28	6.17				
6		电钻钻杆	m	7.59	15.66	22.58				
7		合金钻头	个				3.18	5.08	7.29	121.67
8		炸药	kg	43	55	60	49	62.5	72.5	87
9		电雷管	个	254	314	342	280.33	359.5	416	497.33
10		导电线	m	508	628	685	561	719	832	993.67
11	机械	风钻(手持式)	台班				2.15	3.65	6.59	13.77
12		电钻 1.5kW	台班	2.65	7.86	16.37				
13		修钎设备	台班				0.09	0.17	0.29	0.59
14		载货汽车 5t	台班	0.2	0.2	0.2	0.2	0.2	0.2	0.2
15	其他费用		%	2.8	2.5	2.2	2.3	2.1	1.8	1.5

注：坡面大于40°时，风钻台班乘以系数1.25；电钻钻孔时，人工定额乘以系数1.15，电钻乘以系数1.25。

2-4 底部保护层石方开挖

2-4-1 底部保护层石方开挖 人工打孔

适用范围:设计坡面倾角 20°以下,不允许破坏岩层的石方工程,如坝基、基础等。

工作内容:人工打孔、爆破、撬移、解小、翻碴、清面、修整断面。

单位:100m³

定额编号				20073	20074	20075	20076	20077	20078
顺序号	名称		单位	人工打孔 底部保护层石方开挖					
				V ~ VII	VIII	IX	X	XI	XII
1	人工	甲类工	工日	2.6	4.2	5.4	7	9.1	11.9
2		乙类工	工日	49.2	79.3	102.6	133.1	173.2	226
3		合计	工日	51.8	83.5	108	140.1	182.3	237.9
4	材料	钢钎	kg	1.59	3.14	4.34	5.94	8.07	10.9
5		炸药	kg	43	55	60	66	71	77
6		电雷管	个	254	314	342	370	398	425
7		导电线	m	389	482	526	569	612	654
8	机械	载货汽车 5t	台班	0.2	0.2	0.2	0.2	0.2	0.2
9	其他费用		%	2.8	2.4	2.3	2.1	1.9	1.7

2-4-2 底部保护层石方开挖 电钻、风钻钻孔

适用范围:设计坡面倾角 20°以下,不允许破坏岩层的石方工程,如坝基、基础等。

工作内容:机械钻孔、爆破、撬移、解小、翻碴、清面、修断面。

单位:100m³

定额编号				20079	20080	20081	20082	20083	20084	20085
顺序号	名称		单位	电钻、风能钻孔 底部保护层石方开挖						
				电钻钻孔			风钻钻孔			
				V ~ VII	VIII	IX	V ~ VIII	IX ~ X	XI ~ XII	XIII ~ XIV
1	人工	甲类工	工日	1.2	1.8	2.5	1.4	2.1	2.8	4.4
2		乙类工	工日	23.4	33.6	46.6	26.6	39.4	53.1	83.2
3		合计	工日	24.6	35.4	49.1	28	41.5	55.9	87.6
4	材料	合金钻头	个				3.65	5.79	8.23	13.2
5		电钻钻头	个	1.98	4.28	6.17				
6		电钻钻杆	m	7.25	15.66	22.58				
7		空心钢	kg				1.22	2.24	3.72	7.82
8		炸药	kg	43	55	60	49	62.5	72.5	87
9		电雷管	个	254	314	342	279	359.5	416	497.33
10		导电线	m	390	482	526	429	552	638.5	763.33
11	机械	风钻(手持式)	台班				2.2	3.98	6.66	13.92
12		电钻 1.5kW	台班	2.39	7.07	14.73				
13		修钎设备	台班				0.09	0.17	0.29	0.59
14		载货汽车 5t	台班	0.2	0.2	0.2	0.2	0.2	0.2	0.2
15	其他费用		%	3.6	3.2	2.7	3	2.7	2.3	2

2-5 沟槽石方开挖

2-5-1 沟槽石方开挖 人工打孔

适用范围:露天作业。

工作内容:人工打孔、爆破、撬移、解小、翻碴、清面。

单位:100m³

定额编号				20086	20087	20088	20089	20090	20091
顺序号	名称		单位	人工打孔 沟槽石方开挖					
				沟槽底宽0.5~1.0m			沟槽底宽1~2m		
				Ⅴ~Ⅷ	Ⅸ~Ⅹ	Ⅺ~Ⅻ	Ⅴ~Ⅷ	Ⅸ~Ⅹ	Ⅺ~Ⅻ
1	人工	甲类工	工日	9.4	19.4	32.3	4.5	9.9	16.9
2		乙类工	工日	178.4	367.9	615.1	86.3	187.9	321.9
3		合计	工日	187.8	387.3	647.4	90.8	197.8	338.8
4	材料	钢钎	kg	6.87	17.52	32.08	3.24	8.68	15.07
5		炸药	kg	149.5	202	227.95	95	128	148
6		电雷管	个	649.25	877	1011	239.75	324	373
7		导电线	m	338.65	456.13	527.34	124.7	169	194
8	机械	载货汽车5t	台班	0.2	0.2	0.2	0.2	0.2	0.2
9	其他费用		%	3.2	2.3	1.8	4.3	2.8	2.2

2-5-2 沟槽石方开挖 风钻钻孔

适用范围:露天作业。

工作内容:风钻钻孔、爆破、撬移、解小、翻碴、清面、修整断面。

单位:100m³

定额编号				20092	20093	20094	20095	20096	20097	20098	20099	20100	20101	20102	20103
顺序号	名称		单位	风钻钻孔 沟槽石方开挖											
				底宽0.5~1m				底宽1~2m				底宽2~4m			
				Ⅴ~Ⅷ	Ⅸ~Ⅹ	Ⅺ~Ⅻ	Ⅻ~ⅪⅤ	Ⅴ~Ⅷ	Ⅸ~Ⅹ	Ⅺ~Ⅻ	Ⅻ~ⅪⅤ	Ⅴ~Ⅷ	Ⅸ~Ⅹ	Ⅺ~Ⅻ	Ⅻ~ⅪⅤ
1	人工	甲类工	工日	6.9	8.8	11	14.4	3.8	4.9	6.1	7.9	2	2.6	3.2	4.1
2		乙类工	工日	130.8	166.7	209.1	272.3	72.4	91.9	115.4	150.5	38.1	48.3	60.3	78.7
3		合计	工日	137.7	175.5	220.1	286.7	76.2	96.8	121.5	158.4	40.1	50.9	63.5	82.8
4	材料	合金钻头	个	9.68	17.9	24.54	37.4	5.7	9.09	13	18.6	2.54	4.68	6.77	9.86
5		空心钢	kg	2.84	5.96	10.08	20.17	2.21	3.95	6.64	11.58	0.95	2.05	3.46	6.09
6		炸药	kg	187	238.82	289.01	352	109	143	167	194	58.33	76.94	89.95	101
7		电雷管	个	84.7	108.02	130.87	159.3	270	352	411	477	92.43	113	150	175
8		导电线	m	41.41	53.01	64.64	77.88	132	176	203	234	163	218	251	289
9	机械	风钻(手持式)	台班	5.63	12.15	20.52	35.91	3.92	7.07	11.79	17.88	1.69	3.65	5.65	10.85
10		修钎设备	台班	0.27	0.52	0.88	1.55	0.16	0.3	0.5	0.88	0.08	0.16	0.26	0.47
11		载货汽车5t	台班	0.2	0.2	0.2	0.2	0.2	0.2	0.2	0.2	0.2	0.2	0.2	0.2
12	其他费用		%	3.2	2.9	2.5	2.1	4.4	4	3.5	3	4.6	4.1	3.6	3

2-5-3 沟槽石方开挖 电钻钻孔

适用范围: 露天作业。

工作内容: 电钻钻孔、爆破、撬移、解小、翻碴、清面、修整断面。

单位:100m³

顺序号	名称		单位	20104	20105	20106	20107	20108	20109	20110	20111	20112
				电钻钻孔 沟槽石方开挖								
				底宽 0.5~1m			底宽 1~2m			底宽 2~4m		
				V~VII	VIII	IX	V~VII	VIII	IX	V~VII	VIII	IX
1	人工	甲类工	工日	4.1	5.8	8.0	1.7	2.5	3.7	1.0	1.4	2.1
2		乙类工	工日	77.2	111.7	152.7	31.1	48.6	70.3	18.1	27.4	38.9
3		合计	工日	81.3	117.5	160.7	32.8	51.1	74.0	19.1	28.8	41.0
4	材料	电钻钻头	个	6.12	13.10	18.85	3.16	6.65	9.57	1.60	3.47	5.02
5		电钻钻杆	kg	22.03	47.91	68.92	11.56	24.32	34.99	5.84	12.67	18.35
6		炸药	kg	143.35	177.00	191.33	93.00	113.00	123.00	55.92	70.00	77.00
7		电雷管	个	649.37	769.00	841.00	233.53	284.00	311.00	83.37	105.00	116.00
8		导电线	m	328.12	400.75	438.08	118.00	148.00	162.00	143.00	183.00	201.00
9	机械	电钻 1.5kW	台班	7.94	23.72	49.30	4.36	13.00	27.03	2.24	6.78	14.18
10		载货汽车 5t	台班	0.20	0.20	0.20	0.20	0.20	0.20	0.20	0.20	0.20
11	其他费用		%	3.9	3.3	2.8	5.5	4.5	3.6	5.7	4.8	4.0

2-6 基坑石方开挖

2-6-1 基坑石方开挖 人工打孔

适用范围: 露天作业。

工作内容: 打孔、爆破、撬移、解小、翻碴、清面。

单位:100m³

顺序号	名称		单位	20113	20114	20115	20116	20117	20118	20119	20120
				人工打孔 基坑石方开挖							
				上口面积 2m² 以下				上口面积 2~5m²			
				V~VI	VII~VIII	IX~X	XI~XII	V~VI	VII~VIII	IX~X	XI~XII
1	人工	甲类工	工日	7.3	12.8	21.6	33.7	6.1	10.9	18.4	30.5
2		乙类工	工日	138.2	243.2	410.1	639.6	116.6	206.1	349.1	579.5
3		合计	工日	145.5	256	431.7	673.3	122.7	217	367.5	610
4	材料	钢钎	kg	4.33	9.89	19.11	34.51	3.81	8.63	16.7	30.1
5		炸药	kg	183.6	263.2	322.45	366.8	149	213.1	260.75	296.1
6		电雷管	个	436	625.75	765.75	871.8	265.75	379.75	464	527.75
7		导电线	m	175.14	250.46	306.55	348.55	106.75	152	185.75	211
8	机械	载货汽车 5t	台班	0.2	0.2	0.2	0.2	0.2	0.2	0.2	0.2
9	其他费用		%	2.8	2.4	2.3	2.1	2.9	2.6	2.2	1.8

2-6-2 基坑石方开挖 风钻钻孔

适用范围:露天作业。

工作内容:风钻钻孔、爆破、撬移、解小、翻碴、清面。

单位:100m³

顺序号		名称	单位	风钻钻孔 基坑石方开挖																
				上口断面 2m² 以下				上口断面 2~4m²				上口断面 4~6m²				上口断面 6~9m²			
				20121	20122	20123	20124	20125	20126	20127	20128	20129	20130	20131	20132	20133	20134	20135	20136
				V~VIII	IX~X	XI~XII	XIII~XIV	V~VIII	IX~X	XI~XII	XIII~XIV	V~VIII	IX~X	XI~XII	XIII~XIV	V~VIII	IX~X	XI~XII	XIII~XIV
1	人工	甲类工	工日	9.1	11.4	16.3	21.8	7.2	9.4	11.9	15.8	5.5	7.2	9.2	12.1	4.5	5.8	7.4	9.7
2		乙类工	工日	171.8	216.8	310.2	415.2	136.8	178.7	225.7	301.0	105.2	137.7	174.4	230.9	86.4	110.8	139.8	184.7
3		合计	工日	180.9	228.2	326.5	437.0	144.0	188.1	237.6	316.8	110.7	144.9	183.6	243.0	90.9	116.6	147.2	194.4
4	材料	合金钻头	个	12.90	19.30	30.86	42.85	9.16	15.60	23.80	34.05	7.31	12.26	18.54	25.74	5.72	10.16	14.77	20.46
5		空心钢	kg	5.67	9.78	18.20	32.70	4.00	7.82	15.00	26.00	3.14	6.05	10.90	19.60	2.65	4.08	8.49	15.70
6		炸药	kg	243.31	306.11	362.46	421.94	188.21	245.07	292.89	337.88	163.12	215.33	256.44	292.46	147.24	183.99	205.53	247.10
7		电雷管	个	647.12	811.54	952.36	1139.00	381.67	514.23	603.60	698.92	293.91	383.30	468.60	541.85	242.91	289.70	354.30	410.63
8		导电线	m	969.45	1172.81	1432.93	1658.40	691.35	874.05	1026.90	1183.71	531.50	693.83	847.42	978.61	469.59	561.06	684.85	792.90
9	机械	风钻(手持式)	台班	11.87	20.60	37.09	59.83	8.42	16.34	29.55	47.62	6.46	12.39	22.29	35.87	5.59	9.79	17.80	28.67
10		修钎设备	台班	0.48	0.84	1.50	2.69	0.33	0.57	1.12	2.15	0.26	0.50	0.90	1.67	0.22	0.39	0.68	1.29
11		载货汽车 5t	台班	0.20	0.20	0.20	0.20	0.20	0.20	0.20	0.20	0.20	0.20	0.20	0.20	0.20	0.20	0.20	0.20
12	其他费用		%	3.9	3.4	3.0	2.5	3.4	3.00	2.6	2.2	3.50	3.1	2.6	2.3	3.6	3.4	2.8	2.3

适用范围:露天作业。

工作内容:风钻钻孔、爆破、撬移、解小、翻碴、清面。

2-6-3 基坑石方开挖 风钻钻孔

单位:100m³

顺序号		名称	单位	上口断面 9~12m² 以下				上口断面 12~20m² 以下				上口断面 20~50m² 以下				上口断面 50~100m² 以下			
		定额编号		20137	20138	20139	20140	20141	20142	20143	20144	20145	20146	20147	20148	20149	20150	20151	20152
				V~VIII	IX~X	XI~XII	XIII~XIV	V~VIII	IX~X	XI~XII	XIII~XIV	V~VIII	IX~X	XI~XII	XIII~XIV	V~VIII	IX~X	XI~XII	XIII~XIV
1	人工	甲类工	工日	3.6	4.7	6.1	7.9	3.3	4.2	5.3	6.9	2.3	3.0	3.7	5.1	1.8	2.3	3.0	4.0
2		乙类工	工日	69.1	89.6	114.1	151.0	61.9	79.6	100.0	130.8	43.6	56.5	72.0	95.3	32.9	43.5	56.2	75.7
3		合计	工日	72.7	94.3	120.2	158.9	65.2	83.8	105.3	137.7	45.9	59.5	75.7	100.4	34.7	45.8	59.2	79.7
4	材料	合金钻头	个	4.43	9.71	11.70	16.90	3.23	6.11	9.17	13.26	2.97	4.99	7.77	11.13	2.18	4.03	6.15	8.65
5		空心钢	kg	1.98	3.93	7.03	12.43	1.44	3.11	5.50	9.90	1.32	2.71	4.80	8.31	1.06	2.25	3.96	7.09
6		炸药	kg	119.00	154.00	186.30	216.00	98.67	131.00	156.00	180.00	83.00	106.67	127.00	150.00	67.67	87.33	105.67	122.00
7		导电线	m	383.31	488.00	588.33	677.33	323.05	422.14	495.96	575.46	255.00	325.51	387.24	442.65	202.70	263.90	312.20	360.02
8		电雷管	个	191.17	262.18	295.64	340.83	147.00	193.37	228.79	265.23	103.65	131.75	157.38	180.01	77.22	100.41	118.61	136.00
9	机械	风钻(手持式)	台班	3.93	8.03	14.74	23.62	2.86	6.35	11.53	19.12	2.49	5.24	9.38	15.38	2.08	4.45	7.91	13.38
10		修钎设备	台班	0.16	0.32	0.57	1.07	0.12	0.27	0.47	0.84	0.11	0.22	0.39	0.71	0.09	0.26	0.34	0.61
11		载货汽车 5t	台班	0.20	0.20	0.20	0.20	0.20	0.20	0.20	0.20	0.20	0.20	0.20	0.20	0.20	0.20	0.20	0.20
12		其他费用	%	4.0	3.6	3.2	2.7	4.4	4.0	3.5	3.0	4.3	3.8	3.4	2.8	4.8	4.2	3.7	3.1

基坑石方开挖　风钻钻孔

2-6-4　基坑石方开挖　电钻钻孔

适用范围:露天作业。

工作内容:电钻钻孔、爆破、撬移、解小、翻碴、清面。　　　　　　　　　　单位:100m³

定额编号			20153	20154	20155	20156	20157	20158	20159	20160	20161	20162	20163	20164
顺序号	名称	单位	电钻钻孔　基坑石方开挖											
			上口断面2m²以下			上口断面2~4m²			上口断面4~6m²			上口断面6~9m²		
			V~Ⅶ	Ⅷ	Ⅸ	V~Ⅶ	Ⅷ	Ⅸ	V~Ⅶ	Ⅷ	Ⅸ	V~Ⅶ	Ⅷ	Ⅸ
1	人工 甲类工	工日	4.8	7.0	10.2	4.1	5.8	8.1	3.7	5.6	7.7	3.4	4.9	6.6
2	乙类工	工日	91.4	133.2	194.1	78.2	110.5	154.7	70.2	105.3	147.2	64.8	92.3	124.8
3	合计	工日	96.2	140.2	204.3	82.3	116.3	162.8	73.9	110.9	154.9	68.2	97.2	131.4
4	材料 电钻钻头	个	6.72	12.77	18.54	5.44	10.33	14.99	3.92	9.40	13.63	3.53	8.46	12.27
5	电钻钻杆	kg	24.56	46.70	67.82	19.90	37.77	54.81	14.32	34.36	49.85	12.90	30.94	44.88
6	炸药	kg	222.92	282.67	210.00	180.65	227.00	250.00	149.00	207.00	228.00	134.00	186.00	205.00
7	电雷管	个	529.45	667.00	736.00	321.96	404.00	446.00	242.00	335.00	369.00	210.96	265.00	292.00
8	导电线	m	192.4	267.46	293.74	117.00	162.00	178.00	185.00	256.00	282.00	253.00	350.00	386.00
9	机械 电钻1.5kW	台班	8.75	28.90	60.63	10.13	25.24	52.92	6.97	22.96	48.13	6.28	20.68	43.33
10	载货汽车5t	台班	0.20	0.20	0.20	0.20	0.20	0.20	0.20	0.20	0.20	0.20	0.20	0.20
11	其他费用	%	4.6	4.1	3.4	4.0	3.6	3.0	4.1	3.7	3.1	4.2	3.8	3.1

2-6-5　基坑石方开挖　电钻钻孔

适用范围:露天作业。

工作内容:电钻钻孔、爆破、撬移、解小、翻碴、清面。　　　　　　　　　　单位:100m³

定额编号			20165	20166	20167	20168	20169	20170	20171	20172	20173	20174	20175	20176
顺序号	名称	单位	电钻钻孔　基坑石方开挖											
			上口断面9~12m²以下			上口断面12~20m²			上口断面20~50m²			上口断面50~100m²		
			V~Ⅶ	Ⅷ	Ⅸ	V~Ⅶ	Ⅷ	Ⅸ	V~Ⅶ	Ⅷ	Ⅸ	V~Ⅶ	Ⅷ	Ⅸ
1	人工 甲类工	工日	2.1	3.3	4.8	1.8	2.9	4.4	1.4	2.3	3.6	1.0	1.6	2.5
2	乙类工	工日	40.5	63.2	91.0	34.7	55.0	83.7	27.8	43.9	67.1	18.0	30.6	46.8
3	合计	工日	42.6	66.5	95.8	36.5	57.9	88.1	29.2	46.2	70.7	19.0	32.2	49.3
4	材料 电钻钻头	个	3.21	7.70	11.16	3.65	6.93	10.05	3.00	5.68	8.23	1.95	4.65	6.74
5	电钻钻杆	kg	11.74	28.10	40.82	10.58	25.30	36.75	8.68	20.77	30.61	7.12	17.02	24.66
6	炸药	kg	122.00	169.00	187.00	110.00	152.00	168.00	91.56	115.00	127.00	68.00	94.00	104.00
7	电雷管	个	161.00	223.00	246.00	144.32	181.00	199.00	106.53	133.00	147.00	79.00	109.00	120.00
8	导电线	m	264.00	365.00	403.00	275.00	392.00	438.54	255.00	343.00	374.00	218.00	301.00	331.00
9	机械 电钻1.5kW	台班	5.72	18.81	39.41	6.80	16.94	35.49	5.58	13.88	29.07	3.47	11.38	23.81
10	载货汽车5t	台班	0.20	0.20	0.20	0.20	0.20	0.20	0.20	0.20	0.20	0.20	0.20	0.20
11	其他费用	%	4.7	4.1	3.4	5.3	4.5	3.6	5.3	4.4	3.6	5.6	4.7	3.7

2-6-6 机械凿打沟槽、基坑石方

工作内容：装、拆合金钎头，凿打岩石及混凝土，移动机械。 单位：100m³

顺序号		名称	单位	20177	20178	20179
				沟槽（基坑）		
				软质岩	较硬岩	坚硬岩
1	人工	甲类工	工日	2.34	2.34	2.34
2		乙类工	工日			
3		合计	工日	2.34	2.34	2.34
4	材料	其他材料费	元	70.2	117	292.5
5	机械	履带式单斗液压岩石破碎机	台班	3.766	5.178	6.903

2-7 非爆破机械开挖

2-7-1 切割机切割石方

适用范围：一般明挖石方。

工作内容：切割机锯缝，开凿石方、打碎、修边捡底。 单位：100m³

顺序号		名称	单位	20180	20181	20182
				切割机切割石方		
				V～Ⅷ	Ⅸ～Ⅹ	Ⅺ～ⅩⅣ
1	人工	甲类工	工日	3.5	7.6	12.2
2		乙类工	工日	66.5	145.0	232.3
3		合计	工日	70.0	152.6	244.5
4	材料	刀片 ϕ1000	片	0.153	0.191	0.225
5		水	m³	6	7	8.5
6	机械	岩石切割机	台班	2.29	2.86	3.38
7		其他费用	%	2	2	2

2-7-2 膨胀剂胀裂石方

工作内容：布孔、钻孔、膨胀剂拌和与装填、二次破碎大石块。 单位：100m³

顺序号		名称	单位	20183	20184	20185	20186
				膨胀剂胀裂石方[厚度(m)以内]			
				0.40	0.60	0.80	1.00
1	人工	甲类工	工日	37.31	33.01	27.70	23.20
2		乙类工	工日				
3		合计	工日	37.31	33.01	27.7	23.2

顺序号		名称	单位	20183	20184	20185	20186
				膨胀剂胀裂石方[厚度(m)以内]			
				0.40	0.60	0.80	1.00
4	材料	水	m³	18.87	17.55	16.17	13.65
5		合金钻头	个	5.83	5.47	5.00	4.22
6		膨胀剂	kg	320.84	322.67	275.00	232.23
7		六角空心钢	kg	9.04	8.30	7.75	6.54
8		风镐钎钢	kg	5.16	5.16	5.16	5.16
9		高压风管	m	0.94	0.90	0.83	0.70
10		高压水管	m	1.59	1.45	1.36	1.15
11		其他材料费	%	4.00	4.00	4.00	4.00
12	机械	风动凿岩机（手持式）	台班	8.82	8.00	7.56	6.38
13		内燃空气压缩机 9m³/min	台班	3.53	3.25	3.02	2.55
14		风镐	台班	4.43	4.43	4.43	4.43

2-7-3　机械凿打岩石、混凝土及钢筋混凝土

适用范围：一般明挖石方。

工作内容：装、拆合金钎头，凿打岩石及混凝土、钢筋混凝土，移动机械。　　　　单位:100m³

顺序号		名称	单位	20187	20188	20189	20190	20191
				机械凿打岩石、混凝土及钢筋混凝土				
				Ⅴ～Ⅷ	Ⅸ～Ⅹ	Ⅺ～ⅩⅣ	混凝土	钢筋混凝土
1	人工	甲类工	工日	0.1	0.1	0.1	0.1	0.3
2		乙类工	工日	1.9	1.9	1.9	1.9	5.7
3		合计	工日	2.0	2.0	2.0	2.0	6.0
4	机械	履带式液压岩石破碎机	台班	3.069	4.219	5.625	4.641	6.329
5		其他费用	%	2	2	2	2	2

2-7-4　机械破碎石方（挖掘机破碎）

工作内容：破碎、撬移、解小、翻渣、清面。　　　　单位:100m³

顺序号		名称	单位	20192	20193	20194
				岩石级别		
				Ⅴ～Ⅷ	Ⅸ～Ⅹ	Ⅺ～Ⅻ
1	人工	甲类工	工日			
2		乙类工	工日	0.78	1.18	1.68
3		合计	工日	0.78	1.18	1.68
4	材料	零星材料费	%	5		
5	机械	单斗挖掘机　液压　斗容0.6m³	台班	2.19		
6		单斗挖掘机　液压　斗容1.0m³	台班		3.21	4.14

2-7-5 机械破碎石方(风镐破碎)

工作内容:破碎、撬移、解小、翻渣、清面。

单位:100m³

定额编号				20195	20196	20197
顺序号	名称		单位	岩石级别		
				V~Ⅷ	Ⅸ~Ⅹ	Ⅺ~Ⅻ
1	人工	甲类工	工日	2.2	2.93	3.98
2		乙类工	工日	19.75	26.28	35.81
3		合计	工日	21.95	29.21	39.79
4	材料	零星材料费	%	3	3	3
5	机械	风镐(铲)手持式	台班	5.04	6.72	9.16

2-7-6 挖掘机挖风化岩石

工作内容:正铲挖掘机、挖土、就地堆放。

单位:100m³

定额编号				20198
顺序号	名称		单位	岩石级别 V~Ⅵ
1	人工	甲类工	工日	
2		乙类工	工日	0.8
3		合计	工日	0.8
4	机械	单斗挖掘机 油动 0.5m³	台班	0.48
5		单斗挖掘机 油动 1.0m³	台班	0.39
6		单斗挖掘机 电动 2.0m³	台班	0.34
7		其他费用	%	15

2-8 人工挑抬运石碴

适用范围:露天作业。

工作内容:装碴、运卸、空回、平场等。

2-8-1 人工挑抬运石碴 V~Ⅶ

单位:100m³

定额编号			20199	20200	20201	20202	20203	20204	20205	20206	20207	20208	20209
顺序号	名称	单位	人工挑抬运石碴 V~Ⅶ										
			运距(m)										每增运 10m
			0~10	10~20	20~30	30~40	40~50	50~60	60~70	70~80	80~90	90~100	
1	人工 甲类工	工日	2.2	2.4	2.7	3.0	3.2	3.5	3.7	4.0	4.3	4.5	0.3
2	乙类工	工日	40.6	45.9	51.0	56.3	60.9	65.8	70.6	75.2	79.9	84.8	5.1
3	合计	工日	42.8	48.3	53.7	59.3	64.1	69.3	74.3	79.2	84.2	89.3	5.4
4	其他费用	%	6.3	5.8	5.2	4.7	4.2	3.8	3.3	2.9	2.5	2.1	

2-8-2 人工挑抬运石碴 Ⅷ~Ⅹ

单位:100m³

顺序号	名称		单位	定额编号 20210	20211	20212	20213	20214	20215	20216	20217	20218	20219	20220
				人工挑抬运石碴 Ⅷ~Ⅹ										
				运距(m)										每增运 10m
				0~10	10~20	20~30	30~40	40~50	50~60	60~70	70~80	80~90	90~100	
1	人工	甲类工	工日	2.5	2.8	3.0	3.3	3.6	3.9	4.1	4.4	4.6	4.9	0.3
2		乙类工	工日	48.0	52.5	57.6	62.9	68.1	73.2	78.5	83.5	87.5	93.2	5.1
3		合计	工日	50.5	55.3	60.6	66.2	71.7	77.1	82.6	87.9	92.1	98.1	5.4
4	其他费用		%	6.1	5.5	5.0	4.5	4.1	3.6	3.2	2.8	2.4	2.0	

2-8-3 人工挑抬运石碴 Ⅺ~ⅩⅥ

单位:100m³

顺序号	名称		单位	定额编号 20221	20222	20223	20224	20225	20226	20227	20228	20229	20230	20231
				人工挑抬运石碴 Ⅺ~ⅩⅥ										
				运距(m)										每增运 10m
				0~10	10~20	20~30	30~40	40~50	50~60	60~70	70~80	80~90	90~100	
1	人工	甲类工	工日	2.7	3.0	3.4	3.7	4.0	4.3	4.6	4.9	5.2	5.4	0.3
2		乙类工	工日	51.2	57.3	63.7	69.6	75.4	81.1	86.7	92.3	97.7	103.2	5.9
3		合计	工日	53.9	60.3	67.1	73.3	79.4	85.4	91.3	97.2	102.9	108.6	6.2
4	其他费用		%	6.1	5.5	4.9	4.5	4.0	3.5	3.1	2.7	2.3	1.9	

2-9 人工装机械运输石碴

2-9-1 人工装双胶轮车运石碴 Ⅴ~Ⅶ

工作内容:装、运、卸、空回。

单位:100m³

顺序号	名称		单位	定额编号 20232	20233	20234	20235	20236	20237	20238	20239	20240	20241	20242
				人工装胶轮车运石碴 Ⅴ~Ⅶ										
				运距(m)										每增运 10m
				0~10	10~20	20~30	30~40	40~50	50~60	60~70	70~80	80~90	90~100	
1	人工	甲类工	工日	1.9	2.0	2.1	2.1	2.2	2.2	2.3	2.4	2.4	2.5	0.1
2		乙类工	工日	37.0	38.1	39.2	40.4	41.5	42.7	43.8	44.9	46.1	47.2	1.1
3		合计	工日	38.9	40.1	41.3	42.5	43.7	44.9	46.1	47.3	48.5	49.7	1.2
4	机械	双胶轮车	台班	6.73	7.29	8.39	9.50	10.60	11.70	12.80	13.90	15.00	16.10	1.10
5	其他费用		%	5.2	4.6	4.1	3.6	3.1	2.6	2.1	1.6	1.1	0.6	

2-9-2 人工装双胶轮车运石碴 Ⅷ~Ⅹ

单位:100m³

	定额编号		20243	20244	20245	20246	20247	20248	20249	20250	20251	20252	20253
顺序号	名称	单位	人工装胶轮车运石碴 Ⅷ~Ⅹ										
			运距(m)										每增运10m
			0~10	10~20	20~30	30~40	40~50	50~60	60~70	70~80	80~90	90~100	
1	甲类工	工日	2.2	2.2	2.3	2.4	2.4	2.5	2.6	2.6	2.7	2.8	0.1
2	人工 乙类工	工日	41.5	42.8	44.0	45.2	46.5	47.7	48.9	50.2	51.4	52.6	1.2
3	合计	工日	43.7	45.0	46.3	47.6	48.9	50.2	51.5	52.8	54.1	55.4	1.3
4	机械 双胶轮车	台班	6.9	8.2	9.5	10.8	12.1	13.4	14.7	16	17.3	18.6	1.3
5	其他费用	%	5.2	4.6	4.1	3.6	3.1	2.6	2.1	1.6	1.1	0.6	

2-9-3 人工装双胶轮车运石碴 Ⅺ~ⅩⅥ

单位:100m³

	定额编号		20254	20255	20256	20257	20258	20259	20260	20261	20262	20263	20264
顺序号	名称	单位	人工装胶轮车运石碴 Ⅺ~ⅩⅥ										
			运距(m)										每增运10m
			0~10	10~20	20~30	30~40	40~50	50~60	60~70	70~80	80~90	90~100	
1	甲类工	工日	3.1	3.3	3.4	3.4	3.5	3.7	3.7	3.9	4.0	4.1	0.1
2	人工 乙类工	工日	59.9	61.8	63.7	65.7	67.6	69.5	71.5	73.5	75.3	77.1	1.6
3	合计	工日	63.0	65.1	67.1	69.1	71.1	73.2	75.2	77.4	79.3	81.2	1.7
4	机械 双胶轮车	台班	10.13	12.06	13.97	15.94	17.9	19.86	20.64	23.9	25.71	27.51	1.81
5	其他费用	%	3.1	3.1	3.1	3.1	3.1	3.1	3.1	3.1	3.1	3.1	

2-9-4 人工装卸手扶拖拉机运石碴

适用范围:10m 以内装车。

工作内容:装、运、卸、空回。

单位:100m³

	定额编号		20265	20266	20267	20268	20269	20270	20271	20272	20273	20274	20275
顺序号	名称	单位	人工装卸手扶拖拉机运石碴										
			运距(100m)										每增运100m
			0~1	1~2	2~3	3~4	4~5	5~6	6~7	7~8	8~9	9~10	
1	甲类工	工日	2.3	2.3	2.3	2.3	2.3	2.3	2.3	2.3	2.3	2.3	
2	人工 乙类工	工日	44.3	44.3	44.3	44.3	44.3	44.3	44.3	44.3	44.3	44.3	
3	合计	工日	46.6	46.6	46.6	46.6	46.6	46.6	46.6	46.6	46.6	46.6	
4	机械 手扶拖拉机11kW	台班	8.2	8.8	9.3	9.9	10.3	10.8	11.2	11.7	12.2	12.7	0.5
5	其他费用	%	2.0	2.0	1.9	1.8	1.7	1.6	1.5	1.5	1.5	1.4	

2-9-5 人工装机动翻斗车运石碴

适用范围:10m 以内装车。

工作内容:装、运、卸、空回。

单位:100m³

定额编号			20276	20277	20278	20279	20280	20281	20282	20283
顺序号	名称	单位	人工装机动翻斗车运石碴							
			运距(100m)							每增运100m
			0~1	1~2	2~3	3~4	4~5	5~6	6~7	
1	人工 甲类工	工日	1.8	1.8	1.8	1.8	1.8	1.8	1.8	
2	乙类工	工日	35.0	35.0	35.0	35.0	35.0	35.0	35.0	
3	合计	工日	36.8	36.8	36.8	36.8	36.8	36.8	36.8	
4	机械 机动翻斗车 1t	台班	5.94	6.46	6.95	7.42	7.84	8.27	8.7	0.42
5	其他费用	%	2.7	2.1	2.0	1.9	1.8	1.7	1.6	

2-9-6 人工装载货汽车运石碴

适用范围:10m 以内装车。

工作内容:装、运、卸、空回。

单位:100m³

定额编号			20284	20285	20286	20287	20288	20289	20290	20291	20292	20293	20294
顺序号	名称	单位	人工装载货汽车运石碴										
			运距(km)										每增运1km
			0~1	1~2	2~3	3~4	4~5	5~6	6~7	7~8	8~9	9~10	
1	人工 甲类工	工日	2.8	2.8	2.8	2.8	2.8	2.8	2.8	2.8	2.8	2.8	
2	乙类工	工日	52.4	52.4	52.4	52.4	52.4	52.4	52.4	52.4	52.4	52.4	
3	合计	工日	55.2	55.2	55.2	55.2	55.2	55.2	55.2	55.2	55.2	55.2	
4	机械 载货汽车 2t	台班	7.48	8.51	9.54	10.58	11.61	12.64	13.67	14.7	15.74	16.77	1.03
5	2.5t	台班	6	6.82	7.65	8.47	9.3	10.12	10.94	11.77	12.59	13.42	0.83
6	其他费用	%	2	1.9	1.8	1.7	1.6	1.5	1.4	1.4	1.3	1.2	

2-10 全机械运输石碴

2-10-1 推土机推运石碴

工作内容:装、运、卸、空回。

单位:100m³

定额编号			20295	20296	20297	20298	20299	20300	20301	20302	20303	20304
顺序号	名称	单位	推土机推运石碴									
			运距(m)									每增运20m
			20	30	40	50	60	70	80	90	100	
1	人工 甲类工	工日	0.1	0.1	0.1	0.1	0.1	0.1	0.1	0.1	0.1	
2	乙类工	工日	1.3	1.3	1.3	1.3	1.3	1.3	1.3	1.3	1.3	
3	合计	工日	1.4	1.4	1.4	1.4	1.4	1.4	1.4	1.4	1.4	
4	机械 推土机 74kW	台班	0.47	0.62	0.76	0.89	0.99	1.15	1.3	1.53	1.53	0.26
5	推土机 88kW	台班	0.46	0.59	0.74	0.88	0.97	1.12	1.24	1.51	1.51	0.23
6	其他费用	%	13.9	10.9	9.0	7.7	7.0	6.0	5.4	2.1	1.2	

2-10-2 1m³ 挖掘机装石碴自卸汽车运输

适用范围: 露天作业。

工作内容: 装、运、卸、空回。

单位:100m³

顺序号	名称		单位	20305	20306	20307	20308	20309	20310	20311	20312	20313	20314	20315	20316	20317
				1m³ 挖掘机装自卸汽车运石碴												
				运距(km)												每增运 1km
				0~0.5	0.5~1	1~1.5	1.5~2	2~3	3~4	4~5	5~6	6~7	7~8	8~9	9~10	
1	人工	甲类工	工日	0.1	0.1	0.1	0.1	0.1	0.1	0.1	0.1	0.1	0.1	0.1	0.1	
2		乙类工	工日	2.5	2.5	2.5	2.5	2.5	2.5	2.5	2.5	2.5	2.5	2.5	2.5	
3		合计	工日	2.6	2.6	2.6	2.6	2.6	2.6	2.6	2.6	2.6	2.6	2.6	2.6	
4	机械	挖掘机 油动 1m³	台班	0.6	0.6	0.6	0.6	0.6	0.6	0.6	0.6	0.6	0.6	0.6	0.6	
5		推土机 59kW	台班	0.3	0.3	0.3	0.3	0.3	0.3	0.3	0.3	0.3	0.3	0.3	0.3	
6		自卸汽车 3.5t	台班	3.52	4.42	5.1	5.62	6.8	8.03	9.47	10.53	11.9	12.8	14.12	15.43	0.97
7		自卸汽车 5t	台班	2.14	2.65	3.02	3.31	3.96	4.63	5.42	6	6.76	7.26	7.98	8.7	0.66
8		自卸汽车 8t	台班	1.57	1.89	2.13	2.31	2.72	3.15	3.66	4.03	4.52	4.83	5.3	5.76	0.42
9		自卸汽车 10t	台班	1.48	1.74	1.93	2.08	2.42	2.76	3.18	3.47	3.86	4.11	4.51	4.86	0.34
10	其他费用		%	2.3	2.3	2.3	2.3	2.1	2	1.8	1.6	1.4				

注:人工定额包括指挥、安全维护、计量、场地维护、排水、值班电工、拉电缆及其他用工。

2-10-3 1.2m³ 挖掘机装石碴自卸汽车运输

适用范围: 露天作业。

工作内容: 装、运、卸、空回。

单位:100m³

顺序号	名称		单位	20318	20319	20320	20321	20322	20323	20324	20325	20326	20327	20328	20329	20330
				1.2m³ 挖掘机装自卸汽车运石碴												
				运距(km)												每增运 1km
				0~0.5	0.5~1	1~1.5	1.5~2	2~3	3~4	4~5	5~6	6~7	7~8	8~9	9~10	
1	人工	甲类工	工日	0.1	0.1	0.1	0.1	0.1	0.1	0.1	0.1	0.1	0.1	0.1	0.1	
2		乙类工	工日	1.9	1.9	1.9	1.9	1.9	1.9	1.9	1.9	1.9	1.9	1.9	1.9	
3		合计	工日	2	2	2	2	2	2	2	2	2	2	2	2	

定额编号			20318	20319	20320	20321	20322	20323	20324	20325	20326	20327	20328	20329	20330
顺序号	名称	单位	1.2m³挖掘机装自卸汽车运石碴												每增运1km
			运距(km)												
			0~0.5	0.5~1	1~1.5	1.5~2	2~3	3~4	4~5	5~6	6~7	7~8	8~9	9~10	
4	挖掘机油动1.2m³	台班	0.38	0.38	0.38	0.38	0.38	0.38	0.38	0.38	0.38	0.38	0.38	0.38	
5	推土机59kW	台班	0.19	0.19	0.19	0.19	0.19	0.19	0.19	0.19	0.19	0.19	0.19	0.19	
6	自卸汽车5t	台班	1.89	2.34	2.75	3.15	3.72	4.42	5.1	5.74	6.38	7.02	7.66	8.3	0.910
7	自卸汽车8t	台班	1.4	1.69	1.95	2.21	2.58	3.02	3.46	4.1	4.74	5.38	6.02	6.66	0.66
8	自卸汽车10t	台班	1.3	1.54	1.75	1.96	2.26	2.62	2.98	3.62	4.26	4.9	5.54	6.18	0.42
9	自卸汽车12t	台班	1.12	1.31	1.49	1.66	1.9	2.19	2.48	3.12	3.76	4.4	5.04	5.68	0.34
10	自卸汽车15t	台班	0.99	1.15	1.3	1.45	1.66	1.91	2.16	2.8	3.44	4.08	4.72	5.36	0.28
11	自卸汽车18t	台班	0.95	1.08	1.2	1.31	1.48	1.68	1.88	2.52	3.16	3.8	4.44	5.08	0.24
12	其他费用	%	2.7	2.4	2.2	2.1	1.8	1.6	1.6						

注:人工定额包括指挥、安全维护、计量、场地维护、排水、值班电工、拉电缆及其他用工。

2-10-4 2m³挖掘机装石碴自卸汽车运输

适用范围: 露天作业。

工作内容: 装、运、卸、空回。

单位:100m³

定额编号			20331	20332	20333	20334	20335	20336	20337	20338	20339	20340	20341	20342	20343
顺序号	名称	单位	2m³挖掘机装自卸汽车运石碴												每增运1km
			运距(km)												
			0~0.5	0.5~1	1~1.5	1.5~2	2~3	3~4	4~5	5~6	6~7	7~8	8~9	9~10	
1	甲类工	工日	0.1	0.1	0.1	0.1	0.1	0.1	0.1	0.1	0.1	0.1	0.1	0.1	
2	乙类工	工日	1.4	1.4	1.4	1.4	1.4	1.4	1.4	1.4	1.4	1.4	1.4	1.4	
3	合计	工日	1.5	1.5	1.5	1.5	1.5	1.5	1.5	1.5	1.5	1.5	1.5	1.5	

续表

定额编号			20331	20332	20333	20334	20335	20336	20337	20338	20339	20340	20341	20342	20343
顺序号	名称	单位	2m³ 挖掘机装自卸汽车运石碴												
			运距(km)												每增运1km
			0~0.5	0.5~1	1~1.5	1.5~2	2~3	3~4	4~5	5~6	6~7	7~8	8~9	9~10	
4	机械	挖掘机电动2m³	台班	0.3	0.3	0.3	0.3	0.3	0.3	0.3	0.3	0.3	0.3	0.3	0.3	
5		推土机74kW	台班	0.15	0.15	0.15	0.15	0.15	0.15	0.15	0.15	0.15	0.15	0.15	0.15	
6		自卸汽车3.5t	台班	2.35	3.07	3.62	4.03	4.98	5.96	7.12	7.96	9.06	9.78	10.82	11.89	0.97
7		自卸汽车5t	台班	1.78	2.27	2.64	2.94	3.58	4.26	4.97	5.63	6.38	6.88	7.6	8.32	0.66
8		自卸汽车8t	台班	1.34	1.65	1.89	2.07	2.49	2.92	3.43	3.8	4.28	4.6	5.06	5.53	0.42
9		自卸汽车10t	台班	1.24	1.5	1.69	1.83	2.17	2.52	2.93	3.22	3.62	3.87	4.25	4.62	0.34
10		自卸汽车12t	台班	1.06	1.27	1.43	1.55	1.82	2.1	2.44	2.69	3	3.22	3.51	3.82	0.28
11		自卸汽车15t	台班	0.94	1.12	1.26	1.35	1.58	1.82	2.11	2.31	2.58	2.76	3.02	3.2	0.24
12		自卸汽车18t	台班	0.91	1.06	1.16	1.25	1.44	1.63	1.86	2.03	2.25	2.39	2.61	2.82	0.19
13	其他费用	%	2.4	2.4	2.3	2.2	1.9	1.7	1.5						

注：人工定额包括指挥、安全维护、计量、场地维护、排水、值班电工、拉电缆及其他用工。

2-10-5　1m³ 装载机装石碴自卸汽车运输

适用范围：露天作业。

工作内容：装、运、卸、空回。

单位：100m³

定额编号			20344	20345	20346	20347	20348	20349	20350	20351	20352	20353	20354	20355	20356
顺序号	名称	单位	1m³ 装载机装自卸汽车运石碴												
			运距(km)												每增运1km
			0~0.5	0.5~1	1~1.5	1.5~2	2~3	3~4	4~5	5~6	6~7	7~8	8~9	9~10	
1	人工	甲类工	工日	0.1	0.1	0.1	0.1	0.1	0.1	0.1	0.1	0.1	0.1	0.1	0.1	
2		乙类工	工日	2.5	2.5	2.5	2.5	2.5	2.5	2.5	2.5	2.5	2.5	2.5	2.5	
3		合计	工日	2.6	2.6	2.6	2.6	2.6	2.6	2.6	2.6	2.6	2.6	2.6	2.6	

定额编号			20344	20345	20346	20347	20348	20349	20350	20351	20352	20353	20354	20355	20356
顺序号	名称	单位	1m³ 装载机装自卸汽车运石碴												每增运1km
			运距(km)												
			0~0.5	0.5~1	1~1.5	1.5~2	2~3	3~4	4~5	5~6	6~7	7~8	8~9	9~10	
4	机械	装载机 1m³	台班	0.87	0.87	0.87	0.87	0.87	0.87	0.87	0.87	0.87	0.87	0.87	0.87	
5		推土机 59kW	台班	0.4	0.4	0.4	0.4	0.4	0.4	0.4	0.4	0.4	0.4	0.4	0.4	
6		自卸汽车 3.5t	台班	3.06	3.78	4.33	4.74	5.69	6.67	7.82	8.66	9.76	10.49	11.54	12.6	0.97
7		自卸汽车 5t	台班	2.32	2.82	3.18	3.47	4.12	4.8	5.59	6.18	6.93	7.42	8.14	8.87	0.66
8		自卸汽车 8t	台班	1.75	2.07	2.31	2.5	2.91	3.34	3.85	4.22	4.7	5.02	5.49	5.94	0.42
9		自卸汽车 10t	台班	1.67	1.93	2.13	2.26	2.6	2.95	3.36	3.66	4.13	4.3	4.67	5.05	0.34
10	其他费用	%	2.8	2.8	2.7	2.5	2.2	1.9	1.9						

注:人工定额包括指挥、安全维护、计量、场地维护、排水、值班电工、拉电缆及其他用工。

2-10-6　1.5m³ 装载机装石碴自卸汽车运输

适用范围:露天作业。

工作内容:装、运、卸、空回。

单位:100m³

定额编号			20357	20358	20359	20360	20361	20362	20363	20364	20365	20366	20367	20368	20369
顺序号	名称	单位	1.5m³ 装载机装石碴自卸汽车运输												每增运1km
			运距(km)												
			0~0.5	0.5~1	1~1.5	1.5~2	2~3	3~4	4~5	5~6	6~7	7~8	8~9	9~10	
1	人工	甲类工	工日	0.1	0.1	0.1	0.1	0.1	0.1	0.1	0.1	0.1	0.1	0.1	0.1	
2		乙类工	工日	1.6	1.6	1.6	1.6	1.6	1.6	1.6	1.6	1.6	1.6	1.6	1.6	
3		合计	工日	1.7	1.7	1.7	1.7	1.7	1.7	1.7	1.7	1.7	1.7	1.7	1.7	
4	机械	装载机 1.5m³	台班	0.58	0.58	0.58	0.58	0.58	0.58	0.58	0.58	0.58	0.58	0.58	0.58	
5		推土机 59kW	台班	0.26	0.26	0.26	0.26	0.26	0.26	0.26	0.26	0.26	0.26	0.26	0.26	
6		自卸汽车 3.5t	台班	2.7	3.42	3.96	4.38	5.32	6.3	7.46	8.29	9.4	10.11	11.18	12.21	0.97
7		自卸汽车 5t	台班	2.08	2.58	2.94	3.24	3.89	4.56	5.35	5.93	6.68	7.18	7.91	8.64	0.66

定额编号			20357	20358	20359	20360	20361	20362	20363	20364	20365	20366	20367	20368	20369
顺序号	名称	单位	1.5m³ 装载机装石碴自卸汽车运输												每增运1km
			运距（km）												
			0~0.5	0.5~1	1~1.5	1.5~2	2~3	3~4	4~5	5~6	6~7	7~8	8~9	9~10	
8	机械	自卸汽车8t	台班	1.51	1.83	2.06	2.25	2.66	3.1	3.61	3.98	4.46	4.78	5.23	5.7	0.42
9		自卸汽车10t	台班	1.42	1.68	1.87	2.02	2.35	2.7	3.11	3.41	3.8	4.06	4.43	4.81	0.34
10		自卸汽车12t	台班	1.24	1.45	1.61	1.73	2	2.28	2.62	2.86	3.18	3.39	3.7	3.99	0.28
11		自卸汽车15t	台班	1.13	1.3	1.44	1.54	1.78	2.01	2.3	2.5	2.77	2.94	3.2	3.46	0.24
12	其他费用	%	2.2	2.2	2.1	2	1.8	1.6	1.4						

注：人工定额包括指挥、安全维护、计量、场地维护、排水、值班电工、拉电缆及其他用工。

2-10-7 2m³ 装载机装石碴自卸汽车运输

适用范围： 露天作业。

工作内容： 装、运、卸、空回。

单位：100m³

定额编号			20370	20371	20372	20373	20374	20375	20376	20377	20378	20379	20380	20381	20382
顺序号	名称	单位	2m³ 挖掘机装自卸汽车运石碴												每增运1km
			运距（km）												
			0~0.5	0.5~1	1~1.5	1.5~2	2~3	3~4	4~5	5~6	6~7	7~8	8~9	9~10	
1	人工	甲类工	工日	0.1	0.1	0.1	0.1	0.1	0.1	0.1	0.1	0.1	0.1	0.1	0.1	
2		乙类工	工日	1.1	1.1	1.1	1.1	1.1	1.1	1.1	1.1	1.1	1.1	1.1	1.1	
3		合计	工日	1.2	1.2	1.2	1.2	1.2	1.2	1.2	1.2	1.2	1.2	1.2	1.2	
4	机械	装载机2.0m³	台班	0.48	0.48	0.48	0.48	0.48	0.48	0.48	0.48	0.48	0.48	0.48	0.48	
5		推土机74kW	台班	0.22	0.22	0.22	0.22	0.22	0.22	0.22	0.22	0.22	0.22	0.22	0.22	
6		自卸汽车3.5t	台班	2.53	3.25	3.79	4.21	5.15	6.14	7.29	8.14	9.22	9.95	11.01	12.06	0.97
7		自卸汽车5t	台班	1.98	2.46	2.84	3.13	3.78	4.45	5.25	5.82	6.58	7.07	7.8	8.52	0.66
8		自卸汽车8t	台班	1.43	1.75	1.98	2.17	2.58	3.02	3.53	3.9	4.38	4.7	4.98	5.62	0.42

续表

定额编号				20370	20371	20372	20373	20374	20375	20376	20377	20378	20379	20380	20381	20382
顺序号	名称		单位	2m³ 挖掘机装自卸汽车运石碴												
				运距(km)												每增运1km
				0~0.5	0.5~1	1~1.5	1.5~2	2~3	3~4	4~5	5~6	6~7	7~8	8~9	9~10	
9	机械	自卸汽车10t	台班	1.34	1.59	1.79	1.94	2.27	2.62	3.03	3.33	3.72	3.98	4.35	4.72	0.34
10		自卸汽车12t	台班	1.16	1.37	1.53	1.65	1.92	2.21	2.54	2.78	3.1	3.31	3.62	3.92	0.28
11		自卸汽车15t	台班	1.05	1.22	1.36	1.46	1.69	1.94	2.22	2.42	2.69	2.86	3.12	3.38	0.24
12		自卸汽车18t	台班	1.02	1.16	1.26	1.35	1.54	1.74	1.97	2.14	2.36	2.5	2.71	2.92	0.19
13	其他费用		%	2.2	2.2	2.1	2	1.8	1.6	1.4						

2-11　石碴压实

工作内容：平整、压实等。　　　　**单位：**100m³

定额编号				20383
顺序号	名称		单位	拖拉机碾压石碴
1	人工	甲类工	工日	0.6
2		乙类工	工日	1.9
3		合计	工日	2.5
4	机械	履带式拖拉机 59kW	台班	0.16
5		履带式拖拉机 74kW	台班	0.13
6	其他费用		%	0.5

2-12　石方回填

工作内容：5m 以内石渣回填。　　　　**单位：**100m³ 实方

定额编号				20384	20385
顺序号	名称		单位	石方回填	
				松填不夯实	机械夯实
1	人工	甲类工	工日	0.33	0.6
2		乙类工	工日	16.39	29.36
3		合计	工日	16.72	29.96
4	材料	零星材料费	%	5	5
5	机械	蛙式打夯机 2.8kW	台班		2.35

第三章　砌体工程

说　明

一、本章设置垫层、干砌石、浆砌砖石、砂浆抹面、砌体拆除、石表面加工、勾缝与石笼共 8 节,125 子目。

二、本章定额中的计量单位,除注明外,均按"成品方"计算。

三、本章定额砖、石料的名称和规格:

1.标准砖:长×宽×厚 = 240mm×115mm×53mm。

2.石板:由成层岩石开采加工而得的长方形石板,长为 80~150cm,宽为 40~80cm,厚为 5~15cm。正面必须平整,4 个侧面应修凿平直,不缺角,不掉边。

3.块石:一般为爆破产物,上下面基本平行,修除尖角、薄边。最小边尺寸不少于 20cm,最大边尺寸不超过最小边尺寸的 3 倍。单块重量不超过 150kg。码方空隙率不大于 35%。

4.卵石:最小粒径大于 20cm 的天然河卵石。

5.毛条石:一般长度大于 60cm 的长条形四楞方正的石料。

6.粗条石:由毛条石经过修边打荒加工,外露面方正,各相邻面正交,表面凹凸不超过 2cm。钻路平行,1 市寸 1 条钻路。

7.细条石:外露面四楞见线表面凹凸不超过 1cm,1 市寸 3 条钻路。

四、各节材料定额中,石料计量单位:砂、碎石为堆方;块石、卵石为码方;条石、料石为清料方。

五、浆砌砖石定额中,工作内容已包括勾缝的工作。

六、页岩空心砖、空心砌块、混凝土砌块、加气混凝土砌块墙体所需的标准砖已综合在子目内,实际用量不同时不得换算;页岩空心砖、空心砌块、混凝土砌块、加气混凝土砌块的零星工程量按相应子目人工费乘以系数 1.4,材料乘以系数 1.05,其余不变。

七、"石表面加工"适用于设计规定石砌体露面部分的粗细加工。毛条石打平天地座及照口扁钻缝的用工已包括在子目中,不另计算。

八、"勾缝"均为加浆勾缝。

3-1 垫 层

3-1-1 砂石铺筑

工作内容:修坡、铺筑、压实。

单位:100m³

定额编号				30001	30002	30003	30004
顺序号	名称		单位	粗砂垫层	碎石垫层	砂砾石垫层	反滤层
1	人工	甲类工	工日	2.9	2.8	1.6	3.2
2		乙类工	工日	55.4	53.1	30.3	60.2
3		合计	工日	58.3	55.9	31.9	63.4
4	材料	碎石	m³		102.00		81.60
5		砂砾石	m³			102.00	
6		砂	m³	112.00			20.40
7	其他费用		%	1.0	1.0	1.0	1.0

3-1-2 石板铺设

工作内容:铺设、砌筑。

单位:100m²

定额编号			30005
顺序号	名称	单位	人工铺筑
1	人工 甲类工	工日	2.1
2	人工 乙类工	工日	39.9
3	合计	工日	42.0
4	材料 石板	m²	103.00
5	材料 砂浆	m³	0.75
6	其他费用	%	1.0

3-2 干砌石

3-2-1 干砌块石

工作内容:选石、修石、砌筑、填缝等。

单位:100m³

定额编号			30006	30007	30008	30009	30010	30011	30012	30013
顺序号	名称	单位	护坡 平面	护坡 曲面	护底	基础	桥墩	挡土墙	填腹石	排水沟
1	人工 甲类工	工日	4.6	5.0	4.2	4.2	5.3	4.7	3.6	5.3
2	人工 乙类工	工日	87.8	95.1	80.0	78.5	101.8	88.9	69.0	100.7
3	合计	工日	92.4	100.1	84.2	82.7	107.1	93.6	72.6	106.0
4	材料 块石	m³	118.00	118.00	118.00	118.00	118.00	118.00	118.00	118.00
5	其他费用	%	1.0	1.0	1.0	1.0	1.0	1.0	1.0	1.0

注:干砌卵石人工定额乘以系数1.12。

3-2-2 干砌条石

工作内容: 选石、修石、砌筑、填缝等。

单位:100m³

定额编号				30014	30015
顺序号		名称	单位	干砌毛条石	干砌粗条石
1	人工	甲类工	工日	3.8	3.5
2		乙类工	工日	73.2	67.1
3		合计	工日	77.0	70.6
4	材料	毛条石	m³	93.00	
5		粗条石	m³		92.00
6	其他费用		%	1.4	1.5

3-3 浆砌砖石

3-3-1 浆砌块石

工作内容: 选石、修石、拌和砂浆、砌筑、勾缝。

单位:100m³

定额编号				30016	30017	30018	30019	30020	30021	30022	30023
顺序号		名称	单位	护坡		护底	基础	挡土墙	桥、闸墩	排水沟	填腹石
				平面	曲面						
1	人工	甲类工	工日	8.2	8.9	7.9	6.7	7.7	8.6	9.4	6.4
2		乙类工	工日	156.6	169.3	150.5	127.7	147.1	163.8	178.7	121.3
3		合计	工日	164.8	178.2	158.4	134.4	154.8	172.4	188.1	127.7
4	材料	块石	m³	108.00	108.00	108.00	108.00	108.00	108.00	108.00	108.00
5		砂浆	m³	35.15	35.15	35.15	34.65	34.65	34.65	35.15	34.00
6	其他费用		%	0.5	0.5	0.5	0.5	0.5	0.5	0.5	0.5

3-3-2 浆砌卵石

工作内容: 选石、修石、砌筑、勾缝。

单位:100m³

定额编号				30024	30025	30026	30027	30028	30029	30030	30031
顺序号		名称	单位	护坡		护底	基础	挡土墙	桥、闸墩	排水沟	填腹石
				平面	曲面						
1	人工	甲类工	工日	10.0	11.1	9.1	8.0	9.5	10.5	10.1	7.6
2		乙类工	工日	190.5	212.0	174.5	152.4	180.4	198.8	191.8	144.4
3		合计	工日	200.5	223.1	183.6	160.4	189.9	209.3	201.9	152.0
4	材料	卵石	m³	105.00	105.00	105.00	105.00	105.00	105.00	105.00	105.00
5		砂浆	m³	37.00	37.00	37.00	35.70	36.10	36.35	37.00	37.00
6	其他费用		%	0.5	0.5	0.5	0.5	0.5	0.5	0.5	0.5

3-3-3　浆砌条料石

工作内容：选石、修石、拌和砂浆、砌筑、养护。　　　　　　　　　　　　　　　　单位：100m³

定额编号				30032	30033	30034	30035	30036	30037	30038
顺序号	名称		单位	平面护坡	护底	基础	挡土墙	桥、闸墩	帽石	防浪墙
1	人工	甲类工	工日	8.0	7.1	6.2	7.2	8.1	11.5	9.6
2		乙类工	工日	152.5	135.1	117.0	136.9	153.9	217.5	184.0
3		合计	工日	160.5	142.2	123.2	144.1	162.0	229.0	193.6
4	材料	毛条石	m³	86.70	86.70	86.70	65.30	36.70		
5		粗料石	m³				21.40	50.00		
6		细料石	m³						86.70	86.70
7		砂浆	m³	26.00	26.00	25.00	25.30	25.50	23.00	23.00
8	其他费用		%	0.5	0.5	0.5	0.5	0.5	0.5	0.5

注：1.挡土墙、桥闸墩砌体表面不需加工的，粗料石量并入毛条石计算。
　　2.防浪墙、帽石砌体表面只需粗加工的，细料石改为粗料石，用石量改为98m³；砌筑砂浆用量改为14m³。
　　3.护坡、护底砌体表面需加工的，毛条石改为粗料石，用量不变。

3-3-4　浆砌石坝

工作内容：凿毛、选石、修石、砂浆（混凝土）拌制、砌筑、勾缝、养护、搭拆跳板。　　　　单位：100m³

定额编号				30039	30040	30041	30042
顺序号	名称		单位	块石重力坝		条石拱坝	
				浆砌	混凝土砌	浆砌	混凝土砌
1	人工	甲类工	工日	5.5	7.5	5.3	7.0
2		乙类工	工日	105.5	142.6	101.7	134.0
3		合计	工日	111.0	150.1	107.0	141.0
4	材料	毛条石	m³			91.00	
5		粗条石	m³				58.00
6		块石	m³	114.00	88.00		
7		混凝土	m³		56.65		52.52
8		砂浆	m³	38.40		25.00	
9	机械	插入式振捣器 2.2kW	台班		12.50		12.50
10		混凝土搅拌机 400L	台班	1.22	2.00	0.70	1.74
11		双胶轮车	台班	50.99	56.87	58.00	59.82
12	其他费用		%	1.0	1.0	1.0	1.0

3-3-5　浆砌渠壁

工作内容：选修石、冲洗、拌浆、砌筑、勾缝。　　　　　　　　　　　　　　　　　单位：100m³

定额编号				30043	30044	30045	30046	30047	30048	30049	30050	30051	30052
顺序号	名称		单位	非岩石地基					岩石地基				
				块石		条（料）石			块石		条（料）石		
				渠底宽度（m）									
				≤1	>1	≤2	2~3	>3	≤1	>1	≤2	2~3	>3
1	人工	甲类工	工日	9.4	7.9	8.1	7.3	7.6	10.6	9.8	8.6	8.0	7.8
2		乙类工	工日	177.1	150.4	153.2	138.7	143.9	201.6	187.3	164.1	152.5	148.7
3		合计	工日	186.5	158.3	161.3	146.0	151.5	212.2	197.1	172.7	160.5	156.5
4	材料	毛条石	m³			86.70	86.70	86.70			86.70	86.70	86.70
5		块石	m³	115.00	115.00				115.00	115.00			
6		砂浆	m³	35.30	35.30	26.00	26.00	26.00	47.80	47.80	38.50	38.50	38.50
7	其他费用		%	1.0	1.0	1.0	1.0	1.0	1.0	1.0	1.0	1.0	1.0

3-3-6　浆砌渠底

工作内容：选修石、冲洗、拌浆、砌筑、勾缝。　　　　　　　　　　　　　　　　　单位：100m³

定额编号				30053	30054	30055	30056	30057	30058	30059	30060	30061	30062
顺序号	名称		单位	非岩石地基					岩石地基				
				块石		条石			块石		条石		
				渠底宽度（m）									
				≤1	>1	≤2	2~3	>3	≤1	>1	≤2	2~3	>3
1	人工	甲类工	工日	9.4	7.9	8.1	7.3	7.6	10.6	9.8	8.6	8	7.8
2		乙类工	工日	157.1	130.4	123.2	118.7	123.9	171.6	157.3	134.1	122.5	118.7
3		合计	工日	166.5	138.3	131.3	126	131.5	182.2	167.1	142.7	130.5	126.5
4	材料	毛条石	m³			81.70	81.70	81.70			81.70	81.70	81.70
5		块石	m³	110.00	110.00				110.00	110.00			
6		砂浆	m³	35.30	35.30	26.00	26.00	26.00	47.80	47.80	38.50	38.50	38.50
7	其他费用		%	1.0	1.0	1.0	1.0	1.0	1.0	1.0	1.0	1.0	1.0

3-3-7　浆砌石拱圈

工作内容：拱架模板制作、安装、拆除、选石、冲洗、修石、拌浆、砌筑、勾缝。　　　　　　　单位：100m³

定额编号				30063	30064
顺序号	名称		单位	料石拱	块石拱
1	人工	甲类工	工日	11.5	11.4
2		乙类工	工日	218.6	215.4
3		合计	工日	230.1	226.8
4	材料	块石	m³		118.00
5		料石	m³	86.70	
6		砂浆	m³	25.90	35.40
7		锯材	m³	2.75	2.75
8	其他费用		%	5.0	5.0

3-3-8 浆砌混凝土预制块

工作内容:拌和砂浆、砌筑、勾缝。

单位:100m³

	定额编号		30065	30066	30067
顺序号	名称	单位	护坡、护底	栏杆	挡土墙、桥台、闸墩
1	人工 甲类工	工日	5.7	7.2	5.6
2	乙类工	工日	107.7	135.4	105.8
3	合计	工日	113.4	142.6	111.4
4	材料 混凝土预制块	m³	92.00	92.00	92.00
5	砂浆	m³	16.00	17.30	15.50
6	其他费用	%	0.1	0.1	0.1

3-3-9 浆砌预制混凝土板

适用范围:渠道护坡、护底。

工作内容:拌和砂浆、砌筑、勾缝。

单位:100m³

	定额编号		30068	30069	30070	30071
顺序号	名称	单位	预制混凝土板厚度(cm)			
			4~8	8~12	12~16	16~20
1	人工 甲类工	工日	8.1	5.9	4.9	4.4
2	乙类工	工日	154.3	111.8	93.4	82.9
3	合计	工日	162.4	117.7	98.3	87.3
4	材料 混凝土预制板	m³	90.00	90.00	90.00	90.00
5	砂浆	m³	23.70	20.40	19.00	18.20
6	其他费用	%	0.3	0.3	0.3	0.3

3-3-10 砌筑台阶

工作内容:放样、选修石料、调制砂浆、砌筑、场内水平运输。

单位:100m³

	定额编号		30072	30073	30074
顺序号	名称	单位	块石	条石	预制块
1	人工 甲类工	工日	9.3	13.4	9.5
2	乙类工	工日	176.7	253.7	180.9
3	合计	工日	186	267.1	190.4
4	材料 水泥砂浆 M5	m³	36.70	11.90	7.00
5	毛条石	m³		104.00	
6	块石	m³	116.60		
7	混凝土砌块	m³			100.00
8	水	m³	12.60	12.60	12.60
9	机械 灰浆搅拌机	台班	6.10	2.90	2.90
10	其他费用	%	2.0	2.0	2.0

3-3-11 浆砌砖

工作内容:拌和砂浆、砌筑、勾缝。

单位:100m³

	定额编号			30075	30076	30077
顺序号	名称		单位	基础	护坡护底	挡土墙、桥台、闸墩
1	人工	甲类工	工日	6.0	7.8	7.7
2		乙类工	工日	114.0	148.4	146.0
3		合计	工日	120.0	156.2	153.7
4	材料	标准砖	千块	52.40	54.00	53.00
5		砂浆	m³	24.00	25.60	24.70
6	其他费用		%	0.2	0.2	0.2

3-3-12 浆砌空心砖、空心砌块及混凝土砌块

工作内容:拌和,铺砂浆,运砖,砌筑,原浆勾缝,安放木砖、铁件等。

单位:100m³

	定额编号			30078	30079	30080
顺序号	名称		单位	水泥砂浆砌筑页岩空心砖墙	水泥砂浆砌筑空心砌块墙	水泥砂浆砌筑混凝土砌块墙
1	人工	甲类工	工日	6.8	6.8	5.8
2		乙类工	工日	128.2	128.2	109.4
3		合计	工日	135	135	115.2
4	材料	标准砖 200mm×95mm×53mm	千块	21.6	21.6	21.6
5		页岩空心砖	m³	64.8		
6		空心砌块	m³		68.3	
7		混凝土砌块	m³			68.3
8		水	m³	7.7	7.7	11
9		水泥砂浆	m³	15.8	12.6	12.6
10	机械	灰浆搅拌机 200 L	台班	2.7	2.1	2.1
11	其他费用		%	2	2	2

3-4 砂浆抹面

3-4-1 砌体砂浆抹面

工作内容:拌运砂浆、清洗表面、抹灰、压光。

单位:100m²

	定额编号			30081	30082	30083	30084
顺序号	名称		单位	厚2cm			每增减1cm 厚
				平面	立面	拱面	
1	人工	甲类工	工日	0.6	0.7	1.2	0.2
2		乙类工	工日	10.6	13.2	23.6	3.9
3		合计	工日	11.2	13.9	24.8	4.1
4	材料	砂浆	m³	2.10	2.30	2.50	1.05
5	其他费用		%	3.2	3.2	3.2	

3-4-2 防水砂浆抹面

工作内容: 清理基层、拌运砂浆、抹平、养护。

单位:100m²

定额编号			30085	30086	30087	30088	30089	30090
顺序号	名称	单位	池底		每增减1cm	池壁		每增减1cm
			混凝土墙	浆砌石墙		混凝土墙	浆砌石墙	
			厚2cm			厚2cm		
1	人工 甲类工	工日	2.69	3.48	0.46	4.89	4.03	0.85
2	人工 乙类工	工日	8.95	10.56	1.36	14.44	11.89	2.97
3	合计	工日	11.64	14.04	1.82	19.33	15.92	3.82
4	材料 防水砂浆	m³	2.12	3.85	1.01	2.42	2.31	1.15
5	其他费用	%	7.0	8.4		9.0	10.2	

3-5 砌体拆除

3-5-1 人工砌体拆除

适用范围: 块、条、料石及砖,基本运距30m。

工作内容: 拆除、清理、堆放。

单位:100m³

定额编号			30091	30092	30093	30094	30095
顺序号	名称	单位	水泥浆砌石	白灰浆砌石	干砌石	白灰浆砌砖	水泥浆砌砖
1	人工 甲类工	工日	8.8	7.0	3.4	8.0	9.3
2	人工 乙类工	工日	166.5	133.1	64.6	151.1	176.6
3	合计	工日	175.3	140.1	68.0	159.1	185.9
4	其他费用	%	1.2	1.6	1.8	2.0	2.2

3-5-2 机械砌体拆除

适用范围: 块、条、料石及砖,基本运距30m。

工作内容: 拆除、清理、堆放。

单位:100m³

定额编号			30096	30097	30098
顺序号	名称	单位	水泥浆砌石	干砌石	其他砌体
1	人工 甲类工	工日	0.8	0.6	0.5
2	人工 乙类工	工日	1.05	0.98	0.85
3	合计	工日	1.85	1.58	1.35
4	机械 单斗挖掘机 液压1m³	台班	0.45	0.41	0.35
5	其他费用	%	3.0	3.0	3.0

3-6 石表面加工

工作内容: 划线、扁光、钻路、打麻。

定额编号			30099	30100	30101	30102	30103	30104
顺序号	名称	单位	倒水扁光			扁光	钉麻面或打钻路	整石扁光
			斜面宽在(cm)以内					
			5	10	15			
			10m	10m	10m	10m²	10m²	10m²
1	甲类工	工日	0.05	0.09	0.11	0.44	0.32	0.68
2	人工 乙类工	工日	1	1.68	2.09	8.33	6.07	12.85
3	合计	工日	1.05	1.77	2.2	8.77	6.39	13.53
4	其他费用	%	2.0	2.0	2.0	2.0	2.0	2.0

3-7 勾缝

工作内容: 清理砌体表面、剔缝、刷洗、调制砂浆、勾缝、养护等。   单位:100m²

定额编号			30105	30106	30107	30108	30109
顺序号	名称	单位	勾平缝、凹缝		勾凸缝		开槽勾缝
			块石	条石、预制块	块石	条石、预制块	条石
			M10 水泥砂浆				
1	甲类工	工日	0.47	0.47	0.67	0.67	1.65
2	人工 乙类工	工日	9.02	8.92	12.81	12.73	31.25
3	合计	工日	9.49	9.39	13.48	13.4	32.9
4	材料 水	m³	5.75	5.83	5.64	5.76	5.8
5	水泥砂浆 M10	m³	0.5	0.35	0.73	0.49	2.32
6	机械 灰浆搅拌机 200 L	台班	0.08	0.06	0.12	0.08	0.04
7	其他费用	%	2.0	2.0	2.0	2.0	2.0

3-8 石 笼

3-8-1 石 笼

适用范围:护底、护岸。

工作内容:石料运输、抛石、整平。　　　　　　　　　　　　　　　单位:100m³ 抛投方

定额编号				30110	30111	30112
顺序号	名称		单位	钢筋笼	铅丝笼	竹笼
1	人工	甲类工	工日	4.0	3.5	5.0
2		乙类工	工日	76.9	66.0	95.0
3		合计	工日	80.9	69.5	100.0
4	材料	铅丝 8#	kg		397.00	
5		钢筋	t	1.70		
6		竹子	t			2.50
7		块石	m³	113.00	113.00	113.00
8	其他费用		%	2.0	2.0	2.0

3-8-2 格宾石笼

工作内容:材料场内运输、格网箱就位、组装、填充石料、箱体封闭。　　　　　单位:100m³ 抛投方

定额编号				30113	30114	30115	30116	30117	30118	30119	30120
顺序号	名称		单位	基础护底					护坡		
				长×宽×高							
				1m×1m×1m	1m×1m×0.8m	1m×0.8m×0.8m	1m×0.6m×0.6m	1m×0.5m×0.5m	2m×1m×0.3m	2m×1m×0.4m	1m×1m×0.3m
1	人工	甲类工	工日	13.92	15.09	16.24	20.11	23.19	23.58	19.73	24.5
2		乙类工	工日	27.16	29.44	31.68	39.24	45.26	46.01	38.49	47.81
3		合计	工日	41.08	44.53	47.92	59.35	68.45	69.59	58.22	72.31
4	材料	块石	m³	116	116	116	116	116	116	116	116
5		格宾	m²	618	670	721	893	1030	1047	876	1088
6		其他材料费	%	3	3	3	3	3	3	3	3
7	机械	双胶轮车	台班	8.9	9.64	10.38	12.85	14.83	15.07	12.61	15.66
8		其他机械费	%	10	10	10	10	10	10	10	10

3-8-3 格栅石笼

工作内容: 材料场内运输、格网箱就位、组装、填充石料、箱体封闭。

单位:100m³ 抛投方

顺序号	名称		单位	定额编号 30121	30122	30123	30124	30125
				基础护底				
				长×宽×高				
				1m×1m×1m	1m×1m×0.8m	1m×0.8m×0.8m	1m×0.6m×0.6m	1m×0.5m×0.5m
1	人工	甲类工	工日	13.92	15.09	16.24	20.11	23.19
2		乙类工	工日	27.16	29.44	31.68	39.24	45.26
3		合计	工日	41.08	44.53	47.92	59.35	68.45
4	材料	块石	m³	116	116	116	116	116
5		栅格	m²	618	670	721	893	1030
6		其他材料费	%	3	3	3	3	3
7	机械	双胶轮车	台班	8.9	9.64	10.38	12.85	14.83
8		其他机械费	%	10	10	10	10	10

第四章　混凝土工程

说　明

一、本章定额包括现浇混凝土、混凝土预制运输及安装、钢筋的制作与安装,以及混凝土的拌制、运输、止水等定额共38节,320子目。

二、本章定额的计量单位,除注明者外,均为建筑物或构筑物的成品实体方。

三、本章现浇和预制混凝土的主要工作内容,除注明者外,均包括凿毛、冲洗、清仓、混凝土的配料、拌制、浇筑、振捣、养护、模板及支撑的制作、安装、拆除、维修以及场内运输和辅助工作。预制混凝土还包括预制场内的混凝土运输。

四、混凝土定额中,模板规定如下:

1.除已标明木支撑的定额外,均以钢支撑(或钢木支撑)为主。定额根据不同的工程部位,按照常用的施工方法确定钢、木比例,使用定额时一概不作调整。

2.模板材料均按预算消耗量计算,包括制作、安装、拆除、维修的消耗、损耗,并考虑了周转和回收。

3.模板定额中已综合考虑平面模板、异型模板、曲面模板所需耗用的木材在内。实际施工所用的模板类型、含量、比例不同时,不作调整。

4.模板定额中的材料,除模板本身外,还包括支撑模板的立柱、铁件等,其范围计算到支撑模板结构的承重梁(或枋)为止。对于悬空建筑物、承重梁(或枋)以下的支撑结构以及使用拉模、滑模所需钢模台车的支撑、构架、滑轨等,未包括在本定额内。

五、混凝土拌制:

1.现浇混凝土定额各节,未列拌制混凝土所需的人工和机械。混凝土拌制按有关定额计算。

2.搅拌机清洗用水已计入拌制定额的零星材料费中。

3.混凝土拌制定额均以半成品方为单位计算,不含施工损耗和运输损耗所消耗的人工、材料、机械的数量和费用。

六、混凝土运输:

1.“混凝土水平运输”是指混凝土自搅拌机出料口至混凝土浇筑仓面的全部水平运输;“混凝土垂直运输”是指混凝土浇筑过程中,运混凝土至浇筑仓面的全部垂直运输。

2.混凝土的水平运输费用应根据设计选定的运输方式、设备类型,按有关运输定额计算其综合单价。混凝土的垂直运输费用已综合在定额中。

3.混凝土构件的预制、运输及吊(安)装定额中,若预制混凝土构件质量超过定额中起重机械起重量时,可用相应起重量机械替换,台班数不作调整。

4.混凝土运输定额均以半成品方为单位计算,不含施工损耗和运输损耗所消耗的人工、材料、机械的数量和费用。

七、混凝土配合比的各项材料用量应根据工程试验提供的资料计算。若无试验资料,可参照附录的“混凝土配合比参考表”中的混凝土材料配合比计算。

八、钢筋制作安装定额中,不分部位、规格型号以“t”为计量单位综合计算。

九、混凝土构件吊(安)装中,仅是吊装过程中所需的人工、材料、机械的使用量。构件送达安装地的运输费用,根据设计选定的运输方式和设备类型,按有关定额子目计算。

十、混凝土预制构件安装一节中,仅是安装部分定额。制作和运输部分已包括在预制构件的预算单价中。

4-1　溢流面

适用范围:溢流坝溢流面及圬工砌体外包混凝土溢流面。

工作内容:钢滑模安装、滑升、拆除浇筑、凿毛、清洗、抹面、养护。

单位:100m³

定额编号					40001
顺序号		名称	单位		溢流面
1	人工	甲类工	工日		16.1
2		乙类工	工日		51.0
3		合计	工日		67.1
4	材料	板枋材	m³		0.13
5		钢滑模	kg		302.00
6		组合钢模板	kg		7.13
7		型钢	kg		17.03
8		卡扣件	kg		22.13
9		铁件	kg		10.62
10		预埋铁件	kg		35.75
11		电焊条	kg		0.56
12		混凝土	m³		103.00
13		水	m³		100.00
14	机械	电焊机直流 30kVA	台班		0.16
15		混凝土振捣器(插入式) 2.2kW	台班		4.11
16		风水(砂)枪	台班		1.89
17		油压滑模设备	台班		1.00
18		其他费用	%		1.6
19		混凝土拌制	m³		103.00
20		混凝土运输	m³		103.00

注:滑模按溢流面曲线长度为50m计,曲线长度每增加10m,滑模定额乘以下表系数。

曲线长度(m)	0~50	50~60	60~70	70~80	80~90	90~100
系数	1	0.78	0.75	0.72	0.70	0.68

4-2　溢流堰

适用范围:溢洪道的溢流堰。

工作内容:模板制作、安装、拆除、浇筑、养护。

单位:100m³

定额编号				40002
顺序号		名称	单位	溢流堰
1	人工	甲类工	工日	15.7
2		乙类工	工日	49.6
3		合计	工日	65.3

定额编号				40002
顺序号		名称	单位	溢流堰
4	材料	板枋材	m³	0.04
5		组合钢模板	kg	1.84
6		型钢	kg	4.41
7		卡扣件	kg	5.92
8		铁件	kg	0.95
9		预埋铁件	kg	7.13
10		电焊条	kg	0.15
11		混凝土	m³	103.00
12		水	m³	100.00
13	机械	电焊机直流 30kVA	台班	0.04
14		混凝土振捣器(插入式)2.2kW	台班	7.80
15		风水(砂)枪	台班	2.25
16		其他费用	%	1.8
17		混凝土拌制	m³	103.00
18		混凝土运输	m³	103.00

4-3 消力坎

适用范围:低水头水工建筑物的消力坎。

工作内容:模板制作、安装、拆除、浇筑、养护。

单位:100m³

定额编号				40003	40004
顺序号		名称	单位	有宽缝	无宽缝
1	人工	甲类工	工日	32.9	29.4
2		乙类工	工日	104.2	93.1
3		合计	工日	137.1	122.5
4	材料	板枋材	m³	0.84	0.82
5		组合钢模板	kg	17.84	11.70
6		型钢	kg	34.71	27.97
7		卡扣件	kg	57.24	37.55
8		铁件	kg	17.31	15.51
9		预埋铁件	kg	92.51	72.07
10		电焊条	kg	1.32	0.92
11		铁钉	kg	5.08	4.72
12		混凝土	m³	103.00	103.00
13		水	m³	100.00	90.00

定额编号				40003	40004
顺序号		名称	单位	有宽缝	无宽缝
14	机械	混凝土振捣器(插入式)2.2kW	台班	6.00	6.00
15		电焊机直流 30kVA	台班	0.36	0.27
16		风水(砂)枪	台班	5.59	5.59
17		其他费用	%	3.7	3.7
18		混凝土拌制	m³	103.00	103.00
19		混凝土运输	m³	103.00	103.00

4-4 底 板

适用范围: 水闸、泄水闸、排沙闸底板。

工作内容: 模板制作、安装、拆除、浇筑、养护。

单位:100m³

定额编号				40005	40006
顺序号		名称	单位	中孔底板	连底式岸墙底板
					直升门
1	人工	甲类工	工日	26.3	27.2
2		乙类工	工日	61.3	63.5
3		合计	工日	87.6	90.7
4	材料	板枋材	m³	0.23	0.33
5		组合钢模板	kg	17.95	23.59
6		型钢	kg	13.11	20.62
7		卡扣件	kg	14.90	23.23
8		铁件	kg	20.00	40.00
9		预埋铁件	kg	34.45	54.38
10		电焊条	kg	0.69	1.15
11		铁钉	kg	1.93	5.10
12		混凝土	m³	103.00	103.00
13		水	m³	100.00	100.00
14	机械	混凝土振捣器(插入式)2.2kW	台班	4.60	2.95
15		电焊机直流 30kVA	台班	1.64	1.68
16		风水(砂)枪	台班	2.59	1.00
17		其他费用	%	1.3	1.4
18		混凝土拌制	m³	103.00	103.00
19		混凝土运输	m³	103.00	103.00

4-5 现浇混凝土渠道

4-5-1 明渠(边坡陡于1:0.5)

适用范围:边坡陡于1:0.5(含1:0.5)的引水、泄水灌溉渠道。

工作内容:模板制作、安装、拆除、混凝土浇筑、养护。

单位:100m³

定额编号			单位	40007	40008	40009	40010	40011
顺序号	名称		单位	衬砌厚度(cm)				
				10~15	15~25	25~35	35~45	45以上
1	人工	甲类工	工日	38.7	29.8	22.7	21.2	20.0
2		乙类工	工日	122.6	94.4	71.9	67.0	63.5
3		合计	工日	161.3	124.2	94.6	88.2	83.5
4	材料	板枋材	m³	1.10	0.86	0.57	0.43	0.35
5		组合钢模板	kg	26.88	20.53	13.69	10.26	8.31
6		型钢	kg	64.25	49.06	32.71	24.53	19.68
7		卡扣件	kg	13.44	10.27	6.85	5.13	4.16
8		铁件	kg	2.00	1.52	1.02	0.76	0.62
9		预埋铁件	kg	100.26	76.56	51.04	38.28	30.99
10		电焊条	kg	2.13	1.63	1.08	0.81	0.66
11		混凝土	m³	103.00	103.00	103.00	103.00	103.00
12		水	m³	180.00	180.00	160.00	160.00	140.00
13	机械	电焊机直流 30kVA	台班	0.59	0.45	0.30	0.23	0.18
14		混凝土振捣器(插入式) 2.2kW	台班	11.00	11.00	8.90	8.90	8.90
15		风水(砂)枪	台班	22.00	11.00	7.33	5.50	4.40
16	其他费用		%	1.7	1.7	1.6	1.1	0.9
17	混凝土拌制		m³	103.00	103.00	103.00	103.00	103.00
18	混凝土运输		m³	103.00	103.00	103.00	103.00	103.00

注:1.本定额不适用于渐变段。

2.本定额不适用于边墙为重力式的明渠。

4-5-2 明渠(边坡陡于1:0.75)

适用范围:边坡陡于1:0.75(含1:0.75)的引水、泄水灌溉渠道。

工作内容:模板制作、安装、拆除、混凝土浇筑、养护。

单位:100m³

定额编号			单位	40012	40013	40014	40015	40016
顺序号	名称		单位	衬砌厚度(cm)				
				10~15	15~25	25~35	35~45	45以上
1	人工	甲类工	工日	29.3	23.8	20.4	20.1	19.4
2		乙类工	工日	92.8	75.5	64.7	63.7	61.6
3		合计	工日	122.1	99.3	85.1	83.8	81.0

顺序号		名称	单位	40012	40013	40014	40015	40016
		定额编号				衬砌厚度(cm)		
				10～15	15～25	25～35	35～45	45以上
4	材料	板枋材	m³	0.18	0.16	0.14	0.13	0.12
5		钢滑模	kg	78.40	49.00	32.60	24.50	19.60
6		混凝土	m³	103.00	103.00	103.00	103.00	103.00
7		水	m³	180.00	180.00	160.00	160.00	140.00
8	机械	混凝土振捣器(插入式)2.2kW	台班	11.00	11.00	8.90	8.90	8.90
9		风水(砂)枪	台班	22.00	11.00	7.33	5.50	4.40
10		其他费用	%	2.1	2.1	1.9	1.4	1.3
11		混凝土拌制	m³	103.00	103.00	103.00	103.00	103.00
12		混凝土运输	m³	103.00	103.00	103.00	103.00	103.00

注:1.本定额不适用于渐变段。

2.本定额不适用于边墙为重力式的明渠。

4-5-3 矩形暗渠

适用范围:引水渠道。

工作内容:模板制作、安装、拆除,混凝土浇筑、养护。

单位:100m³

顺序号		名称	单位	40017	40018	40019	40020	40021	40022
		定额编号			双孔			单孔	
						衬砌厚度(cm)			
				25～40	40～60	60以上	25～40	40～60	60以上
1	人工	甲类工	工日	46.7	37.7	30.6	50.0	39.7	32.0
2		乙类工	工日	147.9	119.3	97.0	158.4	125.8	101.4
3		合计	工日	194.6	157.0	127.6	208.4	165.5	133.4
4	材料	锯材	m³	0.14	0.14	0.12	0.22	0.17	0.14
5		组合钢模板	kg	181.36	120.74	90.18	199.00	134.77	100.20
6		型钢	kg	87.86	60.26	45.13	92.31	62.70	47.08
7		卡扣件	kg	88.14	58.89	44.02	93.12	62.82	46.74
8		预埋铁件	kg	126.06	86.46	65.01	133.61	90.83	68.20
9		电焊条	kg	0.46	0.32	0.25	0.46	0.32	0.25
10		铁钉	kg	0.50	0.50	0.43	0.80	0.60	0.50
11		混凝土	m³	103.00	103.00	103.00	103.00	103.00	103.00
12		水	m³	160.00	140.00	140.00	160.00	140.00	140.00
13	机械	电焊机直流30kVA	台班	0.13	0.09	0.07	0.13	0.09	0.07
14		混凝土振捣器(插入式)2.2kW	台班	11.00	8.90	8.90	11.00	8.90	8.90
15		风水(砂)枪	台班	1.48	1.04	0.85	1.48	1.04	0.85
16		载货汽车5t	台班	0.15	0.11	0.08	0.22	0.12	0.09
17		其他费用	%	0.6	0.6	0.6	0.7	0.6	0.6
18		混凝土拌制	m³	103.00	103.00	103.00	103.00	103.00	103.00
19		混凝土运输	m³	103.00	103.00	103.00	103.00	103.00	103.00

4-6　现浇混凝土渠道底板

适用范围:预制板、块护坡的渠道护底。

工作内容:模板制作、安装、拆除、浇筑、养护。

单位:100m³

定额编号				40023
顺序号		名称	单位	渠道底板
1	人工	甲类工	工日	28.06
2		乙类工	工日	81.56
3		合计	工日	109.62
4	材料	锯材	m³	0.4
5		铁钉	kg	27.26
6		混凝土	m³	103
7		水	m³	81.56
8	机械	混凝土振捣器(插入式)2.2kW	台班	8.9
9		其他费用	%	5.1
10		混凝土拌制	m³	103.00
11		混凝土运输	m³	103.00

4-7　涵洞顶板及底板

适用范围:一般涵洞顶、底板。

工作内容:模板安装、拆除、混凝土浇筑、养护。

单位:100m³

定额编号				40024	40025	40026	40027	40028	40029	40030	40031
顺序号		名称	单位	顶板							底板
				净跨(m)							
				0~2			2~3				
				洞顶填土高度(m)							
				0~4	4~6	6以上	0~3.5	3.5~5.0	5.0~6.5	6.5以上	
1	人工	甲类工	工日	30.8	29.7	29.4	29.9	29.5	29.2	29.0	27.9
2		乙类工	工日	109.1	105.2	104.2	106.0	104.5	103.7	102.8	98.8
3		合计	工日	139.9	134.9	133.6	135.9	134.0	132.9	131.8	126.7
4	材料	板枋材	m³	0.33	0.28	0.24	0.30	0.25	0.22	0.20	0.14
5		组合钢模板	kg	8.80	7.40	6.40	7.90	6.84	5.87	5.40	2.93
6		型钢	kg	21.03	17.50	15.20	18.70	16.34	14.02	12.84	7.00
7		卡扣件	kg	28.25	20.00	17.30	21.30	18.70	18.83	17.26	9.42
8		铁件	kg	0.65	0.54	0.47	0.58	0.51	0.44	0.40	0.22
9		电焊条	kg	0.36	0.22	0.15	0.36	0.22	0.15	0.12	0.08
10		混凝土	m³	103.00	103.00	103.00	103.00	103.00	103.00	103.00	103.00
11		水	m³	90.00	90.00	90.00	90.00	90.00	90.00	90.00	90.00

定额编号			40024	40025	40026	40027	40028	40029	40030	40031
顺序号	名称	单位	顶板							底板
			净跨(m)							
			0~2			2~3				
			洞顶填土高度(m)							
			0~4	4~6	6以上	0~3.5	3.5~5.0	5.0~6.5	6.5以上	
12	机械 电焊机直流 30kVA	台班	0.19	0.16	0.14	0.17	0.15	0.13	0.12	0.06
13	混凝土振捣器(插入式)2.2kW	台班	8.90	8.90	8.90	8.90	8.90	8.90	8.90	8.90
14	风水(砂)枪	台班	3.73	3.73	3.73	3.73	3.73	3.73	3.73	3.73
15	其他费用	%	4.8	4.8	4.8	4.8	4.8	4.8	4.8	4.8
16	混凝土拌制	m³	103.00	103.00	103.00	103.00	103.00	103.00	103.00	103.00
17	混凝土运输	m³	103.00	103.00	103.00	103.00	103.00	103.00	103.00	103.00

4-8 闸 墩

适用范围: 水闸闸墩。

工作内容: 模板安装、拆除、修理、运输、混凝土浇筑、养护、抹面、清理、凿毛。

单位:100m³

定额编号			40032	40033	40034	40035	40036	40037	40038	40039	40040	40041
顺序号	名称	单位	整墩					半墩				
			墩厚(m 以下)									
			0.8	1.2	1.6	1.8	2	0.6	0.8	1	1.2	1.4
1	人工 甲类工	工日	66.7	55.7	45.7	45.7	37.5	73.0	68.7	58.8	45.1	39.9
2	乙类工	工日	163.2	136.2	111.8	111.8	91.7	178.7	168.3	144.0	110.4	97.8
3	合计	工日	229.9	191.9	157.5	157.5	129.2	251.7	237.0	202.8	155.5	137.7
4	材料 板枋材	m³	1.84	1.44	1.13	0.96	0.83	1.89	1.59	1.32	1.10	0.91
5	组合钢模板	kg	87.90	69.79	53.43	45.94	40.16	92.69	77.39	63.30	52.42	44.16
6	型钢	kg	209.19	164.91	127.17	109.33	95.58	220.59	184.19	150.64	124.76	105.09
7	卡扣件	kg	124.36	95.81	75.84	61.68	53.63	119.82	102.83	86.13	70.88	58.78
8	铁件	kg	191.35	148.40	115.05	97.25	80.05	182.70	153.80	126.00	105.85	87.10
9	预埋铁件	kg	286.70	226.95	175.20	151.30	135.20	313.50	259.00	210.00	174.20	145.50
10	电焊条	kg	8.14	6.37	5.02	4.67	4.37	8.77	7.13	5.90	5.31	4.91
11	混凝土	m³	103.00	103.00	103.00	103.00	103.00	103.00	103.00	103.00	103.00	103.00
12	水	m³	80.00	80.00	80.00	80.00	80.00	80.00	80.00	80.00	80.00	80.00
13	机械 电焊机直流 30kVA	台班	2.19	1.80	1.42	1.32	1.23	2.24	2.02	1.66	1.47	1.34
14	混凝土振捣器(插入式)2.2kW	台班	5.90	5.90	5.90	5.90	5.90	5.90	5.90	5.90	5.90	5.90
15	风水(砂)枪	台班	1.73	1.73	1.73	1.73	1.73	1.73	1.73	1.73	1.73	1.73
16	其他费用	%	3.6	3.1	2.6	2.4	2.3	4	3.6	3	2.7	2.4
17	混凝土拌制	m³	103.00	103.00	103.00	103.00	103.00	103.00	103.00	103.00	103.00	103.00
18	混凝土运输	m³	103.00	103.00	103.00	103.00	103.00	103.00	103.00	103.00	103.00	103.00

4-9 管道镇墩、支墩

适用范围:管道镇墩、支墩等。

工作内容:模板制作、安装、拆除,混凝土拌制浇筑、振捣、养护等。

单位:100m³

定额编号				40042	40043
顺序号		名称	单位	管道镇墩	管道支墩
1	人工	甲类工	工日	101.9	87.4
2		乙类工	工日	166.2	142.7
3		合计	工日	268.1	230.1
4	材料	锯材	m³	0.98	0.12
5		组合钢模板	kg	103.85	123.36
6		型钢	kg	83.08	59.14
7		卡扣件	kg	51.93	68.50
8		预埋铁件	kg	328.90	84.00
9		铁钉	kg	4.40	4.40
10		电焊条	kg	6.91	8.90
11		混凝土	m³	103.00	103.00
12		水	m³	100.00	110.00
13	机械	振捣器(插入式) 2.2kW	台班	6.12	8.57
14		电焊机 直流 30kW	台班	2.01	2.37
15		风水(砂)枪	台班	2.55	2.55
16		其他费用	%	5.0	5.0
17		混凝土拌制	m³	103.00	103.00
18		混凝土运输	m³	103.00	103.00

4-10 挡土墙、岸墙、翼墙

适用范围:水闸及一般挡土墙、岸墙、翼墙。

工作内容:模板安装、拆除,混凝土浇筑、养护。

单位:100m³

定额编号				40044	40045	40046	40047	40048
顺序号		名称	单位	重力式	悬臂式	扶垛式	空箱式	连底式岸墙直墙部分
1	人工	甲类工	工日	31.1	34.6	34.6	35.5	31.8
2		乙类工	工日	84.1	93.4	93.6	96.0	86.0
3		合计	工日	115.2	128.0	128.2	131.5	117.8

定额编号			单位	40044	40045	40046	40047	40048
顺序号		名称		重力式	悬臂式	扶垛式	空箱式	连底式岸墙直墙部分
4		板枋材	m³	0.26	0.57	0.60	0.73	0.37
5		组合钢模板	kg	9.35	19.06	20.04	17.60	0.75
6		型钢	kg	19.84	45.49	47.90	42.18	25.71
7		卡扣件	kg	26.68	61.20	64.34	56.49	34.52
8	材料	铁件	kg	6.20	14.20	14.90	12.69	8.00
9		预埋铁件	kg	30.99	71.05	74.80	65.71	40.08
10		电焊条	kg	0.67	1.51	1.59	1.45	0.86
11		混凝土	m³	103.00	103.00	103.00	103.00	103.00
12		水	m³	70.00	70.00	70.00	70.00	70.00
13		混凝土振捣器(插入式) 2.2kW	台班	8.85	8.85	8.85	8.85	8.85
14	机械	电焊机直流 30kVA	台班	0.18	0.41	0.43	0.37	0.24
15		风水(砂)枪	台班	3.65	3.65	3.65	3.65	3.60
16		其他费用	%	1.6	1.6	2.0	2.0	2.0
17		混凝土拌制	m³	103.00	103.00	103.00	103.00	103.00
18		混凝土运输	m³	103.00	103.00	103.00	103.00	103.00

4-11 水池混凝土浇筑

适用范围：水池等。

工作内容：模板安装、拆除，混凝土浇筑、养护。

单位：10m³

定额编号			单位	40049	40050	40051	40052	40053	40054
顺序号		名称		池底		池壁		池盖	
				平地	坡度	圆形	矩形	无梁	肋型
1		甲类工	工日	1.33	2.07	17.47	12.14	5.43	3.22
2	人工	乙类工	工日	3.98	6.21	52.41	36.41	16.28	9.65
3		合计	工日	5.3	8.28	69.88	48.54	21.71	12.87
4		锯材	m³	0.007	0.255	0.81	0.004	0.109	0.233
5		组合钢模板	kg	1.816	—	99.13	125.34	27.04	55.49
6	材料	支撑钢管及卡扣件	kg	—	—	28.82	17.65	36.21
7		预埋铁件	kg	—	—	—	6.81	—	—
8		混凝土	m³	10.2	10.2	10.2	10.2	10.2	10.2
9		水	m³	5.36	5.36	11.79	11.79	5.04	5.04

定额编号			单位	40049	40050	40051	40052	40053	40054
顺序号		名称		池底		池壁		池盖	
				平地	坡度	圆形	矩形	无梁	肋型
10	机械	混凝土振捣器（插入式）2.2kW	台班	0.89	0.89	0.89	0.89	0.89	0.89
11		汽车式起重机 5t	台班	0.002	—	—	0.17	0.065	0.02
12		木工圆木机 φ500	台班	0.001	0.051	0.75	0.01	0.019	0.006
13		木工压刨床 刨削宽度单面 600mm	台班	—	0.05	0.315	—	—	—
14		载货汽车 6.5t	台班	0.006	0.006	0.34	0.251	0.13	0.039
15		其他费用	%	1.0	1.2	5.3	2.9	1.7	2.0
16		混凝土拌制	m³	10.3	10.3	10.3	10.3	10.3	10.3
17		混凝土运输	m³	10.3	10.3	10.3	10.3	10.3	10.3

4-12 现浇独立基础

适用范围：桥墩、渡槽等独立墩墙基础。

工作内容：模板制作、安装、拆除，混凝土浇筑、养护。　　　　　　　　　　　单位：100m³

定额编号			单位	40055	40056
顺序号		名称		毛石混凝土	有筋混凝土
1	人工	甲类工	工日	16.09	27.44
2		乙类工	工日	46.76	79.74
3		合计	工日	62.85	107.18
4	材料	锯材	m³	0.2	0.44
5		组合钢模板	kg	50.25	78.68
6		混凝土	m³	90.2	103.00
7		毛条石	m³	18.04	
8		电焊条	kg	0.48	0.48
9		铁钉	kg	7.5	23.77
10		零星卡件	kg	16.61	19.41
11		水	m³	81.72	95.86
12	机械	电焊机直流 30kVA	台班	0.4	0.4
13		汽车起重机 5t	台班	0.35	0.33
14		混凝土振捣器（插入式）2.2kW	台班	6.16	7.48
15		其他费用	%	2.2	2.9
16		混凝土拌制	m³	90.2	103.00
17		混凝土运输	m³	90.2	103.00

注：毛石混凝土基础的埋石率大于20%。

4-13 现浇设备基础

适用范围:适用水泵,电机等设备基础。

工作内容:模板制作、安装、拆除,混凝土浇筑、养护。

单位:100m³

顺序号	定额编号		单位	40057	40058
	名称			碎石混凝土块体(m³)	
				5	20
1	人工	甲类工	工日	35	21.95
2		乙类工	工日	101.72	63.79
3		合计	工日	136.72	85.75
4	材料	锯材	m³	0.35	0.31
5		组合钢模板	kg	82.88	56.4
6		混凝土	m³	103	103
7		电焊条	kg	1.52	0.76
8		铁钉	kg	8.17	6.68
9		零星卡件	kg	42.02	21.13
10		水	m³	92.28	88.28
11	机械	电焊机直流 30kVA	台班	1.63	0.8
12		汽车起重机 5t	台班	0.73	0.47
13		混凝土振捣器(插入式) 2.2kW	台班	7.55	7.53
14		其他费用	%	2	2.2
15		混凝土拌制	m³	103	103.00
16		混凝土运输	m³	103	103.00

4-14 排架及排架基础

适用范围:1.排架:梁式渡槽、变电站、泵站、桥梁。

2.排架基础:圆形压力管道。

工作内容:模板制作、安装、拆除,混凝土浇筑、养护。

单位:100m³

顺序号	定额编号		单位	40059	40060	40061	40062	40063	40064	40065	40066
	名称			排架						排架基础	
				单排架				A 形排架		柔性基础	刚性基础
				单根立柱横截面积(m²)							
				≤0.2	0.2~0.35	0.35~0.5	>0.5	0.2~0.25	0.25~0.3		
1	人工	甲类工	工日	204.7	165.2	142.8	130.4	192.0	144.3	46.9	34.6
2		乙类工	工日	307.1	247.8	214.3	195.5	288.1	216.4	70.3	51.9
3		合计	工日	511.8	413.1	357.1	325.9	480.1	360.7	117.2	86.5

定额编号			40059	40060	40061	40062	40063	40064	40065	40066
顺序号	名称	单位	排架						排架基础	
			单排架				A形排架		柔性基础	刚性基础
			单根立柱横截面积(m²)							
			≤0.2	0.2~0.35	0.35~0.5	>0.5	0.2~0.25	0.25~0.3		
4	板枋材	m³	0.72	0.56	0.40	0.39	0.60	0.40	0.72	0.05
5	组合钢模板	kg	435.16	356.83	279.23	246.53	383.32	277.03	60.25	81.75
6	型钢	kg	192.31	144.90	88.56	87.69	167.09	99.52	41.40	49.65
7	卡扣件	kg	302.05	274.00	186.50	116.95	262.80	166.79	31.83	64.01
8	材料 铁件	kg			35.27		30.88	32.27	1.40	0.90
9	预埋铁件	kg			35.27	20.01	30.88	32.27	30.19	0.90
10	电焊条	kg							6.34	
11	铁钉	kg	2.73	2.09	1.54	1.52	2.26	1.76	2.90	0.15
12	混凝土	m³	103.00	103.00	103.00	103.00	103.00	103.00	103.00	103.00
13	水	m³	180.00	160.00	140.00	120.00	160.00	140.00	120.00	120.00
14	机械 混凝土振捣器(插入式)2.2kW	台班	10.96	10.96	8.90	8.90	11.00	11.00	4.00	4.00
15	电焊机直流 30kVA	台班							1.81	
16	风水(砂)枪	台班	0.50	0.50	0.50	0.50	0.50	0.50	7.00	6.00
17	其他费用	%	4.9	4.9	5.2	5.4	5.8	5.3	5.9	5.9
18	混凝土拌制	m³	103.00	103.00	103.00	103.00	103.00	103.00	103.00	103.00
19	混凝土运输	m³	103.00	103.00	103.00	103.00	103.00	103.00	103.00	103.00

4-15　现浇混凝土管道基础

适用范围:管道带基。

工作内容:清底、检查标高、浇捣、养护,模板制作、安装、涂脱模剂、拆除、修理整堆。　　　　单位:10m³

定额编号			40067	40068	40069
顺序号	名称	单位	混凝土带基管径		
			φ450mm 以内	φ500~1000mm 以内	φ1100~2200mm 以内
1	人工 甲类工	工日	2.0685	1.589	1.129
2	乙类工	工日	39.3015	30.191	21.451
3	合计	工日	41.37	31.78	22.58
4	材料 锯材	m³	0.383	0.265	0.162
5	混凝土	m³	10.2	10.2	10.2
6	水	m³	8.58	8.58	8.58
7	机械 混凝土振捣器(插入式)2.2kW	台班	0.89	0.89	0.89
8	其他费用	%	0.67	0.52	0.36
9	混凝土拌制	m³	10.3	10.3	10.3
10	混凝土运输	m³	10.3	10.3	10.3

4-16 垫 层

适用范围:管道、井、池等垫层。

工作内容:清底、检查标高,混凝土浇筑、养护。

单位:10m³

定额编号				40070	40071	40072
顺序号		名称	单位	块(片)石		混凝土
				灌浆	干铺	
1	人工	甲类工	工日	0.647	0.4425	0.524
2		乙类工	工日	12.293	8.4075	9.956
3		合计	工日	12.94	8.85	10.48
4	材料	水泥砂浆 M5	m³	2.69		
5		块(片)石	m³	12.24	10.2	
6		特细砂	m³		3.36	
7		碎石	m³			
8		水	m³	1		8.68
9		混凝土	m³			10.3
10	机械	电动夯实机 夯能 20~62N·m	台班	0.49	1.43	
11		混凝土振捣器(插入式) 2.2kW	台班			0.89
12		其他费用	%	1	1	1
13		混凝土拌制	m³			10.3
14		混凝土运输	m³			10.3

4-17 现浇桥面混凝土铺装

工作内容:1.木模板包括制作、安装、拆除。

2.混凝土搅拌、浇捣、养护等全部操作过程。

单位:100m³

定额编号				40073	40074
顺序号		名称	单位	桥面混凝土铺设	
				人行道	车行道
1	人工	甲类工	工日	34.15	37.48
2		乙类工	工日	99.24	108.92
3		合计	工日	133.39	146.4
4	材料	锯材	m³	0.07	0.17
5		混凝土	m³	103	103
6		草袋	个	643.8	1288
7		水	m³	168	315
8	机械	混凝土振捣器(插入式) 2.2kW	台班	7.68	7.68
9		其他费用	%	0.29	0.32
10		混凝土拌制	m³	103.00	103.00
11		混凝土运输	m³	103.00	103.00

4-18 U 形渠

适用范围: U 形渠。

工作内容: 模板安装、拆除,混凝土浇筑、养护。

单位:100m³

定额编号				40075
顺序号		名称	单位	槽形整体
1	人工	甲类工	工日	33.3
2		乙类工	工日	70.8
3		合计	工日	104.1
4	材料	板枋材	m³	0.21
5		组合钢模板	kg	10.26
6		型钢	kg	24.53
7		卡扣件	kg	32.96
8		铁件	kg	0.76
9		预埋铁件	kg	38.28
10		铁钉	kg	0.84
11		铁丝	kg	0.08
12		混凝土	m³	103.00
13		水	m³	100.00
14	机械	载货汽车 5t	台班	0.15
15		汽车起重机 5t	台班	0.01
16		混凝土振捣器(插入式) 2.2kW	台班	8.90
17		其他费用	%	4.2
18		混凝土拌制	m³	103.00
19		混凝土运输	m³	103.00

4-19 渡槽槽身

适用范围: 引水渠道。

工作内容: 模板安装、拆除,混凝土浇筑、养护。

单位:100m³

定额编号				40076	40077	40078	40079	40080	40081	40082
顺序号		名称	单位	矩形渡槽槽身			U 形渡槽槽身			箱形槽槽身
				平均壁厚(cm)						
				<20	20~30	>30	10~15	15~20	>20	
1	人工	甲类工	工日	165.8	125.0	93.9	302.2	243.1	179.4	139.6
2		乙类工	工日	352.2	265.7	199.6	642.2	516.4	381.3	296.7
3		合计	工日	518.0	390.7	293.5	944.4	759.5	560.7	436.3

定额编号			40076	40077	40078	40079	40080	40081	40082
顺序号	名称	单位	矩形渡槽槽身			U形渡槽槽身			箱形槽槽身
			平均壁厚(cm)						
			<20	20~30	>30	10~15	15~20	>20	
4	板枋材	m³	0.87	0.62	0.45	1.21	0.99	0.71	0.82
5	组合钢模板	kg	419.80	305.72	219.02	460.23	374.53	266.09	366.94
6	型钢	kg	318.32	231.82	166.08	935.91	761.99	541.57	258.87
7	卡扣件	kg	304.80	221.97	159.02	230.55	187.65	133.30	269.22
8	材料 铁件	kg	27.23	19.83	14.21	342.41	278.78	198.14	9.12
9	预埋铁件	kg	506.00	368.50	264.00	354.36	288.51	205.05	313.23
10	电焊条	kg	1.79	1.30	0.91	1.23	1.01	0.70	1.09
11	铁钉	kg	2.46	1.79	1.28	5.77	4.71	3.35	2.12
12	混凝土	m³	103.00	103.00	103.00	103.00	103.00	103.00	103.00
13	水	m³	100.00	100.00	100.00	100.00	100.00	100.00	100.00
14	混凝土振捣器（插入式）2.2kW	台班	11.00	11.00	11.00	11.00	11.00	11.00	11.00
15	机械 电焊机直流30kVA	台班	0.51	0.37	0.26	0.35	0.29	0.20	0.31
16	卷扬机5t	台班	4.90	3.57	2.56	8.89	7.24	5.15	4.70
17	风水(砂)枪	台班	0.50	0.50	0.50	0.50	0.50	0.50	0.50
18	其他费用	%	3.7	3.2	2.9	3.6	3.4	3.0	3.5
19	混凝土拌制	m³	103.00	103.00	103.00	103.00	103.00	103.00	103.00
20	混凝土运输	m³	103.00	103.00	103.00	103.00	103.00	103.00	103.00

4-20　拱

适用范围:渡槽、桥梁。

工作内容:模板制作、安装、拆除,混凝土浇筑、养护。

单位:100m³

定额编号				40083	40084
顺序号	名称		单位	肋形拱(含横系梁)	板形拱
1	人工	甲类工	工日	80.5	68.0
2		乙类工	工日	229.2	193.5
3		合计	工日	309.7	261.5
4	材料	板枋材	m³	0.22	0.17
5		组合钢模板	kg	275.00	262.50
6		型钢	kg	178.06	128.89
7		卡扣件	kg	181.75	125.95
8		铁件	kg	8.14	
9		预埋铁件	kg	81.36	59.36
10		铁钉	kg	0.98	0.78
11		混凝土	m³	103.00	103.00
12		水	m³	120.00	120.00

顺序号	定额编号		单位	40083 肋形拱(含横系梁)	40084 板形拱
		名称			
13	机械	混凝土振捣器(插入式)2.2kW	台班	11.00	11.00
14		风水(砂)枪	台班	0.50	0.50
15		其他费用	%	3.4	3.4
16		混凝土拌制	m³	103.00	103.00
17		混凝土运输	m³	103.00	103.00

4-21　护坡框格

适用范围:堤、坝、河岸混凝土、块石护坡框格。

工作内容:混凝土浇筑、抹平、养生。　　　　　　　　　　　单位:100m³

顺序号	定额编号		单位	40085 护坡框格
		名称		
1	人工	甲类工	工日	35.1
2		乙类工	工日	99.9
3		合计	工日	135.0
4	材料	板枋材	m³	0.83
5		组合钢模板	kg	29.33
6		型钢	kg	70.09
7		卡扣件	kg	14.67
8		铁件	kg	2.15
9		预埋铁件	kg	109.37
10		电焊条	kg	2.32
11		铁钉	kg	2.40
12		混凝土	m³	103.00
13		水	m³	100.00
14	机械	混凝土振捣器(插入式)2.2kW	台班	8.90
15		电焊机直流 30kVA	台班	0.64
16		风水(砂)枪	台班	3.70
17		其他费用	%	2.2
18		混凝土拌制	m³	103.00
19		混凝土运输	m³	103.00

4-22 预制混凝土构件

4-22-1 预制 U 形槽槽身

工作内容:模板制作、安装、拆除,混凝土拌制、场内运输、浇筑、养护、堆放。   单位:100m³

定额编号				40086	40087
顺序号	名称		单位	整体预制	
				平均壁厚(cm)	
				<10	10~15
1	人工	甲类工	工日	438.7	257.8
2		乙类工	工日	814.7	478.7
3		合计	工日	1253.4	736.5
4	材料	板枋材	m³	1.63	0.88
5		组合钢模板	kg	633.60	344.52
6		型钢	kg	1378.00	748.94
7		卡扣件	kg	256.00	139.22
8		铁件	kg	400.00	217.40
9		预埋铁件	kg	652.00	354.36
10		电焊条	kg	2.28	1.23
11		铁钉	kg	7.80	4.23
12		混凝土	m³	103.00	103.00
13		水	m³	180.00	180.00
14	机械	搅拌机 0.4m³	台班	4.00	4.00
15		混凝土振捣器(插入式) 2.2kW	台班	11.00	11.00
16		双胶轮车	台班	23.20	23.20
17		载货汽车 5t	台班	1.68	0.91
18		电焊机交流 20~25kVA	台班	0.65	0.35
19		其他费用	%	4.4	3.5

4-22-2 预制混凝土梁

适用范围:工作桥、公路桥。

工作内容:模板制作、安装、拆除,混凝土拌制、场内运输、浇筑、养护、堆放。   单位:100m³

定额编号				40088	40089
顺序号	名称		单位	T 形梁	I 形梁
1	人工	甲类工	工日	166.3	140.0
2		乙类工	工日	283.2	238.5
3		合计	工日	449.5	378.5

定额编号			单位	40088	40089
顺序号	名称		单位	T形梁	I形梁
4	材料	板枋材	m³	0.91	0.88
5		组合钢模板	kg	700.00	680.00
6		型钢	kg	280.00	272.00
7		卡扣件	kg	420.00	408.00
8		铁件	kg	490.00	150.00
9		混凝土	m³	103.00	103.00
10		水	m³	120.00	120.00
11	机械	搅拌机 0.4m³	台班	5.00	5.00
12		混凝土振捣器（插入式）2.2kW	台班	10.50	10.50
13		双胶轮车	台班	20.00	20.00
14	其他费用		%	6.9	9.7

4-22-3　预制混凝土拱肋、横系梁、腹拱肋

工作内容：模板安装、拆除，混凝土拌制浇筑、养护。　　　　　　　　　　　　　　　　单位：100m³

定额编号				40090	40091	40092	40093	40094
顺序号	名称		单位	矩形拱肋			横系梁	腹拱肋
				断面积（m²）				
				0.1~0.2	0.2~0.4	0.4~0.6		
1	人工	甲类工	工日	77.8	59.3	54.3	81.9	109.4
2		乙类工	工日	132.4	101.0	92.5	139.4	186.2
3		合计	工日	210.2	160.3	146.8	221.3	295.6
4	材料	锯材	m³		0.40	0.39	0.40	0.68
5		组合钢模板	kg		104.76	85.43		
6		专用钢模	kg	231.73			122.40	91.98
7		型钢	kg	117.91	71.37	59.20		70.35
8		卡扣件	kg		50.89	41.69		147.17
9		铁件	kg	27.32	36.33	30.13	40.90	
10		预埋铁件	kg		2372.90	1968.34	2735.00	
11		电焊条	kg		8.30	6.90	9.59	
12		铁钉	kg		1.52	1.49	1.80	2.03
13		混凝土	m³	103.00	103.00	103.00	103.00	103.00
14		水	m³	120.00	120.00	120.00	120.00	120.00
15	机械	电焊机直流 30kVA	台班		2.37	1.97	2.74	
16		搅拌机 0.4m³	台班	4.00	4.00	4.00	4.00	4.00
17		混凝土振捣器（插入式）2.2kW	台班	11.00	11.00	8.90	11.00	11.00
18		双胶轮车	台班	23.20	23.20	23.20	23.20	23.20
19	其他费用		%	2.4	2.4	1.8	1.6	1.4

4-22-4　预制混凝土板

适用范围：工作桥、房屋面板，暖气沟、地沟、电缆沟、排水盖板及交通设施盖板。

工作内容：木模板制作、安装，混凝土浇筑、养护，预制件吊移。

单位：100m³

定额编号				40095	40096	40097	40098	40099
顺序号	名称		单位	空心板		平板	肋形或槽形板	地沟盖板
				构件孔数				
				2孔以下	2孔以上			
1	人工	甲类工	工日	128.4	117.9	97.7	197.3	107.7
2		乙类工	工日	218.6	200.7	166.4	335.9	183.4
3		合计	工日	347.0	318.6	264.1	533.2	291.1
4	材料	锯材	m³	8.29	7.01	2.76	8.66	3.06
5		铁钉	kg	36.00	40.00	10.00	33.00	11.00
6		混凝土	m³	103.00	103.00	103.00	103.00	103.00
7		水	m³	248.00	240.00	240.00	230.00	266.00
8	机械	塔式起重机 10t	台班	5.00	5.00	5.00	5.00	5.00
9		搅拌机 0.4m³	台班	4.00	4.00	4.00	4.00	4.00
10		混凝土振捣器（插入式）2.2kW	台班	12.90	12.00	12.60	13.20	13.80
11		双胶轮车	台班	23.20	23.20	23.20	23.20	23.20
12		载货汽车 5t	台班	0.36	0.36	0.36	0.36	0.36
13	其他费用		%	2.4	2.4	0.4	0.4	0.4

4-22-5　渠道混凝土板预制

适用范围：渠道护坡、护底。

工作内容：混凝土板预制，包括模板制安、拆除、修理以及混凝土拌和、场内运输、浇筑、养护、堆放。

单位：100m³

定额编号				40100	40101	40102	40103
顺序号	名称		单位	厚度（cm）			
				4~8	8~12	12~16	16~20
1	人工	甲类工	工日	121.6	119.6	116.2	112.4
2		乙类工	工日	131.7	129.6	125.9	121.7
3		合计	工日	253.3	249.2	242.1	234.1
4	材料	组合钢模板	kg	116.41	91.94	81.16	75.67
5		铁件	kg	24.59	17.79	14.83	13.25
6		混凝土	m³	103.00	103.00	103.00	103.00
7		水	m³	240.00	240.00	240.00	240.00
8	机械	搅拌机 0.4m³	台班	4.00	4.00	4.00	4.00
9		混凝土振捣器（插入式）2.2kW	台班	8.89	7.48	6.70	6.70
10		双胶轮车	台班	23.20	23.20	23.20	23.20
11		载货汽车 5t	台班	0.40	0.32	0.28	0.26
12	其他费用		%	0.8	0.8	0.8	0.8

4-22-6 预制混凝土压力管

工作内容:木模板制作、安装,混凝土浇筑、养护,预制件吊移。

单位:100m³

顺序号	名称		单位	40104	40105	40106	40107	40108	40109	40110	40111	40112
				管内径(cm)								
				0~75			75~100			100以上		
				内水压力(m)								
				0~10	10~20	>20	0~10	10~20	>20	0~10	10~20	>20
1	人工	甲类工	工日	264.7	230.6	204.6	210.2	186.6	158.2	178.6	149.7	130.1
2		乙类工	工日	450.7	392.6	348.3	357.9	317.8	269.3	304.0	255.0	221.4
3		合计	工日	715.4	623.2	552.9	568.1	504.4	427.5	482.6	404.7	351.5
4	材料	板枋材	m³	7.14	6.52	5.94	4.55	4.11	3.25	3.03	2.68	2.41
5		铁件	kg	610.00	560.00	510.00	390.00	350.00	320.00	260.00	230.00	210.00
6		混凝土	m³	103.00	103.00	103.00	103.00	103.00	103.00	103.00	103.00	103.00
7		水	m³	150.00	150.00	150.00	150.00	150.00	150.00	150.00	150.00	150.00
8	机械	塔式起重机 10t	台班	5.00	5.00	5.00	5.00	5.00	5.00	5.00	5.00	5.00
9		搅拌机 0.4m³	台班	5.00	5.00	5.00	5.00	5.00	5.00	5.00	5.00	5.00
10		混凝土振捣器(插入式) 2.2kW	台班	12.00	12.00	12.00	12.00	12.00	12.00	12.00	12.00	12.00
11		双胶轮车	台班	30.00	30.00	30.00	30.00	30.00	30.00	30.00	30.00	30.00
12		载货汽车 5t	台班	0.36	0.36	0.36	0.36	0.36	0.36	0.36	0.36	0.36
13	其他费用		%	2.8	2.7	2.6	1.9	1.6	1.3	1.2	1.2	1.1

4-22-7 预制混凝土无压管

适用范围:无压或低压(水头5m以下)的涵。

工作内容:木模板制作、安装,混凝土浇筑、养护,预制件吊移。

单位:100m³

顺序号	名称		单位	40113	40114	40115	40116	40117	40118	40119	40120
				管内径(cm)							
				0~100				100以上			
				管顶以上填土高度(m)							
				0~1	1~2	2~3	3以上	0~1	1~2	2~3	3以上
1	人工	甲类工	工日	227.1	206.0	191.9	184.9	200.7	179.6	165.6	158.5
2		乙类工	工日	386.6	350.7	326.8	314.8	341.7	305.8	281.9	269.9
3		合计	工日	613.7	556.7	518.7	499.7	542.4	485.4	447.5	428.4
4	材料	板枋材	m³	5.36	5.36	5.36	5.36	4.11	4.11	4.11	4.11
5		铁件	kg	460.00	460.00	460.00	460.00	350.00	350.00	350.00	350.00
6		混凝土	m³	103.00	103.00	103.00	103.00	103.00	103.00	103.00	103.00
7		水	m³	150.00	150.00	150.00	150.00	150.00	150.00	150.00	150.00

定额编号			40113	40114	40115	40116	40117	40118	40119	40120
顺序号	名称	单位	管内径（cm）							
			0~100				100 以上			
			管顶以上填土高度（m）							
			0~1	1~2	2~3	3 以上	0~1	1~2	2~3	3 以上
8	塔式起重机 10t	台班	5.00	5.00	5.00	5.00	5.00	5.00	5.00	5.00
9	搅拌机 0.4m³	台班	5.00	5.00	5.00	5.00	5.00	5.00	5.00	5.00
10	机械 混凝土振捣器（插入式）2.2kW	台班	12.00	12.00	12.00	12.00	12.00	12.00	12.00	12.00
11	双胶轮车	台班	30.00	30.00	30.00	30.00	30.00	30.00	30.00	30.00
12	载货汽车 5t	台班	0.36	0.36	0.36	0.36	0.36	0.36	0.36	0.36
13	其他费用	%	2.4	1.9	1.8	1.7	5.8	1.6	1.3	1.2

4-22-8　预制混凝土闸门

工作内容：模板制作、安装、拆除，混凝土拌制、浇筑、养护，场内材料运输。　　　　　单位：100m³

定额编号			40121	40122	40123	40124
顺序号	名称	单位	体积（m³）			
			≤0.5	1	2	3
1	人工 甲类工	工日	165.9	154.0	142.0	130.1
2	乙类工	工日	282.5	262.1	241.8	221.4
3	合计	工日	448.4	416.1	383.8	351.5
4	板枋材	m³	6.45	6.15	5.70	5.25
5	组合钢模板	kg	602.00	590.00	570.00	550.00
6	预埋铁件	kg	2600.00	2550.00	2500.00	2450.00
7	材料 铁件	kg	26.00	25.00	24.00	23.00
8	电焊条	kg	18.00	17.50	17.00	16.00
9	混凝土	m³	103.00	103.00	103.00	103.00
10	水	m³	270.00	270.00	270.00	270.00
11	塔式起重机 10t	台班	5.50	5.00	4.50	4.00
12	电焊机直流 30kVA	台班	4.00	4.00	4.00	4.00
13	机械 搅拌机 0.4m³	台班	5.00	4.60	4.60	4.60
14	混凝土振捣器（插入式）2.2kW	台班	12.00	12.00	11.00	11.00
15	双胶轮车	台班	30.00	30.00	30.00	30.00
16	载货汽车 5t	台班	1.50	1.50	1.50	1.50
17	其他费用	%	4.2	4.0	3.8	3.5

4-22-9 预制混凝土小型构件

适用范围:桥涵缘(帽)石、栏杆。

工作内容:模板安装、拆除,混凝土拌制、浇筑、养护。 单位:100m³

定额编号				40125	40126	40127
顺序号		名称	单位	人行道构件	栏杆扶手	缘(帽)石
1	人工	甲类工	工日	206.7	330.4	202.5
2		乙类工	工日	351.9	562.6	344.7
3		合计	工日	558.6	893.0	547.2
4	材料	板枋材	m³	1.55	0.60	0.39
5		组合钢模板	kg	1080.00	1390.00	900.00
6		钢板	kg	1180.00		
7		铁件	kg	550.00	768.00	496.00
8		电焊条	kg	90.00		
9		混凝土	m³	103.00	103.00	103.00
10		水	m³	120.00	120.00	120.00
11	机械	电焊机直流 30kVA	台班	40.00		
12		搅拌机 0.4m³	台班	4.00	4.00	
13		双胶轮车	台班	30.00	30.00	30.00
14	其他费用		%	7.80	7.80	11.10

4-22-10 预制混凝土过梁、柱

适用范围:长度小于 10m 的梁、柱等。

工作内容:模板制作、安装、拆除,混凝土拌制、浇筑、振捣、养护,堆放等。 单位:100m³

定额编号				40128	40129
顺序号		名称	单位	过梁	柱
1	人工	甲类工	工日	95.5	140.7
2		乙类工	工日	116.6	220.1
3		合计	工日	212.1	360.8
4	材料	锯材	m³	0.49	0.17
5		组合钢模板	kg	114.38	160.98
6		预埋铁件及铁件	kg	512.00	710.00
7		铁钉	kg	9.22	0.71
8		混凝土	m³	103.00	103.00
9		水	m³	113.00	102.00
10	机械	搅拌机 0.4m³	台班	4.90	4.90
11		振捣器(插入式) 2.2kW	台班	9.80	10.20
12		双胶轮车	台班	18.67	18.67
13	其他机械费		%	5.0	5.0

4-23 预制混凝土构件运输

4-23-1 汽车运预制混凝土梁、柱

工作内容:装车、运输、卸车并按指定地点堆放。

单位:100m³

定额编号				40130	40131	40132	40133	40134	40135
顺序号	名称		单位	体积(m³)					
				≤2			2~4		
				运距(km)					
				0~1	1~5	每增运5	0~1	1~5	每增运5
1	人工	甲类工	工日						
2		乙类工	工日	21.9	36.0	15.4	16.4	25.9	10.8
3		合计	工日	21.9	36.0	15.4	16.4	25.9	10.8
4	材料	板枋材	m³	0.17	0.17		0.10	0.10	
5		铁件	kg	12.00	12.00		8.00	8.00	
6	机械	汽车起重机 10t	台班				3.50	4.70	2.40
7		汽车起重机 5t	台班	4.60	9.90	5.30			
8		汽车拖车头 20t	台班				3.50	4.70	2.40
9		平板挂车 20t	台班				3.50	4.70	2.40
10		载货汽车 10t	台班	4.60	9.90	5.30			
11		其他费用	%	2.2	2.2		1.5	1.5	

4-23-2 双胶轮车运预制渠道混凝土板

适用范围:运距不超过200m。

工作内容:装车、运输、卸车并按指定地点堆放。

单位:100m³

定额编号				40136	40137
顺序号	名称		单位	装运 50m	增运 50m
1	人工	甲类工	工日		
2		乙类工	工日	38.0	2.2
3		合计	工日	38.0	2.2
4	机械	双胶轮车	台班	3.87	0.45
5		其他费用	%	3.0	

4-23-3 汽车运预制混凝土板

工作内容:装车、运输、卸车并按指定地点堆放。

单位:100m³

顺序号		名称	单位	40138	40139	40140	40141	40142	40143
		定额编号		体积(m³)					
				≤0.6			0.6~1.5		
				运距(km)					
				0~1	1~5	每增运5	0~1	1~5	每增运5
1	人工	甲类工	工日						
2		乙类工	工日	27.5	33.4	14.9	18.2	24.3	12.0
3		合计	工日	27.5	33.4	14.9	18.2	24.3	12.0
4	材料	板枋材	m³	0.15	0.15		0.30	0.30	
5	机械	汽车起重机 5t	台班	6.00	12.00	5.00	4.40	8.60	4.20
6		载货汽车 10t	台班	6.00	12.00	5.00	4.40	8.60	4.20
7		其他费用	%	1.5	1.5		1.5	1.5	

4-23-4 双胶轮车运小型预制混凝土构件

适用范围:运距不超过200m。

工作内容:装车、运输、卸车并按指定地点堆放。

单位:100m³

顺序号		名称	单位	40144	40145
		定额编号		装运50m	增运50m
1	人工	甲类工	工日		
2		乙类工	工日	41.8	2.4
3		合计	工日	41.8	2.4
4	机械	双胶轮车	台班	4.26	0.49
5		其他费用	%	3.0	

4-23-5 汽车运小型预制混凝土构件

工作内容:装车、运输、卸车并按指定地点堆放。

单位:100m³

顺序号		名称	单位	40146	40147	40148	40149	40150	40151
		定额编号		体积(m³)					
				≤0.6			0.6~1.5		
				运距(km)					
				0~1	1~5	每增运5	0~1	1~5	每增运5
1	人工	甲类工	工日						
2		乙类工	工日	30.3	36.7	16.4	20.0	26.7	13.2
3		合计	工日	30.3	36.7	16.4	20.0	26.7	13.2
4	材料	板枋材	m³	0.17	0.17		0.33	0.33	
5	机械	汽车起重机 5t	台班	6.60	13.20	5.50	4.84	9.46	4.62
6		载货汽车 10t	台班	6.60	13.20	5.50	4.84	9.46	4.62
7		其他费用	%	1.5	1.5		1.5	1.5	

4-24 预制混凝土构件安装

适用范围：各型混凝土预制构件。

工作内容：连接铁件的安装、构件吊装校正、焊接固定及临时固定、填缝灌浆。

4-24-1 预制混凝土梁、板安装

单位：100m³

顺序号		定额编号		40152	40153	40154	40155	40156	40157	40158
				梁			板			
	名称		单位	单个构件体积（m³）						
				0~2	2~3	>3	0~0.2	0.2~0.4	0.4~0.6	0.6~2
1	人工	甲类工	工日	71.6	50.9	45.9	56.8	45.0	33.6	32.1
2		乙类工	工日	66.1	47.0	42.4	52.4	41.5	31.0	29.6
3		合计	工日	137.7	97.9	88.3	109.2	86.5	64.6	61.7
4	材料	板枋材	m³	0.90	0.85	0.80	0.81	0.81	0.81	0.81
5		铁垫块	kg	98.00	65.00	43.00	85.00	80.00	71.00	71.00
6		电焊条	kg	278.00	241.00	160.00				
7		预制混凝土构件	m³	（100.00）	（100.00）	（100.00）	（100.00）	（100.00）	（100.00）	（100.00）
8		混凝土	m³	10.20	7.10	6.00	13.50	8.60	7.40	6.00
9		水泥砂浆	m³				1.80	1.60	1.40	1.10
10	机械	电焊机直流 30kVA	台班	28.80	18.40	12.30				
11		搅拌机 0.4m³	台班	0.50	0.40	0.40	0.60	0.50	0.40	0.40
12		双胶轮车	台班	2.00	2.00	2.00	3.00	3.00	2.00	2.00
13		履带起重机 15t	台班	3.30			7.40	5.90		
14		履带起重机 20t	台班		2.60				3.50	
15		塔式起重机 25t	台班			2.10				2.40
16		其他费用	%	3.2	6.4	6.4	9.6	9.6	6.4	6.4

4-24-2 预制混凝土板人工安装

单位：100m³

顺序号		定额编号		40159	40160	40161	40162
				板			
	名称		单位	单体构件体积（m³）			
				0~0.2	0.2~0.4	0.4~0.6	0.6~2
1	人工	甲类工	工日	28.4	22.5	16.8	16.05
2		乙类工	工日	26.2	20.75	15.5	14.8
3		合计	工日	54.6	43.25	32.3	30.85

4-24-3 预制混凝土柱、管安装

单位:100m³

定额编号				40163	40164	40165	40166	40167	40168
顺序号	名称		单位	柱			管		
				单个构件体积(m³)					
				0~0.2	0.2~0.5	>0.5	0~0.2	0.2~0.4	0.4~0.6
1	人工	甲类工	工日	48.4	44.0	42.0	60.3	51.9	36.6
2		乙类工	工日	44.7	40.6	38.8	55.6	47.9	33.7
3		合计	工日	93.1	84.6	80.8	115.9	99.8	70.3
4	材料	板枋材	m³	1.13	0.84	0.76	0.81	0.81	0.81
5		预制混凝土构件	m³	(100.00)	(100.00)	(100.00)	(100.00)	(100.00)	(100.00)
6		混凝土	m³	5.00	7.50	8.00	10.00	10.00	10.00
7		水泥砂浆	m³				2.00	2.00	2.00
8	机械	搅拌机 0.4m³	台班	0.30	0.40	0.40	0.50	0.50	0.50
9		双胶轮车	台班	2.00	2.00	2.00	2.00	2.00	2.00
10		履带起重机 15t	台班				8.40	6.90	
11		履带起重机 20t	台班	3.80	3.60	2.80			4.50
12	其他费用		%	6.4	6.4	6.4	6.4	6.4	6.4

4-24-4 预制混凝土小型构件安装

单位:100m³

定额编号				40169	40170	40171
顺序号	名称		单位	人行道构件	栏杆扶手	缘(帽)石
1	人工	甲类工	工日	61.62	87.7	49.92
2		乙类工	工日	56.88	80.95	46.08
3		合计	工日	118.5	168.65	96
4	材料	预制混凝土构件	m³	(100)	(100)	(100)
5		水泥砂浆	m³	10.3	9.2	5.4
6	机械	电动葫芦 3t	台班	3.1	3.2	0
7	其他费用		%	3	3	3

4-25 抗滑群桩

工作内容:模板制作及安装,混凝土浇筑、养护,钢桩安装;根据设计桩长接桩;用柴油打桩机打入土中;按设计规格制备好桩,在规定位置打入桩。

适用范围:坡面、坡脚、沟头治理工程。

单位:10m³

定额编号				40172	40173	40174	40175
顺序号	名称		单位	抗滑桩			
				桩长(m 以内)			
				6	10	15	20
1	人工	甲类工	工日	10.8	11.6	15.9	17.2
2		乙类工	工日	9.9	10.7	14.7	15.8
3		合计	工日	20.7	22.3	30.6	33.0

定额编号				40172	40173	40174	40175
顺序号	名称		单位	抗滑桩			
				桩长(m 以内)			
				6	10	15	20
4	材料	预制钢筋混凝土桩	m³	10.25	10.30	10.35	10.40
5		二等板枋材	m³	0.03	0.03	0.03	0.03
6		铁件	kg		62.10	124.20	186.30
7		电焊条	kg		2.42	4.84	9.26
8	机械	走管式柴油打桩机 2~4t	台班	1.80	1.96	2.59	2.79
9		履带式起重机 15t	台班	0.25	0.30	0.35	0.40
10	其他费用		%	1.6	1.6	2.4	2.4

4-26　混凝土面喷浆

工作内容：凿毛、配料、上料、拌和、喷射、处理回弹料、养护及清理施工场地。　　　　　　　　单位：100m²

定额编号				40176	40177	40178	40179	40180	40181	40182	40183	40184	40185
顺序号	名称		单位	有钢筋网					无钢筋网				
				喷射厚度(cm)									
				0~1	1~2	2~3	3~4	4~5	0~1	1~2	2~3	3~4	4~5
1	人工	甲类工	工日	10.5	11.2	12.0	12.7	13.5	9.0	9.7	10.4	11.1	11.9
2		乙类工	工日	37.3	39.9	42.5	45.2	47.9	31.8	34.3	36.8	39.4	41.9
3		合计	工日	47.8	51.1	54.5	57.9	61.4	40.8	44.0	47.2	50.5	53.8
4	材料	水泥 42.5	t	0.73	1.45	2.18	2.91	3.64	0.73	1.45	2.18	2.91	3.64
5		砂子	m³	1.09	2.18	3.27	4.36	5.45	1.09	2.18	3.27	4.36	5.45
6		水	m³	3.00	3.00	4.00	4.00	5.00	3.00	3.00	4.00	4.00	5.00
7		防水粉	kg	36.50	72.50	109.00	145.50	182.00	36.50	72.50	109.00	145.50	182.00
8	机械	双胶轮车	台班	0.13	0.31	0.42	0.55	0.68	0.13	0.31	0.42	0.55	0.68
9		喷浆机 75L	台班	1.30	1.57	1.83	2.12	2.39	1.15	1.42	1.67	1.93	2.18
10		风水(砂)枪	台班	1.18	1.18	1.18	1.18	1.18	0.82	0.82	0.82	0.82	0.82
11	其他费用		%	9.1	6.6	5.2	4.3	3.6	10	7.2	5.6	4.5	3.8

4-27　钢筋制作安装

适用范围：水工建筑物各部位及预制构件。
工作内容：回直、除锈、切断、弯制、焊接、绑扎及加工场至施工场地运输。　　　　　　　　单位：t

定额编号				40186	40187	40188	40189
顺序号	名称		单位	U 形渡槽		其他	
				人力	机械	人力	机械
1	人工	甲类工	工日	7.2	6.1	6.5	5.7
2		乙类工	工日	10.8	9.1	9.7	8.6
3		合计	工日	18.0	15.2	16.2	14.3

顺序号		名称	单位	40186	40187	40188	40189
				U 形渡槽		其他	
				人力	机械	人力	机械
4	材料	钢筋	t	1.02	1.02	1.02	1.02
5		铁丝	kg	4	4	4	4
6		电焊条	kg	7.22	7.22	7.22	7.22
7	机械	钢筋调直机 14kW	台班		0.12		0.12
8		风水（砂）枪 2~6m³/min	台班		0.3		0.3
9		钢筋切断机 20kW	台班		0.08		0.08
10		钢筋弯曲机 φ6~40	台班		0.09		0.08
11		电焊机直流 30kVA	台班	1.7	1.7	1	1
12		对焊机电弧 150kVA	台班		0.08		0.08
13		载货汽车 5t	台班	0.03	0.03	0.03	0.03
14		其他费用	%	1	1	1	1

4-28　搅拌机拌制混凝土

工作内容：2m 以内配运水泥、骨料，投料、加水、加外加剂、搅拌、出料、清洗。　　　　　单位：100m³

顺序号		名称	单位	40190	40191
				搅拌出料（m³）	
				0.4	0.8
1	人工	甲类工	工日	12.9	9.6
2		乙类工	工日	30.0	22.3
3		合计	工日	42.9	31.9
4	机械	搅拌机 0.4m³	台班	4.00	1.92
5		双胶轮车	台班	16.60	16.60
6		其他费用	%	1.0	1.0

注：双胶轮车斗容在 0.12m³ 左右，其他斗容近似的手推车，均适用本定额。

4-29　混凝土运输

4-29-1　人工运混凝土

工作内容：装、挑（抬）、运、卸、清洗。　　　　　单位：100m³

顺序号		名称	单位	40192	40193	40194	40195	40196	40197	40198	40199	40200	40201	40202	40203	40204
				运距（m）											每增运 20m	
				0~10	10~20	20~30	30~40	40~50	50~60	60~70	70~80	80~100	100~120	120~140	140~200	>200
1	人工	甲类工	工日													
2		乙类工	工日	26.3	32.8	39.3	45.6	52.2	58.7	65.5	72.2	83.8	98.4	110.4	11.9	13.4
3		合计	工日	26.3	32.8	39.3	45.6	52.2	58.7	65.5	72.2	83.8	98.4	110.4	11.9	13.4
4	其他费用		%	14.0	11.3	9.4	8.1	7.1	6.3	5.6	5.1	4.4	3.8	3.4		

注：洞内运输人工定额乘以系数 1.2。

4-29-2 双胶轮车运混凝土

工作内容： 装、运、卸、清洗。

单位：100m³

定额编号				40205	40206	40207	40208	40209	40210	40211	40212	40213
顺序号	名称		单位	运距(m)								每增运 20m
				0~10	10~20	20~30	30~40	40~50	50~60	60~80	80~100	
1	人工	甲类工	工日									
2		乙类工	工日	7.8	8.3	9.3	10.2	11.2	12.1	13.0	15.0	1.7
3		合计	工日	7.8	8.3	9.3	10.2	11.2	12.1	13.0	15.0	1.7
4	机械	双胶轮车	台班	7.80	8.30	9.30	10.20	11.20	12.10	13.00	15.00	1.70
5	其他费用		%	10.0	10.0	10.0	10.0	10.0	10.0	10.0	10.0	

注：洞内运输，人工、双胶轮车定额乘以系数1.5。

4-29-3 机动翻斗车运混凝土

工作内容： 装、运、卸、空回。

单位：100m³

定额编号				40214	40215	40216	40217	40218	40219
顺序号	名称		单位	运距(m)					每增运 100m
				100	200	300	400	500	
1	人工	甲类工	工日	0.7	0.7	0.7	0.7	0.7	
2		乙类工	工日	12.4	12.4	12.4	12.4	12.4	
3		合计	工日	13.1	13.1	13.1	13.1	13.1	
4	机械	机动翻斗车 1t	台班	3.87	4.52	5.13	5.69	6.24	0.53
5	其他费用		%	3.0	3.0	3.0	3.0	3.0	

4-29-4 泻槽运送混凝土

工作内容： 开、关贮料斗活门，扒料，冲洗料斗、泻槽。

单位：100m³

定额编号				40220	40221	40222	40223
顺序号	名称		单位	泻槽长 ≤5m	泻槽长 5~7m	泻槽长 7~9m	每增运2m
1	人工	甲类工	工日	1	1	1	0
2		乙类工	工日	3	3.4	3.9	0.5
3		合计	工日	4	4.4	4.9	0.5
4	其他费用		%	10	10	10	0

4-29-5 自卸汽车运距0.5km运混凝土

工作内容： 装车、运输、卸料、空回、清洗。

单位：100m³

定额编号				40224	40225	40226	40227	40228	40229
顺序号	名称		单位	运距 0.5km					
				3.5t 自卸汽车 运混凝土	5t 自卸汽车 运混凝土	8t 自卸汽车 运混凝土	10t 自卸汽车 运混凝土	15t 自卸汽车 运混凝土	20t 自卸汽车 运混凝土
1	人工	甲类工	工日	1.73	1.73	1.73	1.73	1.73	1.73
2		乙类工	工日	0.93	0.93	0.93	0.93	0.93	0.93
3		合计	工日	2.66	2.66	2.66	2.66	2.66	2.66

定额编号			单位	40224	40225	40226	40227	40228	40229
				运距 0.5km					
顺序号		名称	单位	3.5t 自卸汽车运混凝土	5t 自卸汽车运混凝土	8t 自卸汽车运混凝土	10t 自卸汽车运混凝土	15t 自卸汽车运混凝土	20t 自卸汽车运混凝土
4	材料	零星材料费	%	5	5	5	5	5	5
5	机械	自卸汽车 3.5t	台班	2.02					
6		自卸汽车 5t	台班		1.51				
7		自卸汽车 8t	台班			1.15			
8		自卸汽车 10t	台班				1.08		
9		自卸汽车 15t	台班					0.72	
10		自卸汽车 20t	台班						0.57

4-29-6　自卸汽车运距 1km 运混凝土

工作内容：装车、运输、卸料、空回、清洗。　　　　　　　　　　　单位：100m³

定额编号			单位	40230	40231	40232	40233	40234	40235
				运距 1km					
顺序号		名称	单位	3.5t 自卸汽车运混凝土	5t 自卸汽车运混凝土	8t 自卸汽车运混凝土	10t 自卸汽车运混凝土	15t 自卸汽车运混凝土	20t 自卸汽车运混凝土
1	人工	甲类工	工日	1.73	1.73	1.73	1.73	1.73	1.73
2		乙类工	工日	0.93	0.93	0.93	0.93	0.93	0.93
3		合计	工日	2.66	2.66	2.66	2.66	2.66	2.66
4	材料	零星材料费	%	5	5	5	5	5	5
5	机械	自卸汽车 3.5t	台班	2.55					
6		自卸汽车 5t	台班		1.91				
7		自卸汽车 8t	台班			1.44			
8		自卸汽车 10t	台班				1.35		
9		自卸汽车 15t	台班					0.9	
10		自卸汽车 20t	台班						0.72

4-29-7　自卸汽车运距 2km 运混凝土

工作内容：装车、运输、卸料、空回、清洗。　　　　　　　　　　　单位：100m³

定额编号			单位	40236	40237	40238	40239	40240	40241
				运距 2km					
顺序号		名称	单位	3.5t 自卸汽车运混凝土	5t 自卸汽车运混凝土	8t 自卸汽车运混凝土	10t 自卸汽车运混凝土	15t 自卸汽车运混凝土	20t 自卸汽车运混凝土
1	人工	甲类工	工日	1.73	1.73	1.73	1.73	1.73	1.73
2		乙类工	工日	0.93	0.93	0.93	0.93	0.93	0.93
3		合计	工日	2.66	2.66	2.66	2.66	2.66	2.66

定额编号			40236	40237	40238	40239	40240	40241
顺序号	名称	单位	运距2km					
			3.5t 自卸汽车运混凝土	5t 自卸汽车运混凝土	8t 自卸汽车运混凝土	10t 自卸汽车运混凝土	15t 自卸汽车运混凝土	20t 自卸汽车运混凝土
4	材料 零星材料费	%	5	5	5	5	5	5
5	机械 自卸汽车3.5t	台班	3.36					
6	自卸汽车5t	台班		2.52				
7	自卸汽车8t	台班			1.79			
8	自卸汽车10t	台班				1.68		
9	自卸汽车15t	台班					1.12	
10	自卸汽车20t	台班						0.9

4-29-8 自卸汽车运距3km运混凝土

工作内容:装车、运输、卸料、空回、清洗。 单位:100m³

定额编号			40242	40243	40244	40245	40246	40247
顺序号	名称	单位	运距3km					
			3.5t 自卸汽车运混凝土	5t 自卸汽车运混凝土	8t 自卸汽车运混凝土	10t 自卸汽车运混凝土	15t 自卸汽车运混凝土	20t 自卸汽车运混凝土
1	人工 甲类工	工日	1.73	1.73	1.73	1.73	1.73	1.73
2	乙类工	工日	0.93	0.93	0.93	0.93	0.93	0.93
3	合计	工日	2.66	2.66	2.66	2.66	2.66	2.66
4	材料 零星材料费	%	5	5	5	5	5	5
5	机械 自卸汽车3.5t	台班	3.98					
6	自卸汽车5t	台班		2.99				
7	自卸汽车8t	台班			2.09			
8	自卸汽车10t	台班				1.31		
9	自卸汽车15t	台班					1.96	
10	自卸汽车20t	台班						1.05

4-29-9 自卸汽车增运0.5km运混凝土

工作内容:装车、运输、卸料、空回、清洗。 单位:100m³

定额编号			40248	40249	40250	40251	40252	40253
顺序号	名称	单位	增运0.5km					
			3.5t 自卸汽车运混凝土	5t 自卸汽车运混凝土	8t 自卸汽车运混凝土	10t 自卸汽车运混凝土	15t 自卸汽车运混凝土	20t 自卸汽车运混凝土
1	机械 自卸汽车3.5t	台班	0.37					
2	自卸汽车5t	台班		0.28				
3	自卸汽车8t	台班			0.15			
4	自卸汽车10t	台班				0.14		
5	自卸汽车15t	台班					0.1	
6	自卸汽车20t	台班						0.08

4-29-10 搅拌车运混凝土

工作内容:装车、运输、卸料、空回、清洗。 单位:100m³

定额编号			单位	40254	40255	40256	40257	40258
				运距(km)				增运0.5km
顺序号		名称		0.5	1	2	3	
1	人工	甲类工	工日	1.8	1.8	1.8	1.8	
2		乙类工	工日	0.85	0.85	0.85	0.85	
3		合计	工日	2.65	2.65	2.65	2.65	
4	材料	零星材料费	%	2	2	2	2	
5	机械	混凝土搅拌车 轮胎式 容积3.0m³	台班	1.93	2.27	2.73	3.1	0.19

4-29-11 胶带机运送混凝土

工作内容:给料、运输、卸料、清洗皮带。 单位:100m³

定额编号			单位	40259	40260	40261	40262
				胶带宽度(mm)			
顺序号		名称		800	1000	1200	1400
1	人工	甲类工	工日	0.75	0.54	0.38	0.33
2		乙类工	工日	0.41	0.29	0.2	0.18
3		合计	工日	1.16	0.83	0.58	0.51
4	材料	零星材料费	%	1	1	1	1
5	机械	给料机 电磁式 45DA	台班	0.06	0.04	0.03	0.02

4-30 混凝土拆除

适用范围:旧混凝土或旧钢筋混凝土炸除或拆除。

工作内容:1.凿除混凝土:人工或风镐凿除、清碴、转移地点等。

      2.凿除混凝土键槽:人工或风镐凿除、清碴等。

      3.钢筋混凝土门槽拆除:人工凿除、取送钎、清碴等。 单位:100m³

定额编号			单位	40263	40264	40265	40266	40267	40268
				人工拆除		机械拆除		爆破拆除	
顺序号		名称		无钢筋	有钢筋	无钢筋	有钢筋	无钢筋	有钢筋
1	人工	甲类工	工日						
2		乙类工	工日	374.4	611.0	181.0	266.0	135.0	170.0
3		合计	工日	374.4	611.0	181.0	266.0	135.0	170.0
4	材料	合金钻头	个					13.00	20.00
5		空心钢	kg					5.00	7.00
6		硝铵炸药	kg					59.00	67.00
7		电雷管	个					256.00	310.00
8		导电线	m					454.00	520.00

定额编号			单位	40263	40264	40265	40266	40267	40268
顺序号	名称		单位	人工拆除		机械拆除		爆破拆除	
				无钢筋	有钢筋	无钢筋	有钢筋	无钢筋	有钢筋
9	机械	电动空气压缩机 3m³/min	台班			36.00	54.00		
10		风镐	台班			72.00	108.00		
11		手风钻	台班					19.00	28.00
12		修钎设备	台班					0.50	0.60
13	其他费用		%	4.4	5.0	7.0	9.0	10.0	12.0

4-31 止　水

4-31-1 止水

适用范围:坝、闸、渡槽、渠道。

工作内容:清洗缝面、弯制、安装、熔涂沥青。

单位:100m

定额编号			单位	40269	40270	40271	40272
顺序号	名称		单位	铜片止水	铁片止水	塑料止水	橡胶止水
1	人工	甲类工	工日	35.1	12.3	10.2	11.2
2		乙类工	工日	38.0	13.3	11.0	12.2
3		合计	工日	73.1	25.6	21.2	23.4
4	材料	沥青	t	1.70	1.70		
5		木柴	t	0.57	0.57		
6		紫铜片　厚 15mm	kg	561.00			
7		白铁皮　厚 0.82mm	kg		203.00		
8		塑料止水带	m			103.00	
9		橡胶止水带	m				103.00
10		铜电焊条	kg	3.12			
11	机械	电焊机直流 30kVA	台班	3.37			
12		双胶轮车	台班	2.20	1.90		
13	其他费用		%	0.2	3.5	1.0	0.5

注:紫铜片规格为 0.0015m×0.4m×1.5m,耗损率5%。

4-31-2 渡槽止水

工作内容:模板制作、拆除、修理、填料配制、填塞、养护。

单位:100m

定额编号			单位	40273	40274	40275
顺序号	名称		单位	环氧粘橡皮	木屑水泥	胶泥填料
1	人工	甲类工	工日	57.5	18.3	21.5
2		乙类工	工日	62.2	19.9	23.4
3		合计	工日	119.7	38.2	44.9

定额编号				40273	40274	40275
顺序号		名称	单位	环氧粘橡皮	木屑水泥	胶泥填料
4	材料	板枋材	m³	0.30	0.88	
5		预埋铁件	kg		83.00	
6		铁钉	kg		2.60	
7		6101 环氧树脂	kg	65.92		
8		甲苯	kg	9.95		
9		二丁酯	kg	9.95		27.24
10		乙二胺	kg	5.84		
11		沥青	kg	136.00		
12		煤焦油	kg			272.40
13		水	m³	37.00	6.00	
14		聚氧乙烯粉	kg			27.24
15		硬脂酸钙	kg			2.72
16		粉煤灰	kg			27.24
17		木屑	kg		804.00	
18		麻丝	kg		13.40	
19		水泥	kg	168.00	1770.00	
20		砂	m³	0.25		
21		麻絮	kg	92.00		
22		橡胶止水带	m	105.00		
23		其他费用	%	0.5	0.5	0.5

4-32 跌 水

工作内容：模板安装、拆除，混凝土拌制浇筑、振捣、养护。　　　　　　　　单位：100m³

定额编号				40276
顺序号		名称	单位	跌水
1	人工	甲类工	工日	31.9
2		乙类工	工日	106.26
3		合计	工日	138.16
4	材料	锯材	m³	1.21
5		组合钢模板	kg	86.61
6		预埋铁件	kg	53.22
7		电焊条	kg	0.13
8		铁钉	kg	10.72
9		混凝土	m³	103
10		水	m³	100

定额编号				40276
顺序号		名称	单位	跌水
11	机械	电焊机直流 30kVA	台班	0.3
12		插入式振捣器 2.2kW	台班	7
13		风水(砂)枪	台班	5.49
14		其他费用	%	1
15		混凝土拌制	m³	103
16		混凝土运输	m³	103

4-33 防水层

适用范围: 水工建筑物相关部位。

工作内容: 1.抹水泥砂浆:清洗、拌和、抹面。

2.涂沥青:清洗、熔化、浇涂、搭拆跳板等。

3.麻布沥青:清洗、熔化、裁铺麻布、浇涂、搭拆跳板。

4.青麻沥青:清洗、熔化、浸刷塞缝、涂沥青等。

单位:100m²

定额编号			40277	40278	40279	40280	40281	40282	40283	40284
顺序号	名称	单位	抹水泥砂浆			涂沥青		麻布沥青		青麻沥青
			立面	平面	拱面	立面拱面	平面	一布二油	二布三油	
1	人工	甲类工	工日	10.2	7.1	17.9	7.7	5.7	11.7	17.0	41.7
2		乙类工	工日	2.6	1.8	4.5	1.9	1.4	2.9	4.3	10.4
3		合计	工日	12.8	8.9	22.4	9.6	7.1	14.6	21.3	52.1
4	材料	沥青	t				0.29	0.26	0.59	0.77	0.87
5		麻布	m²						120.00	240.00	
6		煤沥青	kg								1.73
7		木柴	t				0.10	0.09	0.16	0.21	0.91
8		麻刀	kg								0.44
9		砂	m³	3.33	2.61	2.61					
10		水泥	t	1.52	1.14	1.14					
11		水	m³	1.00	1.00	1.00					
12	机械	双胶轮车	台班	1.36	1.07	1.07					
13		其他费用	%	1.5	1.5	1.5	4.9	4.9	1.5	1.5	1.5

4-34　预制混凝土 U 形渠槽

4-34-1　预制混凝土 U 形渠槽

工作内容:模板制作、安装、拆除,混凝土拌制、场内运输、浇筑、养护、堆放。　　　　　　单位:100m³

顺序号	定额编号		单位	40285	40286	40287	40288	40289	40290
	名称			上口宽度(cm)					
				U30	U40	U50	U60	U70	U80
1	人工	甲类工	工日	116.5	88.7	70.4	67.1	60.6	57.5
2		乙类工	工日	198.4	151.2	112.0	110.2	103.2	97.8
3		合计	工日	314.9	239.9	182.4	181.3	163.8	155.3
4	材料	镀锌铁皮 0.35	kg	37.6	37.6	37.6	37.6	37.6	37.6
5		型钢	kg	4.6	3.6	3.2	2.9	2.5	2.2
6		混凝土	m³	102	102	102	102	102	102
7		水	m³	110	110	100	100	90	90
8	机械	强制式混凝土搅拌机 0.35m³	台班	29.21	27.94	26.67	25.4	24.13	22.86
9		混凝土振捣器(平板) 2.2kW	台班	70.1	67.06	64.01	60.96	57.91	54.86
10		电动葫芦 0.5t	台班	29.21	27.94	26.67	25.4	24.13	22.86
11		双胶轮车	台班	58.42	55.88	53.34	50.8	48.26	45.72
12	其他费用		%	2.8	2.7	2.6	2.5	2.4	2.3

注:混凝土配合比按 C30 一级配拟定,可根据实际配合比资料进行调整。

4-34-2　预制混凝土 U 形渠槽运输

工作内容:人工装车、运输、卸车,按指定地点堆放。　　　　　　单位:100m³

顺序号	定额编号		单位	40291	40292	40293	40294	40295	40296	40297	40298	40299
	名称			汽车运输(km)							胶轮车运输(m)	
				0.5	1	2	3	4	5	每增运 1	50	每增运 50
1	人工	甲类工	工日									
2		乙类工	工日	36.5	37.6	39.2	40.9	42.6	44.4	1.5	42.2	2.6
3		合计	工日	36.5	37.6	39.2	40.9	42.6	44.4	1.5	42.2	2.6
4	材料	板枋材	kg	0.15	0.15	0.15	0.15	0.15	0.15			
5	机械	载货汽车 5t	台班	12	13.36	16.02	18.68	21.34	24	2.64		
6		双胶轮车	台班								41.4	2.6
7	其他费用		%	1.5	1.5	1.5	1.5	1.5	1.5		2.5	

注:1.当双胶轮车运距超过 500m 时,超过部分按下表系数调整:

增运运距(m)	500	1000
双胶轮车	1.05	1.07

2.当道路路面状态不同时,乘以下表系数:

道路路面	混凝土	土	砂石	砂卵石	卵碎石
双胶轮车	0.80	1.00	1.10	1.15	1.20

3.汽车运输,运距不超过 10km;胶轮车运输,运距不超过 1km。

4-34-3 预制混凝土 U 形渠槽安装

工作内容: 槽座修整,槽体就位,槽背回填,砂浆(混凝土)拌制、勾缝,安装。 单位:100m³

顺序号	名称		单位	上口宽度(cm)					
				40300	40301	40302	40303	40304	40305
	定额编号			U30	U40	U50	U60	U70	U80
1	人工	甲类工	工日	66.6	63.4	60.4	57.5	54.7	51.9
2		乙类工	工日	113.3	107.9	102.8	97.9	93.0	88.3
3		合计	工日	179.9	171.3	163.2	155.4	147.7	140.2
4	材料	U 形槽预制件	m³	(99)	(99)	(99)	(99)	(99)	(99)
5		混凝土	m³	4	4	4	4	4	4
6		砂浆	m³	1	1	1	1	1	1
7	机械	双脚轮车	台班	38.1	38.1	38.1	38.1	38.1	38.1
8	其他费用		%	1	1	1	1	1	1

4-34-4 U 形渠槽构件购买、运输、安装

工作内容: 槽座修整,槽体就位,槽背回填,砂浆(混凝土)拌制、勾缝,安装。 单位:100m

顺序号	名称		单位	上口宽度(cm)					
				40306	40307	40308	40309	40310	40311
	定额编号			U30	U40	U50	U60	U70	U80
1	人工	甲类工	工日	5.0	6.3	7.5	8.7	9.2	9.7
2		乙类工	工日	8.5	10.7	12.9	14.7	15.6	16.6
3		合计	工日	13.5	17.0	20.4	23.4	24.8	26.3
4	材料	U 形槽预制件	m	99.00	99.00	99.00	99.00	99.00	99.00
5		混凝土	m³	1.74	2.31	2.89	3.47	4.05	4.75
6		砂浆	m³	0.03	0.04	0.05	0.06	0.07	0.08
7	机械	双胶轮车	台班	1.88	2.36	2.83	3.24	3.43	3.62
8	其他费用		%	1.0	1.0	1.0	1.0	1.0	1.0

注:不包括槽基开挖,槽顶压体(砌砖、砌石、砌混凝土块等)等工作。

4-35 混凝土压顶

适用范围:浆砌块石、干砌块石挡土墙、U形槽压顶。
工作内容:顶表面清理冲洗,模板制作、安装、拆除,混凝土浇筑、人工平仓捣实、压光、抹平。 单位:100m³

	定额编号		40312	40313
顺序号	名称	单位	挡土墙	U形槽
1	人工	甲类工	工日	27.8	30.6
2		乙类工	工日	88.1	97.0
3		合计	工日	116.0	127.6
4	材料	板枋材	m³	1.3	1.3
5		钢模板	kg	194.7	214.2
6		铁件	kg	88.0	
7		混凝土	m³	103.00	103.00
8	机械	混凝土振捣器(插入式)2.2kW	台班	8.90	8.90
9	其他费用		%	1.0	1.0
10	混凝土拌制		m³	103.00	103.00
11	混凝土运输		m³	103.00	103.00

4-36 伸缩缝

适用范围:坝、闸、渡槽、渠道。
工作内容:1.沥青油毡:清洗缝面、熔化、涂刷沥青、铺贴油毡。
　　　　　　 2.沥青木板:木板制作、熔化、涂刷沥青、安装。
　　　　　　 3.聚苯板:聚苯板制作、安装。 单位:100m²

	定额编号		40314	40315	40316	40317
顺序号	名称	单位	沥青油毡		沥青木板	聚苯板
			一毡	一油		
1	人工	甲类工	工日	0.06	0.62	0.88	1.2
2		乙类工	工日	0.24	2.48	3.52	4.8
3		合计	工日	0.3	3.1	4.4	6
4	材料	木板	m³	—	—	2.04	
5		油毡	m²	102.00	—		
6		沥青	t	—	0.184	0.4	—
7		聚苯板	m³	—	—	—	2.04
8	其他费用		%	—	1.7	1.5	1.5

注:沥青木板、聚苯板定额消耗量按伸缩缝缝宽2cm计算。

4-37　泄水孔

适用范围:挡墙、护坡等。

工作内容:下料、清孔、涂抹沥青、安装等。

单位:100m

定额编号				40318	40319
顺序号	名称		单位	泄水孔	
				塑料	金属
1	人工	甲类工	工日	1.4	1.74
2		乙类工	工日	5.6	6.96
3		合计	工日	7	8.7
4	材料	钢管 φ50	m	—	102
5		塑料管 φ50	m	102	—
6		沥青	kg	—	15
7	其他费用		%	2	2

4-38　混凝土梯步浇筑

适用范围:混凝土梯步等。

工作内容:1.模板制作、安装、拆除、整理堆放及场内外运输。

　　　　　　2.清理模板黏结物及模内杂物、刷隔离剂等。

　　　　　　3.清底、检查标高,混凝土浇筑、养护等。

计算规则:按水平投影面积计算。

单位:10m²

定额编号				40320
顺序号	名称		单位	混凝土梯步
1	人工	甲类工	工日	0.91
2		乙类工	工日	10.46
3		合计	工日	11.37
4	材料	板枋材	m³	0.043
5		组合钢模板	kg	19.45
6		支撑钢管及卡扣件	kg	10.01
7		混凝土	m³	2.4
8		水	m³	1.723
9	机械	混凝土振捣器(插入式) 2.2kW	台班	0.214
10		汽车式起重机 5t	台班	0.07
11		木工圆木机 φ500	台班	0.01
12	其他费用		%	6.14
13	混凝土拌制		m³	2.47
14	混凝土运输		m³	2.47

第五章　管道安装工程

说　明

一、本章包括铸铁管、钢管、PVC 管、PP 管、PE 管、波纹管、混凝土管等管道安装共 8 节,191 子目。

二、管道铺设均考虑了沟槽边堆土影响因素,使用时不论沟槽边有无堆土,都不作调整。

三、管道的闭水试验用水已综合考虑在定额内。

四、管道安装均按施工图中心线的长度计算(支管长度从主管中心开始计算到支管末端交接处的中心),管件、阀门所占长度已综合考虑,计算工程量时均不扣除其所占长度。

五、管道安装按材质、连接形式分别列项。

六、管件连接中已综合考虑了弯头、三通、异径管、管帽、管接头等管口含量的差异,应按设计图纸用量执行定额。

七、各种管件连接不分种类,以"10 个"为计量单位。

八、金属管道安装总工程量不足 50m 时,管径≤300mm 的,其人工、机械台班耗用量乘以系数 1.67;管径>300mm 的,其人工和机械台班耗用量乘以系数 2。

5-1 铸铁管

5-1-1 铸铁管安装(青铅接口)

工作内容:检查及清扫管材、切管、管道安装、化铅、打麻、打铅口、水压试验。 单位:10m

定额编号				50001	50002	50003	50004	50005	50006	50007
顺序号	名称		单位	公称直径(mm 以内)						
				75	100	150	200	300	400	500
1	人工	甲类工	工日	0.3	0.3	0.4	0.6	0.7	0.9	1.2
2		乙类工	工日	0.5	0.5	0.7	0.9	1.0	1.3	1.7
3		合计	工日	0.8	0.8	1.1	1.5	1.7	2.2	2.9
4	材料	铸铁管	m	10.00	10.00	10.00	10.00	10.00	10.00	10.00
5		青铅	kg	6.21	7.73	11.38	14.64	19.61	26.89	37.92
6		木柴	kg	0.21	0.26	0.52	0.64	0.84	1.05	1.26
7		氧气	m³	0.05	0.10	0.13	0.23	0.26	0.49	0.62
8		乙炔气	m³	0.02	0.03	0.04	0.07	0.08	0.16	0.21
9		焦炭	kg	2.62	3.09	4.44	5.70	7.09	9.74	12.66
10		油麻	kg	0.23	0.28	0.42	0.54	0.72	0.98	1.39
11	机械	汽车起重机 5t	台班						0.06	0.08	0.10
12		载货汽车 5t	台班						0.38	0.38	0.38
13	其他费用		%	1.0	1.0	1.0	1.0	1.0	1.0	1.0

5-1-2 铸铁管件安装(青铅接口)

工作内容:切管、管口处理、管件安装、化铅、接口。 单位:10 个

定额编号				50008	50009	50010	50011	50012	50013	50014
顺序号	名称		单位	公称直径(mm 以内)						
				75	100	150	200	300	400	500
1	人工	甲类工	工日	0.2	0.2	0.3	0.4	0.5	0.7	1.0
2		乙类工	工日	0.3	0.4	0.5	0.6	0.7	1.1	1.5
3		合计	工日	0.5	0.6	0.8	1.0	1.2	1.8	2.5
4	材料	铸铁管件	个	10.00	10.00	10.00	10.00	10.00	10.00	10.00
5		青铅	kg	4.97	6.19	9.10	11.71	19.62	26.89	37.92
6		木柴	kg	0.18	0.22	0.44	0.66	0.88	1.10	1.32
7		氧气	m³	0.04	0.07	0.10	0.18	0.26	0.50	0.63
8		乙炔气	m³	0.01	0.02	0.03	0.06	0.09	0.16	0.21
9		焦炭	kg	2.10	2.48	3.55	4.56	7.10	9.74	12.66
10		油麻	kg	0.18	0.23	0.33	0.43	0.72	0.99	1.39
11	机械	汽车起重机 5t	台班					0.01	0.02	0.03
12		载货汽车 5t	台班					0.01	0.01	0.01
13	其他费用		%	1.0	1.0	1.0	1.0	1.0	1.0	1.0

168

5-1-3 铸铁管安装(膨胀水泥接口)

工作内容:检查及清扫管材、切管、管道安装、调制接口材料、接口、养护、水压试验。 单位:10m

定额编号				50015	50016	50017	50018	50019	50020	50021
顺序号	名称		单位	公称直径(mm 以内)						
				75	100	150	200	300	400	500
1	人工	甲类工	工日	0.3	0.3	0.4	0.5	0.6	0.7	0.8
2		乙类工	工日	0.4	0.4	0.5	0.7	0.9	1.0	1.3
3		合计	工日	0.7	0.7	0.9	1.2	1.5	1.7	2.1
4	材料	铸铁管	m	10.00	10.00	10.00	10.00	10.00	10.00	10.00
5		膨胀水泥	kg	1.75	2.18	3.20	4.11	5.50	7.55	10.65
6		氧气	m³	0.05	0.10	0.13	0.23	0.26	0.49	0.62
7		乙炔气	m³	0.02	0.03	0.04	0.07	0.08	0.16	0.21
8		油麻	kg	0.23	0.28	0.42	0.54	0.72	0.98	1.39
9	机械	汽车起重机 5t	台班					0.06	0.08	0.10
10		载货汽车 5t	台班					0.38	0.38	0.38
11	其他费用		%	1.0	1.0	1.0	1.0	1.0	1.0	1.0

5-1-4 铸铁管件安装(膨胀水泥接口)

工作内容:切管、管口处理、管件安装、调制接口材料、接口、养护。 单位:10个

定额编号				50022	50023	50024	50025	50026	50027	50028
顺序号	名称		单位	公称直径(mm 以内)						
				75	100	150	200	300	400	500
1	人工	甲类工	工日	0.2	0.2	0.2	0.3	0.4	0.5	0.7
2		乙类工	工日	0.3	0.3	0.4	0.5	0.5	0.7	1.0
3		合计	工日	0.5	0.5	0.6	0.8	0.9	1.2	1.7
4	材料	铸铁管件	个	10.00	10.00	10.00	10.00	10.00	10.00	10.00
5		膨胀水泥	kg	1.40	1.74	2.56	3.29	5.50	7.55	10.65
6		氧气	m³	0.04	0.07	0.10	0.18	0.26	0.50	0.63
7		乙炔气	m³	0.01	0.02	0.03	0.06	0.09	0.16	0.21
8		油麻	kg	0.18	0.23	0.33	0.43	0.72	0.99	1.39
9	机械	汽车起重机 5t	台班					0.01	0.02	0.03
10		载货汽车 5t	台班					0.01	0.01	0.01
11	其他费用		%	1.0	1.0	1.0	1.0	1.0	1.0	1.0

169

5-1-5 铸铁管安装(石棉水泥接口)

工作内容:检查及清扫管材、切管、管道安装、调制接口材料、接口、养护、水压试验。 单位:10m

定额编号			单位	50029	50030	50031	50032	50033	50034	50035
顺序号		名称	单位	公称直径(mm 以内)						
				75	100	150	200	300	400	500
1	人工	甲类工	工日	0.3	0.3	0.4	0.5	0.6	0.7	0.9
2		乙类工	工日	0.5	0.5	0.6	0.8	0.9	1.1	1.4
3		合计	工日	0.8	0.8	1.0	1.3	1.5	1.8	2.3
4	材料	铸铁管	m	10.00	10.00	10.00	10.00	10.00	10.00	10.00
5		水泥 52.5	kg	1.14	1.42	2.09	2.68	3.59	4.93	6.95
6		氧气	m³	0.05	0.10	0.13	0.23	0.26	0.49	0.62
7		乙炔气	m³	0.02	0.03	0.04	0.07	0.08	0.16	0.21
8		石棉绒	kg	0.50	0.61	0.90	1.16	1.55	2.13	3.00
9		油麻	kg	0.23	0.28	0.42	0.54	0.72	0.98	1.39
10	机械	汽车起重机 5t	台班					0.06	0.08	0.10
11		载货汽车 5t	台班					0.38	0.38	0.38
12		其他费用	%	1.0	1.0	1.0	1.0	1.0	1.0	1.0

5-1-6 铸铁管件安装(石棉水泥接口)

工作内容:切管、管口处理、管件安装、调制接口材料、接口、养护。 单位:10个

定额编号			单位	50036	50037	50038	50039	50040	50041	50042
顺序号		名称	单位	公称直径(mm 以内)						
				75	100	150	200	300	400	500
1	人工	甲类工	工日	0.2	0.2	0.3	0.4	0.5	0.6	0.8
2		乙类工	工日	0.3	0.3	0.4	0.5	0.7	0.9	1.2
3		合计	工日	0.5	0.5	0.7	0.9	1.2	1.5	2.0
4	材料	铸铁管件	个	10.00	10.00	10.00	10.00	10.00	10.00	10.00
5		水泥 52.5	kg	0.91	1.13	1.67	2.15	3.60	4.93	6.95
6		氧气	m³	0.04	0.07	0.10	0.18	0.26	0.50	0.63
7		乙炔气	m³	0.01	0.02	0.03	0.06	0.09	0.16	0.21
8		石棉绒	kg	0.36	0.45	0.66	0.86	1.43	1.97	2.78
9		油麻	kg	0.18	0.23	0.33	0.43	0.72	0.99	1.39
10	机械	汽车起重机 5t	台班					0.01	0.02	0.03
11		载货汽车 5t	台班					0.01	0.01	0.01
12		其他费用	%	1.0	1.0	1.0	1.0	1.0	1.0	1.0

5-1-7 铸铁管安装(胶圈接口)

工作内容: 检查及清扫管材、切管、管道安装、上胶圈、水压试验。　　　　　　单位:10m

定额编号			单位	50043	50044	50045	50046	50047	50048	50049
顺序号	名称		单位	公称直径(mm 以内)						
				75	100	150	200	300	400	500
1	人工	甲类工	工日	0.3	0.4	0.4	0.6	0.6	0.8	1.0
2		乙类工	工日	0.5	0.6	0.6	0.8	0.9	1.2	1.5
3		合计	工日	0.8	1.0	1.0	1.4	1.5	2.0	2.5
4	材料	铸铁管	m	10.00	10.00	10.00	10.00	10.00	10.00	10.00
5		橡胶圈	个	2.57	2.57	2.57	2.57	2.06	2.06	2.06
6		氧气	m³	0.05	0.10	0.13	0.23	0.26	0.49	0.62
7		乙炔气	m³	0.02	0.03	0.04	0.07	0.08	0.16	0.21
8		润滑油	kg	0.08	0.10	0.12	0.14	0.16	0.18	0.22
9	机械	汽车起重机 5t	台班					0.06	0.08	0.10
10		载货汽车 5t	台班					0.38	0.38	0.38
11	其他费用		%	1.0	1.0	1.0	1.0	1.0	1.0	1.0

5-1-8 铸铁管件安装(胶圈接口)

工作内容: 选胶圈、清洗管口、上胶圈。　　　　　　单位:10 个

定额编号			单位	50050	50051	50052	50053	50054	50055	50056
顺序号	名称		单位	公称直径(mm 以内)						
				75	100	150	200	300	400	500
1	人工	甲类工	工日	0.2	0.2	0.3	0.4	0.4	0.7	0.9
2		乙类工	工日	0.3	0.4	0.5	0.5	0.7	1.0	1.3
3		合计	工日	0.5	0.6	0.8	0.9	1.1	1.7	2.2
4	材料	铸铁管件	个	10.00	10.00	10.00	10.00	10.00	10.00	10.00
5		橡胶圈	个	2.06	2.06	2.06	2.06	2.06	2.06	2.06
6		氧气	m³	0.04	0.07	0.10	0.18	0.26	0.50	0.63
7		乙炔气	m³	0.01	0.02	0.03	0.06	0.09	0.16	0.21
8		润滑油	kg	0.08	0.10	0.12	0.14	0.16	0.18	0.22
9	机械	汽车起重机 5t	台班					0.01	0.02	0.03
10		载货汽车 5t	台班					0.01	0.01	0.01
11	其他费用		%	1.0	1.0	1.0	1.0	1.0	1.0	1.0

5-2 钢管安装(焊接)

工作内容:管道铺设、附件制安、水压试验。

单位:10m

定额编号				50057	50058	50059	50060	50061	50062	50063
顺序号	名称		单位	公称直径(mm 以内)						
				80	100	150	200	250	300	400
1	人工	甲类工	工日	0.4	0.6	0.8	1.1	1.4	1.7	2.4
2		乙类工	工日	0.6	0.9	1.2	1.6	2.1	2.5	3.6
3		合计	工日	1.0	1.5	2.0	2.7	3.5	4.2	6.0
4	材料	钢管	m	10.10	10.10	10.10	10.10	10.10	10.10	10.10
5		管件	kg	0.32	0.42	0.63	1.33	1.74	2.22	4.26
6		电焊条	kg	0.24	0.29	0.76	1.36	1.85	2.2	3.78
7		氧气	m³	0.46	0.54	1.02	1.35	1.64	2.01	2.97
8		乙炔气	m³	0.25	0.25	0.47	0.73	0.88	1.08	1.6
9	机械	电焊机 交流 25kVA	台班	1.05	1.05	1.52	2.52	2.80	2.90	3.80
10		履带式起重机 15t	台班			0.43	0.43	0.68	0.68	0.86
11		载货汽车 5t	台班	0.04	0.05	0.10	0.13	0.17	0.26	0.34
12	其他费用		%	0.4	0.4	0.4	0.4	0.4	0.4	0.4

5-3 PVC(聚氯乙烯)管安装

5-3-1 PVC 管道安装

工作内容:切管、对口、粘接、管道田间运输与安装、灌水试验。

单位:100m

定额编号				50064	50065	50066	50067	50068	50069	50070	50071
顺序号	名称		单位	公称直径(mm 以内)							
				50	75	90	110	125	140	160	210
1	人工	甲类工	工日	0.2	0.2	0.2	0.2	0.3	0.4	0.5	0.6
2		乙类工	工日	0.2	0.3	0.4	0.4	0.5	0.6	0.7	0.8
3		合计	工日	0.4	0.5	0.6	0.6	0.8	1.0	1.2	1.4
4	材料	PVC管道	m	102.00	102.00	102.00	102.00	102.00	102.00	102.00	102.00
5		密封胶	kg	0.10	0.10	0.10	0.10	0.10	0.20	0.20	0.20
6	其他费用		%	8.0	8.0	8.0	8.0	8.0	8.0	8.0	8.0

注:若是橡胶圈接口,则不需要密封胶。

5-3-2 PVC 管件安装

工作内容: 对口、粘接、管件的田间运输与安装。   单位:10 个

定额编号			50072	50073	50074	50075	50076	50077	50078	50079
顺序号	名称	单位	公称直径(mm 以内)							
			50	75	90	110	125	140	160	210
1	人工 甲类工	工日	0.1	0.2	0.2	0.2	0.2	0.3	0.3	0.4
2	乙类工	工日	0.2	0.2	0.2	0.3	0.4	0.4	0.4	0.5
3	合计	工日	0.3	0.4	0.4	0.5	0.6	0.7	0.7	0.9
4	材料 PVC 管件	个	10.00	10.00	10.00	10.00	10.00	10.00	10.00	10.00
5	密封胶	kg	0.10	0.10	0.10	0.10	0.10	0.20	0.20	0.20
6	其他费用	%	0.6	0.6	0.6	0.6	0.6	0.6	0.6	0.6

注:PVC 管件种类繁多,一般分为二接口、三接口、四接口三类,本定额按三接口考虑;若为四接口的管件,人工工日和密封胶在此基础上增加35%;若为二接口的管件,人工工日和密封胶在此基础上减少30%;其他不变。

5-4 PP(聚丙烯)管安装

5-4-1 PP 管道安装

工作内容: 切管、对口、粘接、管道田间运输与安装、灌水试验。   单位:100m

定额编号			50080	50081	50082	50083	50084	50085	50086	50087
顺序号	名称	单位	公称直径(mm 以内)							
			50	75	90	110	125	140	160	210
1	人工 甲类工	工日	0.1	0.2	0.2	0.2	0.3	0.4	0.4	0.5
2	乙类工	工日	0.2	0.2	0.3	0.3	0.4	0.5	0.7	0.8
3	合计	工日	0.3	0.4	0.5	0.5	0.7	0.9	1.1	1.3
4	材料 PP 管道	m	102.00	102.00	102.00	102.00	102.00	102.00	102.00	102.00
5	煤油	kg	0.10	0.10	0.10	0.15	0.15	0.15	0.15	0.20
6	其他费用	%	8.0	8.0	8.0	8.0	8.0	8.0	8.0	8.0

注:管道连接的方法为热油连接。

5-4-2 PP 管件安装

工作内容: 对口、粘接、管件的田间运输与安装。   单位:10 个

定额编号			50088	50089	50090	50091	50092	50093	50094	50095
顺序号	名称	单位	公称直径(mm 以内)							
			50	75	90	110	125	140	160	210
1	人工 甲类工	工日	0.1	0.1	0.1	0.2	0.2	0.2	0.2	0.3
2	乙类工	工日	0.1	0.2	0.2	0.2	0.3	0.4	0.4	0.5
3	合计	工日	0.2	0.3	0.3	0.4	0.5	0.6	0.6	0.8
4	材料 PP 管件	个	10.00	10.00	10.00	10.00	10.00	10.00	10.00	10.00
5	煤油	kg	0.10	0.10	0.10	0.15	0.15	0.15	0.15	0.20
6	其他费用	%	0.6	0.6	0.6	0.6	0.6	0.6	0.6	0.6

注:PP 管件种类不多,一般分为二接口、三接口、四接口三类,本定额按三接口考虑;若为四接口的管件,人工工日和密封胶在此基础上增加35%;若为二接口的管件,人工工日和密封胶在此基础上减少30%;其他不变。

5-5 PE(聚乙烯)管安装

5-5-1 PE管道安装(密封胶)

工作内容:切管、对口、粘接、管道田间运输与安装、灌水试验。 单位:100m

定额编号				50096	50097	50098	50099	50100	50101	50102
顺序号	名称		单位	公称直径(mm 以内)						
				50	75	90	110	125	140	160
1	人工	甲类工	工日	0.1	0.1	0.2	0.2	0.2	0.3	0.4
2		乙类工	工日	0.1	0.2	0.2	0.2	0.4	0.5	0.6
3		合计	工日	0.2	0.3	0.4	0.4	0.6	0.8	1.0
4	材料	PE 管道	m	102.00	102.00	102.00	102.00	102.00	102.00	102.00
5		密封胶	kg	0.10	0.10	0.10	0.10	0.10	0.20	0.20
6	其他费用		%	8.0	8.0	8.0	8.0	8.0	8.0	8.0

5-5-2 PE管件安装(密封胶)

工作内容:对口、粘接、管件的田间运输与安装。 单位:10 个

定额编号				50103	50104	50105	50106	50107	50108	50109
顺序号	名称		单位	公称直径(mm 以内)						
				50	75	90	110	125	140	160
1	人工	甲类工	工日	0.1	0.1	0.2	0.2	0.2	0.3	0.4
2		乙类工	工日	0.1	0.2	0.2	0.2	0.4	0.5	0.6
3		合计	工日	0.2	0.3	0.4	0.4	0.6	0.8	1.0
4	材料	PE 管件	个	10.00	10.00	10.00	10.00	10.00	10.00	10.00
5		密封胶	kg	0.10	0.10	0.10	0.10	0.10	0.20	0.20
6	其他费用		%	0.6	0.6	0.6	0.6	0.6	0.6	0.6

注:PE 管件种类不多,一般分为二接口、三接口、四接口三类,本定额按三接口考虑;若为四接口的管件,人工工日和密封胶在此基础上增加35%;若为二接口的管件,人工工日和密封胶在此基础上减少30%;其他不变。

5-5-3 PE管道安装(热熔电熔连接)

工作内容:切管、对口、粘接、管道田间运输与安装、灌水试验。 单位:100m

定额编号				50110	50111	50112	50113	50114	50115	50116	50117
顺序号	名称		单位	公称直径(mm 以内)							
				50	75	90	110	125	140	160	200
1	人工	甲类工	工日	0.3	0.4	0.5	0.5	0.7	0.8	1	1.2
2		乙类工	工日	0.5	0.6	0.6	0.7	0.9	1.2	1.4	1.6
3		合计	工日	0.8	1	1.1	1.2	1.6	2	2.4	2.8
4	材料	锯条	根	0.12	0.23	0.32	0.37	0.4	0.42	0.69	0.91
5		PE 管道	m	102.00	102.00	102.00	102.00	102.00	102.00	102.00	102.00
6	机械	热熔电熔焊机	台班	0.08	0.15	0.21	0.31	0.4	0.51	0.67	1.03
7	其他费用		%	8	8	8	8	8	8	8	8

5-5-4 PE 管件安装(热熔电熔连接)

工作内容: 对口、粘接、管件的田间运输与安装。 单位:10个

定额编号			单位	50118	50119	50120	50121	50122	50123	50124	50125
顺序号		名称		公称直径(mm 以内)							
				50	75	90	110	125	140	160	200
1	人工	甲类工	工日	0.3	0.4	0.4	0.4	0.5	0.6	0.7	0.8
2		乙类工	工日	0.3	0.4	0.5	0.6	0.7	0.7	0.7	1
3		合计	工日	0.6	0.8	0.9	1	1.2	1.3	1.4	1.8
4	材料	锯条	根	0.12	0.23	0.32	0.37	0.4	0.42	0.69	0.91
5		PE 管道	m	10.2	10.2	10.2	10.2	10.2	10.2	10.2	10.2
6	机械	热熔电熔焊机	台班	0.14	0.27	0.37	0.56	0.72	0.92	1.21	1.85
7		其他费用	%	8	8	8	8	8	8	8	8

5-6 双壁波纹管安装

5-6-1 双壁波纹管(胶圈接口)

工作内容: 切管、组对、上胶圈、管道及管件安装、灌水试验。 单位:10m

定额编号			单位	50126	50127	50128	50129	50130	50131	50132	50133
顺序号		名称		公称外径(mm 以内)							
				200	250	315	400	500	600	700	800
1	人工	甲类工	工日	0.686	0.817	0.883	1.154	1.453	1.757	2.013	2.289
2		乙类工	工日								
3		合计	工日	0.686	0.817	0.883	1.154	1.453	1.757	2.013	2.289
4	材料	双壁波纹管	m	9.93	9.93	9.93	9.93	9.93	9.93	9.93	9.93
5		橡胶圈	个	1.68	1.68	1.68	1.68	1.68	1.68	1.68	1.68
6		润滑剂	kg	0.26	0.3	0.32	0.39	0.47	0.56	0.65	0.74
7		水	m³	0.505	0.802	1.139	1.96	2.826	4.071	5.574	7.275
8	机械	木工圆木机 ϕ500	台班	0.014	0.016	0.018	0.022	0.027	0.029	0.032	0.035
9		载货汽车 5t	台班	0.012	0.021	0.027	0.036	0.042	0.101	0.116	0.127
10		汽车式起重机 8t	台班	0.057	0.085	0.102	0.114	0.116	0.219	0.242	0.265

5-6-2 双壁波纹管(承插接口)

工作内容: 下管、铺管、调直、场内转运、安装、接口等。 单位:100m

定额编号			单位	50134	50135	50136	50137	50138	50139	50140	50141	50142	50143	50144	50145	50146	50147	50148
顺序号		名称	单位	管外径(mm 以内)														
				300	400	500	600	700	800	900	1000	1100	1200	1400	1500	1600	1800	2000
1	人工	甲类工	工日	7.838	8.694	9.648	9.924	10.206	10.496	10.798	11.103	11.418	11.625	13.69	14.704	18.901	23.085	27.343
2		乙类工	工日															
3		合计	工日	7.838	8.694	9.648	9.924	10.206	10.496	10.798	11.103	11.418	11.625	13.69	14.704	18.901	23.085	27.343
4	材料	双壁波纹管	m	101.00	101.00	101.00	101.00	101.00	101.00	101.00	101.00	101.00	101.00	101.00	101.00	101.00	101.00	101.00
5		其他材料费	元	17.27	23.31	34.19	63.45	77.69	103.59	104.45	122.58	118.09	124.74	151.93	155.38	163.15	185.17	207.18
6	机械	汽车式起重机 5t	台班						0.575	0.92	1.265	1.61	1.955	2.786	3.229	3.574	3.901	4.299

5-7 混凝土管安装

适用范围:露天铺设的水泵站出水管、倒虹管及其他低压输水管。

工作内容:测量、就位、探测砂浆、安装。

单位:10m

定额编号				50149	50150	50151	50152	50153	50154	50155	50156	50157	50158
顺序号	名称		单位	平段					斜段				
				公称直径(mm 以内)									
				400	600	800	1000	1200	400	600	800	1000	1200
1	人工	甲类工	工日	1.2	2.0	2.4	3.2	3.6	2.0	2.8	3.6	5.2	5.6
2		乙类工	工日	1.8	3.0	3.6	4.8	5.4	3.0	4.2	5.4	7.8	8.4
3		合计	工日	3.0	5.0	6.0	8.0	9.0	5.0	7.0	9.0	13.0	14.0
4	材料	预应力混凝土管	m	10.10	10.10	10.10	10.10	10.10	10.10	10.10	10.10	10.10	10.10
5		锯材	m³	0.07	0.07	0.10	0.10	0.10	0.10	0.10	0.10	0.20	0.20
6		型钢	kg	0.40	0.60	0.80	1.00	1.20	0.60	0.90	1.20	1.60	1.90
7		铁丝	kg	1.40	2.10	2.70	3.40	4.00	2.00	3.10	4.00	5.20	6.10
8		水泥砂浆	m³	0.10	0.10	0.10	0.10	0.10	0.10	0.10	0.10	0.10	0.10
9		橡胶止水圈	根	2.10	2.10	2.10	2.10	2.10	2.10	2.10	2.10	2.10	2.10
10	机械	卷扬机 3t	台班	0.30	0.50	0.60	0.80	0.90	0.50	0.70	0.80	1.10	1.30
11		电动葫芦 3t	台班	0.70	0.80	1.10	1.50	1.70	1.00	1.40	1.70	2.30	2.50
12	其他费用		%	2.8	2.8	2.8	2.8	2.8	3.2	3.2	3.2	3.2	3.2

5-8 管道附件安装

5-8-1 螺纹阀安装

工作内容:切管、套丝、制垫、加垫、上阀门、水压试验等。

单位:个

定额编号				50159	50160	50161	50162
顺序号	名称		单位	公称直径(mm 以内)			
				50	65	80	100
1	人工	甲类工	工日	0.1	0.1	0.2	0.2
2		乙类工	工日	0.1	0.2	0.2	0.3
3		合计	工日	0.2	0.3	0.4	0.5
4	材料	机油	kg	0.02	0.02	0.02	0.02
5		铅油	kg	0.02	0.02	0.03	0.04
6		钢锯条	根	0.32	0.42	0.5	0.7
7		棉丝	kg	0.03	0.04	0.04	0.05
8		砂纸	件	0.03	0.37	0.44	0.52
9		橡胶板	kg	0.01	0.02	0.03	0.04
10		钢活接头	个	1.01	1.01	1.01	1.01
11		螺纹阀门	个	1.01	1.01	1.01	1.01
12	其他费用		%	1	1	1	1

5-8-2 焊接法兰安装

工作内容:切管、套丝、制垫、加垫、上阀门、水压试验等。

单位:个

顺序号		名称	单位	50163	50164	50165	50166	50167	50168
		定额编号		公称直径(mm 以内)					
				50	65	80	100	150	200
1	人工	甲类工	工日	0.1	0.1	0.1	0.1	0.2	0.3
2		乙类工	工日	0.1	0.1	0.2	0.2	0.3	0.4
3		合计	工日	0.2	0.2	0.3	0.3	0.5	0.7
4	材料	电焊条	kg	0.21	0.42	0.49	0.59	0.88	2.35
5		氧气	m³		0.04	0.06	0.07	0.11	0.15
6		铅油	kg	0.08	0.09	0.12	0.15	0.28	0.34
7		棉丝	kg	0.04	0.05	0.05	0.06	0.07	0.08
8		清油	kg	0.01	0.01	0.02	0.02	0.03	0.03
9		砂纸	件	0.4	0.5	0.5	0.5	0.8	1
10		石棉橡胶板	kg	0.14	0.18	0.26	0.35	0.55	0.66
11		乙炔气	kg		0.01	0.02	0.02	0.04	0.05
12		精致六角螺栓	套	8.24	8.24	16.48	16.48	16.48	24.72
13		法兰阀门	个	1.01	1.01	1.01	1.01	1.01	1.01
14		焊接法兰	副	1.01	1.01	1.01	1.01	1.01	1.01
15	机械	电焊机 直流 30kVA	台班	0.13	0.23	0.23	0.27	0.3	0.66
16		其他费用	%	1	1	1	1	1	1

5-8-3 焊接法兰式套筒伸缩器安装

工作内容:切管、检修盘根、对口、焊接法兰、制垫、加垫、安装、水压试验等。

单位:个

顺序号		名称	单位	50169	50170	50171	50172	50173
		定额编号		公称直径(mm 以内)				
				80	100	150	200	300
1	人工	甲类工	工日	0.1	0.2	0.4	0.5	0.7
2		乙类工	工日	0.2	0.4	0.7	0.8	1
3		合计	工日	0.3	0.6	1.1	1.3	1.7
4	材料	电焊条	kg	0.49	0.59	0.88	2.35	5.79
5		氧气	m³	0.06	0.07	0.12	0.17	0.29
6		机油	kg	0.05	0.05	0.07	0.09	0.1
7		铅油	kg	0.1	0.1	0.2	0.3	0.5
8		钢锯条	根	0.2	0.2	0.8	1	1.5
9		清油	kg	0.06	0.06	0.08	0.08	0.08
10		石棉橡胶板	kg	0.26	0.35	0.55	0.66	0.8
11		乙炔气	kg	0.02	0.02	0.04	0.06	0.1
12		精致六角螺栓	套	16.48	16.48	16.48	24.72	24.72
13		法兰套管式伸缩器	个	1.01	1.01	1.01	1.01	1.01
14		钢板平焊法兰	片	2	2	2	2	2
15	机械	弧焊机 交流 20kVA	台班	0.23	0.27	0.3	0.66	1.17
16		其他费用	%	1	1	1	1	1

5-8-4 法兰阀（带短管甲乙）青铅接口安装

工作内容：切管、检修盘根、对口、焊接法兰、制垫、加垫、安装、水压试验等。　　　　　　　　单位：个

定额编号				50174	50175	50176	50177	50178	50179
顺序号	名称		单位	公称直径（mm 以内）					
				80	100	150	200	300	400
1	人工	甲类工	工日	0.3	0.3	0.4	0.6	1.4	2
2		乙类工	工日	0.4	0.6	0.8	0.9	2.2	3
3		合计	工日	0.7	0.9	1.2	1.5	3.6	5
4	材料	青铅	kg	4.97	6.19	9.1	11.71	19.62	26.89
5		氧气	m³	0.04	0.07	0.1	0.18	0.26	0.5
6		焦炭	kg	2.1	2.48	3.55	4.56	7.1	9.74
7		油麻	kg	0.18	0.23	0.33	0.43	0.72	0.99
8		石棉橡胶板	kg	0.26	0.35	0.55	0.66	0.8	1.38
9		法兰阀门	个	1.01	1.01	1.01	1.01	1.01	1.01
10		精致六角螺栓带栓帽垫片	套	16.48	16.48	16.48	24.72	27.72	32.96
11		铸铁短管甲	个	1.01	1.01	1.01	1.01	1.01	1.01
12		铸铁短管乙	个	1.01	1.01	1.01	1.01	1.01	1.01
13	机械	载货汽车 5t	台班					0.01	0.02
14		汽车起重机 5t	台班					0.01	0.01
15		卷扬机 5t	台班					0.1	0.15
16	其他费用		%	1	1	1	1	1	1

5-8-5 法兰阀（带短管甲乙）膨胀水泥接口安装

工作内容：管口除沥青、制垫、加垫、调制接口材料、接口养护、紧螺栓、水压试验等。　　单位：个

定额编号				50180	50181	50182	50183	50184	50185
顺序号	名称		单位	公称直径（mm 以内）					
				80	100	150	200	300	400
1	人工	甲类工	工日	0.3	0.3	0.4	0.5	0.7	1
2		乙类工	工日	0.4	0.5	0.6	0.9	1.1	2
3		合计	工日	0.7	0.8	1	1.4	1.8	3
4	材料	膨胀水泥	kg	1.4	1.74	2.56	3.29	5.5	7.55
5		氧气	m³	0.05	0.07	0.09	0.16	0.24	0.45
6		油麻	kg	0.18	0.23	0.33	0.43	0.72	0.99
7		清油	kg	0.01	0.02	0.03	0.03	0.05	0.06
8		石棉橡胶板	kg	0.26	0.35	0.55	0.66	0.8	1.36
9		乙炔气	kg	0.02	0.03	0.04	0.06	0.09	0.17
10		法兰阀门	个	1.01	1.01	1.01	1.01	1.01	1.01
11		精致六角螺栓带栓帽垫片	套	16.48	16.48	16.48	24.72	24.72	32.96
12		铸铁短管甲	个	1.01	1.01	1.01	1.01	1.01	1.01
13		铸铁短管乙	个	1.01	1.01	1.01	1.01	1.01	1.01
14	机械	载货汽车 5t	台班					0.06	0.06
15		卷扬机 5t	台班					0.1	0.15
16	其他费用		%	1	1	1	1	1	1

5-8-6 法兰阀(带短管甲乙)石棉普通水泥接口安装

工作内容:管口除沥青、制垫、加垫、调制接口材料、接口养护、紧螺栓、水压试验等。　　　　　　单位:个

定额编号			单位	50186	50187	50188	50189	50190	50191
顺序号	名称		单位	公称直径(mm 以内)					
				80	100	150	200	300	400
1	人工	甲类工	工日	0.3	0.3	0.4	0.5	0.7	1
2		乙类工	工日	0.4	0.5	0.6	0.9	1	2
3		合计	工日	0.7	0.8	1	1.4	1.7	3
4	材料	水泥	kg	0.91	1.13	1.67	2.15	3.6	4.93
5		氧气	m³	0.05	0.07	0.09	0.16	0.24	0.45
6		油麻	kg	0.18	0.23	0.33	0.43	0.72	0.99
7		石棉绒	kg	0.36	0.45	0.66	0.86	1.43	1.97
8		清油	kg	0.02	0.02	0.03	0.03	0.05	0.06
9		石棉橡胶板	kg	0.26	0.35	0.55	0.66	0.8	1.36
10		乙炔气	kg	0.04	0.07	0.1	0.18	0.26	0.5
11		法兰阀门	个	1.01	1.01	1.01	1.01	1.01	1.01
12		精致六角螺栓带栓帽垫片	套	16.48	16.48	16.48	24.72	24.72	32.96
13		铸铁短管甲	个	1.01	1.01	1.01	1.01	1.01	1.01
14		铸铁短管乙	个	1.01	1.01	1.01	1.01	1.01	1.01
15	机械	载货汽车 5t	台班					0.06	0.06
16		卷扬机 5t	台班					0.1	0.15
17		其他费用	%	1	1	1	1	1	1

第六章 农用井工程

说　明

一、本章适用于土地开发整理中的水源工程,包括农用井成孔、井管安装、填封、洗井等共21节,122子目。

二、本章定额中的地层划分执行《水文地质钻探地层分类》,松散层分为七类、基岩分为五类;大口井、多管井和冲击锥造井执行《一般工程土类分级表》。

三、钻井中的综合工日包括安装、拆卸钻塔以及挖泥浆坑的工日。

四、松散层和基岩钻井:

1.定额是按地质钻机300型拟定的,采用的地质钻机型号不同时,其定额中的钻机台班消耗数量可按下表系数进行调整。

钻机型号	600 型	400 型	300 型	200 型
系数	0.94	0.98	1	1.06

2.定额是按钻井深度为50~100m拟定的,若钻井深度不同时,本章第一节至第十八节的人工和机械台班等消耗量均应乘以下表系数进行调整。

钻井深度(m)	≤50	50~100	100~150	150~200	200~250
系数	0.8	1	1.2	1.4	1.7
钻井深度(m)	250~300	300~350	350~400	400~450	450~500
系数	2	2.4	2.8	3.2	3.6

注:若钻井深度大于500m时,每增加50m,增加0.4的调整系数。

3.钻机是按电动考虑的,若采用油料作为动力燃料时,其钻机台班消耗数量应乘以调整系数1.05。

五、基岩破碎钻进取芯时,地层分类提高一级计算。

六、大口井人工水下挖土是指表面有水,且无法排、抽、掏干情况下的人工挖运井底部土方工程。其定额应乘以下表水下系数进行调整。

水深(m)	0.1 以下	0.1~0.3
水下系数	1.2	1.7

七、本章定额不包括以下工作内容:

1.井位的选定;

2.施工场地总电源开关以上(含总电源开关)的供电线路架设和维护;

3.井口工程;

4.井房;

5.农用井的供电线路架设。

6-1 农用井成孔——松散层Ⅰ类

适用范围:泥浆固壁钻进。

工作内容:钻机就位、泥浆制备、钻进、转移。

单位:10m

定额编号				60001	60002	60003	60004	60005	60006
顺序号	名称		单位	孔径(mm)					
				450~500	500~550	550~600	600~650	650~700	700~750
1	人工	甲类工	工日	6.7	7.4	8.1	9.1	9.9	10.7
2		乙类工	工日	2.2	2.5	2.7	3.0	3.3	3.6
3		合计	工日	8.9	9.9	10.8	12.1	13.2	14.3
4	材料	刮刀钻头	个	0.09	0.10	0.12	0.14	0.16	0.19
5		钻杆	m	0.13	0.14	0.14	0.15	0.16	0.16
6		黏土	m³	0.36	0.41	0.48	0.55	0.6	0.72
7		水	m³	1.92	2.19	2.55	2.93	3.33	3.82
8	机械	钻机300型	台班	1.65	1.74	1.91	2.07	2.22	2.44
9		泥浆搅拌机	台班	0.05	0.05	0.06	0.09	0.1	0.11
10		泥浆泵	台班	1.14	1.18	1.26	1.34	1.41	1.52
11	其他费用		%	0.5	0.5	0.5	0.5	0.5	0.5

6-2 农用井成孔——松散层Ⅱ类

适用范围:泥浆固壁钻进。

工作内容:钻机就位、泥浆制备、钻进、转移。

单位:10m

定额编号				60007	60008	60009	60010	60011	60012
顺序号	名称		单位	孔径(mm)					
				450~500	500~550	550~600	600~650	650~700	700~750
1	人工	甲类工	工日	8.3	9.0	9.9	10.7	11.5	12.4
2		乙类工	工日	2.8	3.0	3.3	3.6	3.8	4.1
3		合计	工日	11.1	12.0	13.2	14.3	15.3	16.5
4	材料	刮刀钻头	个	0.11	0.13	0.16	0.18	0.21	0.25
5		钻杆	m	0.18	0.19	0.19	0.20	0.21	0.21
6		黏土	m³	0.52	0.56	0.64	0.73	0.81	0.93
7		水	m³	2.62	2.82	3.22	3.63	4.03	4.63
8	机械	钻机300型	台班	2.1	2.26	2.58	2.82	3.04	3.54
9		泥浆搅拌机	台班	0.08	0.08	0.10	0.11	0.12	0.14
10		泥浆泵	台班	1.39	1.45	1.55	1.64	1.73	1.86
11	其他费用		%	0.5	0.5	0.5	0.5	0.5	0.5

6-3 农用井成孔——松散层Ⅲ类

适用范围:泥浆固壁钻进。

工作内容:钻机就位、泥浆制备、钻进、转移。 单位:10m

定额编号				60013	60014	60015	60016	60017	60018
顺序号	名称		单位	孔径(mm)					
				450~500	500~550	550~600	600~650	650~700	700~750
1	人工	甲类工	工日	11.6	12.2	13.7	14.7	17.1	18.2
2		乙类工	工日	3.9	4.1	4.6	4.9	5.7	6.1
3		合计	工日	15.5	16.3	18.3	19.6	22.8	24.3
4	材料	牙轮钻头	个	0.15	0.18	0.21	0.25	0.29	0.34
5		钻杆	m	0.23	0.24	0.24	0.25	0.26	0.26
6		黏土	m³	0.7	0.75	0.86	0.97	1.07	1.24
7		水	m³	3.49	3.76	4.3	4.83	5.37	6.18
8	机械	钻机 300 型	台班	2.5	2.69	3.31	3.29	3.91	4.37
9		泥浆搅拌机	台班	0.11	0.11	0.13	0.15	0.16	0.19
10		泥浆泵	台班	1.96	2.12	2.42	2.72	3.02	3.47
11	其他费用		%	0.5	0.5	0.5	0.5	0.5	0.5

6-4 农用井成孔——松散层Ⅳ类

适用范围:泥浆固壁钻进。

工作内容:钻机就位、泥浆制备、钻进、转移。 单位:10m

定额编号				60019	60020	60021	60022	60023	60024
顺序号	名称		单位	孔径(mm)					
				450~500	500~550	550~600	600~650	650~700	700~750
1	人工	甲类工	工日	14.6	15.8	17.2	18.4	19.4	20.5
2		乙类工	工日	4.9	5.3	5.7	6.1	6.5	6.8
3		合计	工日	19.5	21.1	22.9	24.5	25.9	27.3
4	材料	牙轮钻头	个	0.21	0.24	0.29	0.33	0.39	0.46
5		钻杆	m	0.29	0.30	0.30	0.31	0.32	0.32
6		黏土	m³	0.87	0.94	1.07	1.21	1.34	1.54
7		水	m³	4.36	4.7	5.37	6.04	6.71	7.72
8	机械	钻机 300 型	台班	3.36	3.62	4.14	4.66	5.17	5.43
9		泥浆搅拌机	台班	0.13	0.14	0.16	0.18	0.20	0.23
10		泥浆泵	台班	2.45	2.64	3.02	3.4	3.78	4.34
11	其他费用		%	0.5	0.5	0.5	0.5	0.5	0.5

6-5 农用井成孔——松散层Ⅴ类

适用范围:泥浆固壁钻进。

工作内容:钻机就位、泥浆制备、钻进、转移。

单位:10m

定额编号			单位	60025	60026	60027	60028	60029	60030
顺序号		名称		孔径(mm)					
				450~500	500~550	550~600	600~650	650~700	700~750
1	人工	甲类工	工日	15.7	16.8	18.2	19.5	20.8	22.3
2		乙类工	工日	5.2	5.6	6.1	6.5	6.9	7.4
3		合计	工日	20.9	22.4	24.3	26.0	27.7	29.7
4	材料	牙轮钻头	个	0.25	0.29	0.34	0.40	0.47	0.55
5		钻杆	m	0.36	0.37	0.37	0.38	0.39	0.39
6		黏土	m³	1.05	1.13	1.29	1.45	1.61	1.85
7		水	m³	5.24	5.64	6.45	7.25	8.06	9.27
8	机械	钻机300型	台班	3.71	3.99	4.57	5.14	5.71	6.56
9		泥浆搅拌机	台班	0.16	0.17	0.19	0.22	0.24	0.28
10		泥浆泵	台班	2.95	3.17	3.63	4.08	4.53	5.21
11	其他费用		%	0.5	0.5	0.5	0.5	0.5	0.5

6-6 农用井成孔——松散层Ⅵ类

适用范围:泥浆固壁钻进。

工作内容:钻机就位、泥浆制备、钻进、转移。

单位:10m

定额编号			单位	60031	60032	60033	60034	60035	60036
顺序号		名称		孔径(mm)					
				450~500	500~550	550~600	600~650	650~700	700~750
1	人工	甲类工	工日	18.0	19.3	20.8	22.4	23.9	25.6
2		乙类工	工日	6.0	6.4	6.9	7.5	8.0	8.6
3		合计	工日	24.0	25.7	27.7	29.9	31.9	34.2
4	材料	牙轮钻头	个	0.30	0.35	0.41	0.48	0.56	0.66
5		钻杆	m	0.44	0.45	0.45	0.46	0.47	0.47
6		黏土	m³	1.26	1.35	1.55	1.74	1.93	2.22
7		水	m³	6.28	6.77	7.73	8.7	9.67	11.12
8	机械	钻机300型	台班	4.48	4.82	5.51	6.20	6.89	7.92
9		泥浆搅拌机	台班	0.19	0.20	0.23	0.26	0.29	0.33
10		泥浆泵	台班	3.54	3.81	4.35	4.89	5.44	6.25
11	其他费用		%	0.5	0.5	0.5	0.5	0.5	0.5

6-7　农用井成孔——松散层Ⅶ类

适用范围:泥浆固壁钻进。
工作内容:钻机就位、泥浆制备、钻进、转移。

单位:10m

顺序号	名称		单位	60037	60038	60039	60040	60041	60042
				孔径(mm)					
				450~500	500~550	550~600	600~650	650~700	700~750
1	人工	甲类工	工日	20.8	22.3	24.1	25.9	27.7	29.9
2		乙类工	工日	6.9	7.4	8.0	8.6	9.2	10.0
3		合计	工日	27.7	29.7	32.1	34.5	36.9	39.9
4	材料	牙轮钻头	个	0.39	0.46	0.54	0.63	0.74	0.86
5		钻杆	m	0.53	0.54	0.54	0.55	0.56	0.56
6		黏土	m³	1.68	1.8	2.06	2.32	2.58	2.97
7		水	m³	8.38	9.02	10.31	11.6	12.89	14.83
8	机械	钻机300型	台班	5.61	6.04	6.90	7.77	8.62	9.92
9		泥浆搅拌机	台班	0.25	0.27	0.31	0.35	0.39	0.45
10		泥浆泵	台班	4.71	5.08	5.8	6.53	7.25	8.34
11	其他费用		%	0.5	0.5	0.5	0.5	0.5	0.5

6-8　农用井成孔——基岩Ⅰ类

工作内容:钻机就位、钻进、转移。

单位:10m

顺序号	名称		单位	60043	60044	60045	60046	60047	60048
				孔径(mm)					
				250~300	300~350	350~400	400~450	450~500	500~550
1	人工	甲类工	工日	6.6	7.3	8.2	9.2	10.3	12.3
2		乙类工	工日						
3		合计	工日	6.6	7.3	8.2	9.2	10.3	12.3
4	材料	铁砂钻头	个	0.55	0.55	0.55	0.55	0.55	0.55
5		铁砂	kg	19.15	21.44	24.01	26.89	29.83	33.75
6		岩心管	m	0.24	0.24	0.24	0.24	0.24	0.24
7		钻杆	m	0.29	0.30	0.30	0.31	0.32	0.32
8		水	m³	1.11	1.2	1.37	1.54	1.71	2.25
9	机械	钻机300型	台班	2.14	2.35	2.66	2.98	3.33	3.97
10	其他费用		%	0.4	0.4	0.4	0.4	0.4	0.4

6-9 农用井成孔——基岩Ⅱ类

工作内容:钻机就位、钻进、转移。   单位:10m

定额编号			单位	60049	60050	60051	60052	60053	60054
顺序号		名称		孔径(mm)					
				250~300	300~350	350~400	400~450	450~500	500~550
1	人工	甲类工	工日	9.5	10.5	11.9	13.3	14.9	17.8
2		乙类工	工日						
3		合计	工日	9.5	10.5	11.9	13.3	14.9	17.8
4	材料	铁砂钻头	个	0.78	0.78	0.78	0.78	0.78	0.78
5		铁砂	kg	27.32	30.59	34.25	38.37	42.975	48.14
6		岩心管	m	0.28	0.28	0.28	0.28	0.28	0.28
7		钻杆	m	0.38	0.39	0.39	0.40	0.41	0.41
8		水	m³	1.61	1.73	1.98	2.22	2.47	3.25
9	机械	钻机 300 型	台班	3.07	3.39	3.83	4.29	4.79	5.72
10		其他费用	%	0.4	0.4	0.4	0.4	0.4	0.4

6-10 农用井成孔——基岩Ⅲ类

工作内容:钻机就位、钻进、转移。   单位:10m

定额编号			单位	60055	60056	60057	60058	60059	60060
顺序号		名称		孔径(mm)					
				250~300	300~350	350~400	400~450	450~500	500~550
1	人工	甲类工	工日	12.8	14.1	15.9	17.9	19.9	23.8
2		乙类工	工日						
3		合计	工日	12.8	14.1	15.9	17.9	19.9	23.8
4	材料	铁砂钻头	个	1.05	1.05	1.05	1.05	1.05	1.05
5		铁砂	kg	36.89	41.32	46.28	51.83	58.05	65.02
6		岩心管	m	0.31	0.31	0.31	0.31	0.31	0.31
7		钻杆	m	0.48	0.49	0.49	0.50	0.51	0.51
8		水	m³	2.1	2.26	2.59	2.91	3.23	4.25
9	机械	钻机 300 型	台班	4.12	4.55	5.13	5.76	6.43	7.65
10		其他费用	%	0.4	0.4	0.4	0.4	0.4	0.4

6-11 农用井成孔——基岩Ⅳ类

工作内容:钻机就位、钻进、转移。

单位:10m

顺序号	\	定额编号		60061	60062	60063	60064	60065	60066
		名称	单位	孔径(mm)					
				250~300	300~350	350~400	400~450	450~500	500~550
1	人工	甲类工	工日	16.1	17.8	20.1	22.5	25.1	30.0
2		乙类工	工日						
3		合计	工日	16.1	17.8	20.1	22.5	25.1	30.0
4	材料	铁砂钻头	个	1.34	1.34	1.34	1.34	1.34	1.34
5		铁砂	kg	46.49	52.05	58.29	65.29	73.11	81.91
6		岩心管	m	0.45	0.45	0.45	0.45	0.45	0.45
7		钻杆	m	0.59	0.60	0.60	0.61	0.62	0.62
8		水	m³	2.59	2.79	3.19	3.59	3.99	5.25
9	机械	钻机300型	台班	5.19	5.73	6.46	7.25	8.09	9.63
10		其他费用	%	0.4	0.4	0.4	0.4	0.4	0.4

6-12 农用井成孔——基岩Ⅴ类

工作内容:钻机就位、钻进、转移。

单位:10m

顺序号	\	定额编号		60067	60068	60069	60070	60071	60072
		名称	单位	孔径(mm)					
				250~300	300~350	350~400	400~450	450~500	500~550
1	人工	甲类工	工日	19.1	21.1	23.8	26.7	29.8	35.6
2		乙类工	工日						
3		合计	工日	19.1	21.1	23.8	26.7	29.8	35.6
4	材料	铁砂钻头	个	1.4	1.4	1.4	1.4	1.4	1.4
5		铁砂	kg	54.65	61.20	68.55	76.77	86.00	96.31
6		岩心管	m	0.57	0.57	0.57	0.57	0.57	0.57
7		钻杆	m	0.71	0.72	0.72	0.73	0.74	0.74
8		水	m³	3.09	3.33	3.8	4.28	4.75	6.25
9	机械	钻机300型	台班	6.17	6.81	7.68	8.61	9.62	11.44
10		其他费用	%	0.4	0.4	0.4	0.4	0.4	0.4

6-13 农用井井管安装——钢管

工作内容:配管、下管、连接。 单位:10m

定额编号			60073	60074	60075	60076	60077	60078
顺序号	名称	单位	井管内径(mm)					
			250~300	300~350	350~400	400~450	450~500	500~550
1	人工 甲类工	工日	3.1	3.4	3.9	4.4	4.8	5.6
2	乙类工	工日	0.7	0.7	0.8	1.0	1.1	1.2
3	合计	工日	3.8	4.1	4.7	5.4	5.9	6.8
4	材料 井壁管	m	10.30	10.30	10.30	10.30	10.30	10.30
5	滤水管	m						
6	机械 钻机300型	台班	0.42	0.46	0.52	0.58	0.66	0.74
7	其他费用	%	0.1	0.1	0.1	0.1	0.1	0.1

注:井壁管和滤水管的比例由设计确定。

6-14 农用井井管安装——铸铁管

工作内容:配管、下管、连接。 单位:10m

定额编号			60079	60080	60081	60082	60083	60084
顺序号	名称	单位	井管内径(mm)					
			250~300	300~350	350~400	400~450	450~500	500~550
1	人工 甲类工	工日	3.0	3.2	3.7	4.2	4.6	5.3
2	乙类工	工日	1.4	1.5	1.7	2.0	2.2	2.5
3	合计	工日	4.4	4.7	5.4	6.2	6.8	7.8
4	材料 井壁管	m	10.30	10.30	10.30	10.30	10.30	10.30
5	滤水管	m						
6	机械 钻机300型	台班	0.46	0.51	0.57	0.64	0.73	0.81
7	其他费用	%	0.1	0.1	0.1	0.1	0.1	0.1

注:井壁管和滤水管的比例由设计确定。

6-15 农用井井管安装——钢筋混凝土管

工作内容:配管、下管、连接。 单位:10m

定额编号			60085	60086	60087	60088	60089	60090
顺序号	名称	单位	井管内径(mm)					
			250~300	300~350	350~400	400~450	450~500	500~550
1	人工 甲类工	工日	5.9	6.3	7.2	8.1	9.0	10.4
2	乙类工	工日	1.0	1.1	1.3	1.4	1.6	1.8
3	合计	工日	6.9	7.4	8.5	9.5	10.6	12.2
4	材料 井壁管	m	10.30	10.30	10.30	10.30	10.30	10.30
5	滤水管	m						
6	机械 钻机300型	台班	0.63	0.69	0.78	0.87	0.99	1.11
7	其他费用	%	0.1	0.1	0.1	0.1	0.1	0.1

注:井壁管和滤水管的比例由设计确定。

6-16 农用井填封——透水层

工作内容:滤料的运输、填封。

单位:10m

定额编号			60091	60092	60093	60094	60095	60096
顺序号	名称	单位	孔径(mm)					
			450~500	500~550	550~600	600~650	650~700	700~750
1	人工 甲类工	工日						
2	乙类工	工日	1.1	1.2	1.3	1.5	1.7	1.9
3	合计	工日	1.1	1.2	1.3	1.5	1.7	1.9
4	材料 滤料	m³	1.18	1.33	1.49	1.65	1.81	1.96
5	其他费用	%	0.5	0.5	0.5	0.5	0.5	0.5

6-17 农用井填封——非透水层

工作内容:黏土球的运输、填封。

单位:10m

定额编号			60097	60098	60099	60100	60101	60102
顺序号	名称	单位	孔径(mm)					
			450~500	500~550	550~600	600~650	650~700	700~750
1	人工 甲类工	工日						
2	乙类工	工日	0.8	0.8	0.9	1.1	1.2	1.3
3	合计	工日	0.8	0.8	0.9	1.1	1.2	1.3
4	材料 黏土球	m³	1.30	1.47	1.64	1.81	1.99	2.16
5	其他费用	%	0.5	0.5	0.5	0.5	0.5	0.5

6-18 农用井洗井——抽水洗井

适用范围:泥浆固壁钻孔、空气扬水设备洗井。

工作内容:孔位转移、接风管、冲洗、分段洗井、抽水试验。

单位:10m

定额编号			60103	60104	60105	60106	60107	60108
顺序号	名称	单位	井管内径(mm)					
			250~300	300~350	350~400	400~450	450~500	500~550
1	人工 甲类工	工日	0.4	0.5	0.6	0.6	0.7	0.8
2	乙类工	工日	0.1	0.1	0.1	0.2	0.2	0.2
3	合计	工日	0.5	0.6	0.7	0.8	0.9	1.0
4	机械 潜水泵 2.2kW	台班	2.0	2.4	2.8	3.2	3.6	4.0
5	其他费用	%	0.5	0.5	0.5	0.5	0.5	0.5

注:洗井长度为透水段长度。

6-19 大口井

工作内容：1.人工挖土：人工挖，装，卷扬机吊运，边挖边沉，随时校正。

2.封底：砂石料填塞，包括漏斗核套管的安装、拆除，封底填塞。

3.混凝土封底：混凝土搅拌、浇筑、养护，井壁结合部位混凝土凿毛。

4.沉井：刃脚制作、安装，模板制作、安装、拆除，钢筋绑扎，混凝土拌制、浇筑、养护。

单位：100m³

定额编号				60109	60110	60111	60112	60113	60114	60115	60116
顺序号	名称		单位	人工挖土			封底			沉井	
				土类级别			砂卵石填塞	碎石填塞	混凝土封底	方形	圆形
				Ⅰ、Ⅱ	Ⅲ	Ⅳ					
1	人工	甲类工	工日	5.6	7.8	9.8	7.4	7.5	92.2	142.4	159
2		乙类工	工日	106.5	147.5	185.6	66.7	67.7	99.8	174.1	194.3
3		合计	工日	112.1	155.3	195.4	74.1	75.2	192	316.5	353.3
4	材料	碎石	m³					137.20			
5		卵石	m³				52.53				
6		砂子	m³				74.06				
7		板枋材	m³							2.20	2.80
8		组合钢模板	kg							180.00	234.00
9		卡扣件及联杆	kg							270.00	351.00
10		型钢	kg							450.00	580.00
11		铁件	kg							125.00	130.00
12		预埋铁件	kg							220.00	250.00
13		铁钉	kg							30.00	40.00
14		混凝土（无砂混凝土）	m³						103.00	103.00	103.00
15		水	m³						90.00	90.00	90.00
16	机械	单筒卷扬机 5t	台班	5.24	5.71	8.33					
17		离心水泵 7kW	台班	5.24	5.71	8.33					
18		搅拌机 0.4m³	台班						3.90	5.40	5.40
19		插入式振捣器 2.2kW	台班						7.80	10.80	10.80
20		双胶轮车	台班						6.50	25.00	25.00
21		汽车起重机 10t	台班							0.50	0.50
22		载货汽车 5t	台班							0.40	0.40
23		其他费用	%	0.5	0.5	0.5	0.5	0.5	0.5	0.5	0.5

注：1.透水层段采用无砂混凝土。

2.此定额为水面以上施工定额，如遇到水下施工，其定额要进行修正，具体系数详见本章说明。

6-20　多管井

适用范围:井深 20m 以内。

工作内容:定位、钻孔、缠尼纶纱、绑扎、下管、护井设施。

单位:眼

定额编号				60117	60118	60119
顺序号		名称	单位	成井		护井设施
				100mm	150mm	
1	人工	甲类工	工日	1.8	3.1	20.8
2		乙类工	工日	16.2	27.9	5.2
3		合计	工日	18.0	31.0	26.0
4	材料	支管 ϕ38mm 塑料管	m	80	176	
5		滤水管 ϕ38mm 塑料管	m	80	144	
6		集水管 DN100	m	1.2		
7		集水管 DN150	m		1.2	
8		尼纶纱 60 目	m	50	100	
9		线绳	kg	6.5	10.5	
10		机砖	千块			5.5
11		木材	m³			0.2
12		水泥	t			1.2
13		砂子	m³			4
14		钢筋	kg			28
15		其他费用	%	5	5	5

注:1.多管井是指由多根塑料管组成的组合井。

2.井型 100mm(4 英寸)与 150mm(6 英寸)是指集水管直径。

3.护井设施包括出水池、井台、井房。

6-21　冲击锥造井

工作内容:定位、搭拆三角架、装拆滑轮、钻孔(干钻)、取土、做口盖、养护。

单位:10m

定额编号				60120	60121	60122
顺序号		名称	单位	土类级别		
				Ⅰ、Ⅱ	Ⅲ	Ⅳ
1	人工	甲类工	工日	4.2	5.3	6.3
2		乙类工	工日	4.2	5.3	6.3
3		合计	工日	8.4	10.6	12.6
4	机械	冲击锥	台班	1.95	2.28	2.62
5		其他费用	%	0.5	0.5	0.5

第七章　设备安装工程

说　明

一、本章包括闸门与构件安装、启闭机安装、喷微灌设备安装、水泵安装、变压器系统安装、配电箱安装、配电屏安装、起动器安装和隔离开关、闭雷器、熔断器安装共 10 节,150 子目。

二、"闸门与构件安装"一节以"t"为计量单位,包括本体及其附件的全部质量,按设计量进行计算。

1.平面钢闸门安装定额按焊接方式考虑。

2.闸门埋设件安装按垂直位置计算,如在倾斜位置(≥10°)安装时,人工乘以系数 1.2。

三、"启闭机安装"一节中固定式启闭机安装以"台"为计量单位,包括本体及其附件等全部质量,按设计量进行计算。启闭机为单吊点和双吊点卷扬式及手动或手、电两用螺杆式,如为台车式,则安装费乘以本节相应子目的系数 1.2。

四、"喷、微灌设备安装"一节中设备类型分别以"套、块、个"为计量单位,按设计量进行计算。

五、"水泵安装"一节根据水泵类型以"台"为计量单位,按设计量进行计算。

六、变压器安装一节说明:

1.变压器安装中的枕木、绝缘导线、石棉布是按一定的折旧率摊销,实际摊销量与定额不符时,不作换算。

2.变压器系统的调试已包括避雷器、自动装置、特殊保护装置和接地网的调试。

3.电力变压器如有"带负荷调整装置"的调试时,定额乘以系数 1.12;单相变压器如带一台备用变压器时,定额乘以系数 1.2。

七、本章所涉及的构件的制作,均不包括镀锌;所涉及的设备安装定额均不包括二次重新喷漆。

7-1 闸门与构件

7-1-1 平面钢闸门

工作内容:闸门拼装焊接,焊缝透视检查及处理,闸门主行走支承装置安装,侧反支承行走轮安装,闸门在门槽内组合连接,闸门吊杆及其他附件安装,闸门锁锭安装,闸门吊装试验。 单位:t

顺序号		定额编号	单位	70001	70002	70003
		名称		每扇闸门埋设件自重(t)		
				≤3	≤5	>5
1	人工	甲类工	工日	13.5	12.2	11.5
2		乙类工	工日	4.5	4.0	3.8
3		合计	工日	18.0	16.2	15.3
4	材料	钢板	kg	4.00	3.60	3.60
5		氧气	m³	2.00	2.00	1.80
6		乙炔气	m³	0.90	0.90	0.80
7		电焊条	kg	2.00	2.00	2.00
8		黄油	kg	0.20	0.20	0.20
9		油漆	kg	3.00	3.00	2.80
10	机械	桅杆起重机 5t	台班	0.50	0.58	0.61
11		电焊机 交流 30kVA	台班	0.38	0.38	0.38
12		摇臂钻床 φ20~35	台班	0.30	0.20	0.20
13		其他费用	%	5.0	5.0	5.0

7-1-2 平面铸铁闸门

工作内容:基础划线、场内运输、检查及处理、闸门安装、找平、找正、试验等。 单位:扇

顺序号		定额编号	单位	70004	70005	70006
		名称		闸门尺寸(m²)		
				≤0.3	≤0.7	≤1.2
1	人工	甲类工	工日	9.5	11.6	13.7
2		乙类工	工日	3.2	3.9	4.5
3		合计	工日	12.7	15.5	18.2
4	材料	煤油	kg	0.45	0.61	0.75
5		机油	kg	0.18	0.22	0.25
6		黄油	kg	0.45	0.83	1.20
7		电焊条	kg	0.16	0.20	0.24
8		微膨胀混凝土	m³	0.14	0.24	0.34
9		平垫铁	kg	31.00	36.00	41.00
10		斜垫铁	kg	9.00	10.50	12.00
11		棉纱	kg	0.50	0.55	0.60
12		板枋材	m³	0.01	0.02	0.02
13		铁丝	kg	2.00	2.00	2.00
14	机械	桅杆起重机 10t	台班	0.11	0.14	0.17
15		电焊机 交流 30kVA	台班	0.04	0.07	0.09
16		载货汽车 5t	台班	0.03	0.04	0.05
17		其他费用	%	2.0	2.0	2.0

7-1-3 钢筋混凝土闸门

工作内容：基础划线、场内运输、检查及处理、闸门安装、找平、找正、试验等。

单位：t

顺序号	名称		单位	70007	70008
				闸门自重(t)	
				≤5	≤10
1	人工	甲类工	工日	2.3	2.0
2		乙类工	工日	0.8	0.7
3		合计	工日	3.0	2.7
4	材料	钢板	kg	5.20	4.60
5		氧气	m^3	1.10	1.10
6		乙炔气	m^3	0.40	0.40
7		电焊条	kg	2.10	1.90
8	机械	桅杆起重机 10t	台班	0.09	0.08
9		电焊机 交流 30kVA	台班	0.24	0.24
10	其他费用		%	5.0	5.0

7-1-4 闸门埋设件

工作内容：基础螺栓及锚钩埋设，主轨、反轨、侧轨、底槛、门楣、胸墙、水封底板、护角、侧导板、锁锭及其他埋件等安装。

单位：t

顺序号	名称		单位	70009	70010	70011
				每套闸门埋设件自重(t)		
				≤3	≤5	>5
1	人工	甲类工	工日	17.5	17.2	16.9
2		乙类工	工日	5.9	5.8	5.6
3		合计	工日	23.4	23.0	22.5
4	材料	钢板	kg	14.00	14.00	13.00
5		氧气	m^3	10.00	10.00	10.00
6		乙炔气	m^3	4.30	4.30	4.30
7		电焊条	kg	12.50	12.00	12.00
8		汽油	kg	2.00	2.00	2.00
9		油漆	kg	2.00	2.00	2.00
10	机械	卷扬机 5t	台班	3.30	3.30	3.10
11		电焊机 交流 30kVA	台班	3.80	3.80	3.60
12	其他费用		%	10.0	10.0	10.0

7-1-5　拦污栅

工作内容:1.栅槽安装:现场搬运、就位、校正吊装和固定。

2.栅体安装:现场搬运、就位、吊入栅槽、吊杆及附件安装。

单位:t

定额编号			单位	70012	70013	70014	70015	70016	70017
顺序号	名称			栅槽安装			栅体安装		
				每套自重(t以内)			每片自重(t以内)		
				2	5	10	2	5	10
1	人工	甲类工	工日	16.2	14.9	13.5	3.4	2.7	2.0
2		乙类工	工日	5.4	5.0	4.5	1.1	0.9	0.7
3		合计	工日	21.6	19.9	18.0	4.5	3.6	2.7
4	材料	钢板	kg	40.00	37.00	35.00			
5		氧气	m³	9.00	8.00	7.00			
6		乙炔气	m³	3.90	3.50	3.00			
7		电焊条	kg	16.00	14.00	12.00			
8		油漆	kg	2.00	2.00	2.00			
9	机械	汽车起重机 5t	台班	0.36	0.29		0.36	0.29	
10		汽车起重机 10t	台班			0.29			0.29
11		电焊机　交流 30kVA	台班	2.83	2.36	1.88			
12	其他费用		%	12.0	12.0	12.0	10.0	10.0	10.0

7-1-6　小型金属结构构件

适用范围:1t以下的小型金属构件安装。

工作内容:基础埋设、清洗检查、找正固定、打洞抹灰等一切常规内容。

单位:t

定额编号			单位	70018
顺序号	名称			小型金属结构
1	人工	甲类工	工日	22.5
2		乙类工	工日	7.5
3		合计	工日	30.0
4	材料	氧气	m³	18.00
5		乙炔气	m³	8.00
6		电焊条	kg	10.00
7		油漆	kg	15.00
8	机械	电焊机　交流 30kVA	台班	1.88
9		汽车起重机 5t	台班	0.30
10	其他费用		%	10.0

7-2 起重设备

7-2-1 固定式启闭机

工作内容:设备清点、检查,基础埋件、本体及附件安装、电气设备安装和调整,与闸门连接及启闭试验。

单位:台

定额编号				70019	70020	70021	70022	70023	70024	70025	70026
顺序号	名称		单位	螺杆式启闭机设备自重(t)						卷扬机式启闭机设备自重(t)	
				0.5	1	2	3	4	5	2	5
1	人工	甲类工	工日	23.0	29.0	27.6	39.2	44.6	50.0	35.1	47.3
2		乙类工	工日	7.7	9.7	9.2	13.1	14.9	16.7	11.7	15.8
3		合计	工日	30.7	38.7	36.8	52.3	59.5	66.7	46.8	63.1
4	材料	钢板	kg	20.00	25.00	30.00	35.00	40.00	45.00	20.00	30.00
5		氧气	m³	6.00	6.00	10.00	10.00	11.00	12.00	9.00	9.00
6		乙炔气	m³	2.60	2.60	4.30	4.30	4.80	5.20	2.90	3.90
7		电焊条	kg	1.00	1.25	1.50	1.75	2.00	2.50	3.00	4.00
8		汽油	kg	1.50	1.50	2.00	2.00	2.50	2.50	3.00	5.00
9		油漆	kg	2.00	2.00	2.50	2.50	3.00	3.00	4.00	5.00
10		木材	m³							0.20	0.30
11	机械	载货汽车 5t	台班	0.34	0.35	0.72	0.93	1.40	1.70		
12		桅杆起重机 5t	台班							2.38	2.78
13		电焊机 交流 25kVA	台班	0.46	0.47	0.93	1.13	1.40	1.88	1.87	1.87
14	其他费用		%	8.0	8.0	8.0	8.0	8.0	8.0	8.0	8.0

7-2-2 电动葫芦及单轨小车

工作内容:安装、调试。

单位:台

定额编号				70027	70028	70029	70030	70031	70032
顺序号	名称		单位	电动葫芦起重量(t)				单轨小车起重量(t)	
				≤1	≤3	≤5	≤10	≤5	≤10
1	人工	甲类工	工日	6.8	10.1	14.2	23.6	4.2	5.1
2		乙类工	工日	2.3	3.4	4.7	7.9	1.4	1.7
3		合计	工日	9.1	13.5	18.9	31.5	5.6	6.8
4	材料	汽油	kg	0.90	1.05	1.20	1.73	0.52	0.70
5		黄油	kg	1.45	1.47	1.49	1.50	1.31	1.40
6		油漆	kg	1.00	1.40	1.70	2.00	1.00	1.20
7		木材	m³	0.10	0.10	0.10	0.10	0.10	0.10
8		电	kwh	19.2	19.2	19.2	19.2		
9		绝缘线	m	12.00	12.00	12.00	12.00		
10	机械	汽车起重机 5t	台班	0.10	0.10	0.15	0.20	0.10	0.10
11		卷扬机 3t	台班	1.00	1.00	1.50	2.00	1.00	1.00
12		载货汽车 5t	台班	0.10	0.10	0.15	0.20	0.10	0.10
13	其他费用		%	10.0	10.0	10.0	10.0	10.0	10.0

注:本表未包括轨道的安装。

7-2-3 轨道

适用范围:工程起重设备、变压器等所用轨道的安装。

工作内容:基础埋设、轨道校正安装、附件安装。

7-2-3-(1) 钢轨轨道

单位:2×10m

定额编号				70033	70034	70035	70036	70037	70038	70039	70040
顺序号	名称		单位	轨道型号							
				24kg/m	38kg/m	43kg/m	50kg/m	QU₇₀	QU₈₀	QU₁₀₀	QU₁₂₀
1	人工	甲类工	工日	18.2	23.4	25.7	27.7	30.2	33.8	41.2	48.6
2		乙类工	工日	6.1	7.8	8.6	9.2	10.1	11.3	13.7	16.2
3		合计	工日	24.3	31.2	34.3	36.9	40.3	45.1	54.9	64.8
4	材料	钢板	kg	25.00	29.50	31.50	35.00	38.50	50.00	55.00	65.00
5		型钢	kg	25.00	25.00	26.70	30.00	33.00	35.00	40.00	45.00
6		氧气	m³	6.00	7.60	8.10	9.00	9.90	12.00	15.00	18.00
7		乙炔气	m³	2.60	3.30	3.50	3.90	4.30	5.20	6.80	7.80
8		电焊条	kg	4.00	5.10	5.40	6.00	6.60	8.00	10.00	12.00
9	机械	汽车起重机 5t	台班	0.30	0.30	0.30	0.30	0.30	0.40	0.50	0.50
10		电焊机 交流 25kVA	台班	1.30	1.30	1.30	1.30	1.30	2.00	2.22	2.22
11	其他费用		%	2.5	2.5	2.5	2.5	2.5	2.5	2.5	2.5

7-2-3-(2) I字钢轨道

单位:10m

定额编号				70041	70042	70043	70044
顺序号	名称		单位	I字钢型号			
				I₁₈	I₂₂	I₂₈	I₃₆
1	人工	甲类工	工日	6.8	7.7	8.6	10.0
2		乙类工	工日	2.3	2.6	2.9	3.3
3		合计	工日	9.1	10.3	11.5	13.3
4	材料	钢板	kg	3.40	4.90	6.70	11.30
5		氧气	m³	1.35	1.80	2.25	2.70
6		乙炔气	m³	0.60	0.80	1.00	1.20
7		电焊条	kg	2.67	3.92	4.95	7.84
8		油漆	kg	2.77	3.29	3.93	4.79
9		木材	m³	0.10	0.10	0.10	0.10
10	机械	电焊机 交流 25kVA	台班	0.50	0.71	0.89	1.42
11		卷扬机 5t	台班	0.23	0.25	0.28	0.31
12	其他费用		%	12.3	12.3	12.4	12.4

7-2-4 滑触线

工作内容: 基础埋设、支架及绝缘瓷瓶安装、滑触线及附件校正安装、连接电缆及轨道接零、辅助母线安装。

单位:三相 10m

定额编号				70045	70046
顺序号	名称		单位	起重能力(t 以内)	
				50	100
1	人工	甲类工	工日	8.3	10.5
2		乙类工	工日	2.8	3.5
3		合计	工日	11.1	14.0
4	材料	型钢	kg	25.00	30.00
5		氧气	m³	4.00	5.00
6		乙炔气	m³	1.70	2.20
7		电焊条	kg	3.50	5.00
8	机械	电焊机 交流 25kVA	台班	0.60	0.80
9		摇臂钻床 φ20~35	台班	0.50	0.50
10	其他费用		%	9.7	7.9

7-3 喷、微灌设备

7-3-1 离心过滤器

工作内容: 安装、调试。

单位:10 套

定额编号				70047	70048	70049
顺序号	名称		单位	管径(mm)		
				<100	<200	≥200
1	人工	甲类工	工日	0.7	0.8	1.0
2		乙类工	工日	6.3	7.2	9.0
3		合计	工日	7.0	8.0	10.0
4	材料	离心过滤器	套	10.00	10.00	10.00
5		橡胶圈	个	80.00	80.00	80.00
6	其他费用		%	1.0	1.0	1.0

7-3-2 砂石过滤器

工作内容: 安装、调试。

单位:10 套

定额编号				70050	70051
顺序号	名称		单位	管径(mm)	
				<100	≥100
1	人工	甲类工	工日	0.7	0.9
2		乙类工	工日	6.3	8.1
3		合计	工日	7.0	9.0
4	材料	砂石过滤器	套	10.00	10.00
5		橡胶圈	个	60.00	60.00
6	其他费用		%	1.0	1.0

7-3-3 筛网、叠片过滤器

工作内容:安装、调试。

单位:10套

	定额编号			70052	70053
				筛网型	叠片型
顺序号	名称		单位	流量(10~50m³/h)	流量(5~40m³/h)
1	人工	甲类工	工日	0.5	0.8
2		乙类工	工日	4.5	6.7
3		合计	工日	5.0	7.5
4	材料	筛网过滤器	套	10.00	
5		叠片过滤器	套		10.00
6		橡胶圈	个	60.00	
7	其他费用		%	1.0	1.0

7-3-4 施肥设备

工作内容:安装、调试。

单位:10套

	定额编号			70054	70055	70056	70057
				流量(L/h)			
顺序号	名称		单位	200~600	600~1000	1000~1200	1200~1600
1	人工	甲类工	工日	0.6	0.8	1.0	1.2
2		乙类工	工日	5.4	7.2	9.0	10.8
3		合计	工日	6.0	8.0	10.0	12.0
4	材料	施肥设备	套	10.00	10.00	10.00	10.00
5	其他费用		%	1.0	1.0	1.0	1.0

7-3-5 水表、压力测量设备

工作内容:安装、调试。

单位:10套

	定额编号			70058	70059
				水表	
顺序号	名称		单位	公称直径(mm)	压力(真空)表
				15~40	
1	人工	甲类工	工日	0.1	0.2
2		乙类工	工日	1.2	1.3
3		合计	工日	1.3	1.5
4	材料	水表	块	10.00	
5		压力测量设备	套		10.00
6		接头	套		10.00
7	其他费用		%	1.0	1.0

7-3-6 喷头

工作内容: 安装、调试。

单位:100个

定额编号				70060	70061
顺序号	名称		单位	工作压力(kPa)	
				微压~中压	高压
1	人工	甲类工	工日	0.1	0.2
2		乙类工	工日	0.9	1.8
3		合计	工日	1.0	2.0
4	其他费用		%	1.0	1.0

注:喷头是以工作压力的不同分为四类:微压为50~100kPa、低压为100~200kPa、中压为200~500kPa、高压大于500kPa。

7-3-7 喷头支架

工作内容: 安装、调试。

单位:100个

定额编号				70062	70063	70064
顺序号	名称		单位	高度(m)		
				<1.0	<2.0	≥2.0
1	人工	甲类工	工日	0.2	0.2	0.2
2		乙类工	工日	1.3	1.6	1.8
3		合计	工日	1.5	1.8	2.0
4	其他费用		%	1.0	1.0	1.0

7-3-8 微喷头

工作内容: 安装、调试。

单位:100个

定额编号				70065	70066	70067
顺序号	名称		单位	湿润半径(m)		
				≤0.5	<2.0	≥2.0
1	人工	甲类工	工日	0.1	0.1	0.2
2		乙类工	工日	0.9	1.1	1.3
3		合计	工日	1.0	1.2	1.5
4	其他费用		%	1.0	1.0	1.0

7-3-9 微喷头插杆

工作内容: 安装、调试。

单位:100个

定额编号				70068	70069	70070
顺序号	名称		单位	高度(m)		
				<0.5	<1	≥1
1	人工	甲类工	工日	0.1	0.1	0.2
2		乙类工	工日	0.9	1.1	1.3
3		合计	工日	1.0	1.2	1.5
4	其他费用		%	1.0	1.0	1.0

7-3-10　滴头

工作内容:安装、调试。

单位:100个

定额编号				70071	70072	70073
顺序号	名称		单位	流量(L/h)		
				<1.5	<3	≥3
1	人工	甲类工	工日	0.8	1.0	1.0
2		乙类工	工日	7.2	9.0	11.0
3		合计	工日	8.0	10.0	12.0
4	其他费用		%	2.0	2.0	2.0

7-3-11　滴(微、渗)灌带(管)

工作内容:安装、调试。

单位:1000m

定额编号			70074
顺序号	名称	单位	滴(微、渗)灌带(管)
1	人工　甲类工	工日	0.1
2	乙类工	工日	0.9
3	合计	工日	1.0
4	其他费用	%	2.0

7-4　水　泵

7-4-1　单级离心泵

工作内容:安装、调试。

单位:台

定额编号				70075	70076	70077	70078	70079	70080	70081
顺序号	名称		单位	设备质量(t 以内)						
				0.2	0.5	1	1.5	3	5	8
1	人工	甲类工	工日	2.4	4.4	7.0	10.8	15.0	18.9	29.0
2		乙类工	工日	0.8	1.5	2.3	3.6	5.0	6.3	9.6
3		合计	工日	3.2	5.9	9.3	14.4	20.0	25.2	38.6
4	材料	平垫铁	kg	1.80	2.03	3.05	3.05	4.06	5.08	13.55
5		斜垫铁	kg	1.20	2.04	3.06	3.06	4.08	5.10	12.65
6		汽油	kg	0.05	0.08	0.10	0.15	0.26	0.41	0.51
7		煤油	kg	0.56	0.79	0.95	1.26	1.89	2.63	3.57
8		机油	kg	0.41	0.61	0.86	1.09	1.36	1.52	1.82
9		氧气	m³	0.13	0.20	0.26	0.31	0.41	0.51	0.67
10		乙炔气	m³	0.05	0.07	0.07	0.07	0.14	0.17	0.22
11		铅油	kg				0.30	0.34	0.50	0.55	0.70
12		油浸石棉盘根 编制 6~10 250℃	kg	0.25	0.35	0.35	0.70	0.94	1.20	1.30
13		水泥	kg	38.50	50.75	66.12	83.38	126.30	161.39	216.82
14		砂子	m³	0.06	0.09	0.12	0.15	0.22	0.28	0.39
15		碎石	m³	0.06	0.09	0.13	0.16	0.24	0.31	0.42

定额编号			70075	70076	70077	70078	70079	70080	70081
顺序号	名称	单位	设备质量(t 以内)						
			0.2	0.5	1	1.5	3	5	8
16	载货汽车 8t	台班	0.00						0.50
17	汽车式起重机 8t	台班	0.10	0.10	0.20	0.30	0.40	0.50	
18	机械 汽车式起重机 12t	台班							0.50
19	电动卷扬机(单筒慢速) 5t	台班							1.00
20	电焊机 交流 20kVA	台班	0.10	0.10	0.10	0.20	0.30	0.40	0.50
21	其他费用	%	5.0	5.0	5.0	5.0	5.0	5.0	5.0

注:含配套电机安装。

7-4-2 多级离心泵

工作内容:安装、调试。

单位:台

定额编号			70082	70083	70084	70085	70086	70087	70088
顺序号	名称	单位	设备质量(t 以内)						
			0.1	0.3	0.5	1	2	3	4
1	人工 甲类工	工日	2.4	2.9	5.8	8.0	13.1	17.4	20.0
2	乙类工	工日	0.8	0.9	1.9	2.7	4.3	5.8	6.6
3	合计	工日	3.2	3.8	7.7	10.7	17.4	23.2	26.6
4	平垫铁	kg	2.55	3.45	4.06	5.08	7.11	8.13	8.13
5	斜垫铁	kg	2.23	3.00	4.08	5.10	7.14	8.16	8.16
6	煤油	kg	0.80	1.30	1.42	1.73	2.36	3.15	3.78
7	机油	kg	0.40	0.60	0.86	0.98	1.21	1.49	1.72
8	氧气	m³	0.15	0.20	0.28	0.35	0.67	0.77	0.77
9	乙炔气	m³	0.05	0.07	0.09	0.12	0.22	0.26	0.26
10	材料 铅油	kg	0.08	0.10	0.15	0.20	0.30	0.35	0.35
11	石棉橡胶板 中压 0.8~6	kg					0.40	0.50	0.60
12	油浸石棉盘根 编制 6~10 250℃	kg	0.20	0.30	0.50	0.50	0.70	0.85	1.05
13	水泥 42.5	kg	20.00	36.00	54.97	66.16	88.55	102.81	137.42
14	砂子	m³	0.04	0.07	0.10	0.12	0.16	0.18	0.24
15	碎石	m³	0.04	0.08	0.11	0.14	0.18	0.20	0.27
16	机械 交流电焊机 21kVA	台班	0.10	0.10	0.20	0.20	0.30	0.30	0.40
17	汽车式起重机 5t	台班		0.10	0.10	0.20	0.30	0.40	0.50
18	其他费用	%	5.0	5.0	5.0	5.0	5.0	5.0	5.0

注:含配套电机安装。

7-4-3 离心式深水泵

工作内容: 安装、调试。

单位:台

顺序号		名称	单位	70089	70090	70091	70092	70093
		定额编号		设备质量(t 以内)				
				1	2	3.5	5.5	8
1	人工	甲类工	工日	21.8	25.1	37.0	46.5	72.0
2		乙类工	工日	7.2	8.3	12.3	15.5	24.0
3		合计	工日	29.0	33.4	49.3	62.0	96.0
4	材料	平垫铁	kg	4.06	4.06	4.06	7.74	15.49
5		斜垫铁	kg	4.08	4.08	4.08	7.23	14.46
6		煤油	kg	3.41	3.78	4.20	4.88	6.30
7		机油	kg	1.11	1.21	1.57	2.07	3.54
8		氧气	m³	0.28	0.28	0.48	0.90	1.53
9	材料	乙炔气	m³	0.09	0.09	0.16	0.30	0.51
10		铅油	kg	0.40	0.45	0.62	0.95	1.20
11		油浸石棉盘根 编制 6~10 250℃	kg	1.60	1.80	2.20	3.00	3.00
12		水泥 42.5	kg	37.70	39.15	49.30	63.80	161.20
13		砂子	m³	0.07	0.07	0.09	0.11	0.28
14		碎石	m³	0.07	0.07	0.09	0.12	0.31
15	机械	载货汽车 8t	台班					0.50
16		汽车式起重机 8t	台班	0.20	0.30	0.40	0.50	
17		汽车式起重机 12t	台班					0.50
18		电动卷扬机(单筒慢速) 5t	台班			0.50	0.50	1.00
19		交流电焊机 21kVA	台班	0.20	0.20	0.40	0.50	1.00
20		其他费用	%	5.0	5.0	5.0	5.0	5.0

注:含配套电机安装。

7-4-4 井用潜水泵

工作内容: 安装、调试。

单位:台

顺序号		名称	单位	70094	70095	70096	70097	70098	70099	70100	70101	70102	70103
		定额编号		井深≤100m					井深>100m				
				泵管公称规格(mm)					泵管公称规格(mm)				
				50	75	100	150	200	50	75	100	150	200
1	人工	甲类工	工日	14.6	18.2	21.8	25.4	29.0	20.5	23.9	27.4	32.0	35.4
2		乙类工	工日	4.9	6.1	7.3	8.5	9.7	6.8	7.9	9.1	10.6	11.8
3		合计	工日	19.5	24.3	29.1	33.9	38.7	27.3	31.8	36.5	42.6	47.2
4	材料	螺丝	套	156.00	156.00	156.00	156.00	156.00	156.00	156.00	156.00	156.00	156.00
5		胶垫	支	42.00	42.00	42.00	42.00	42.00	42.00	42.00	42.00	42.00	42.00
6		铅油	kg	1.30	1.60	1.60	1.60	2.00	1.30	1.60	2.00	2.00	2.20
7	机械	电动葫芦 3t	台班	1.30	1.60	1.80	2.10	2.60	1.60	1.80	2.30	2.60	3.20
8		其他费用	%	5.0	5.0	5.0	5.0	5.0	5.0	5.0	5.0	5.0	5.0

注:1.含配套扬水管、电机安装。

2.长轴深井泵安装时,定额应乘以系数 1.2。

7-4-5　真空泵

工作内容: 安装、调试。

单位:台

定额编号			单位	70104	70105	70106	70107	70108	70109
顺序号		名称		设备质量(t 以内)					
				0.5	1	2	3.5	5	7
1	人工	甲类工	工日	5.6	8.6	13.7	26.0	33.9	44.9
2		乙类工	工日	1.9	2.8	4.6	8.7	11.3	14.9
3		合计	工日	7.5	11.4	18.3	34.7	45.2	59.8
4	材料	平垫铁	kg	2.03	3.05	3.05	7.74	7.74	11.62
5		斜垫铁	kg	2.04	3.06	3.06	7.23	7.23	10.85
6		煤油	kg	0.84	1.05	1.37	3.15	5.25	7.35
7		机油	kg	0.61	0.71	0.91	1.52	2.02	3.03
8		氧气	m³	0.12	0.18	0.21	0.51	0.71	0.92
9		乙炔气	m³	0.04	0.06	0.07	0.17	0.24	0.31
10		铅油	kg	0.23	0.25	0.32	0.50	0.90	1.20
11		油浸石棉盘根 编制 6~10　250℃	kg	0.30	0.37	0.60	0.70	0.70	1.00
12		水泥 42.5	kg	38.13	66.16	95.18	110.20	159.50	203.00
13		砂子	m³	0.07	0.10	0.17	0.18	0.28	0.34
14		碎石	m³	0.07	0.13	0.18	0.19	0.30	0.38
15	机械	载货汽车 8t	台班					0.50	0.50
16		汽车式起重机 8t	台班	0.10	0.20	0.30	0.40	0.50	
17		汽车式起重机 12t	台班						0.50
18		电动卷扬机(单筒慢速) 5t	台班				1.00	1.50	2.00
19		交流电焊机 21kVA	台班	0.10	0.10	0.20	0.40	0.50	0.70
20		其他费用	%	5.0	5.0	5.0	5.0	5.0	5.0

7-5　电力变压器系统

7-5-1　10kV 电力变压器

工作内容: 检查、组合、固定及调整、变压器油的过滤、干燥、注油、接地、配合电气调整。

单位:台

定额编号			单位	70110	70111	70112	70113	70114
顺序号		名称		电压等级 10kV				
				变压器容量(kVA)				
				50	100	250	500	1000
1	人工	甲类工	工日	7.6	15.1	19.4	23.8	43.2
2		乙类工	工日	1.9	3.8	4.9	5.9	10.8
3		合计	工日	9.5	18.9	24.3	29.7	54.0

续表

顺序号		名称	单位	70110	70111	70112	70113	70114
		定额编号				电压等级 10kV		
						变压器容量（kVA）		
				50	100	250	500	1000
4	材料	钢垫板	kg	1.80	3.60	4.50	4.50	5.40
5		型钢	kg	1.58	3.15	4.05	4.05	4.05
6		变压器油	kg	2.25	4.50	6.30	9.00	11.70
7		滤油纸	张	29.25	58.50	63.00	72.00	90.00
8		橡胶绝缘线	m	6.75	13.50	13.50	13.50	18.00
9		塑料绝缘线	m				9.00	13.50
10		石棉织布	m²	0.45	0.90	1.08	1.17	1.44
11		酚醛层压板	m²				0.09	0.09
12		油漆	kg	0.68	1.35	1.44	1.89	2.79
13		螺栓	kg	0.90	1.80	1.80	1.80	1.80
14		电	kwh	45.00	90.00	135.00	198.00	270.00
15		木材	m³			0.05	0.05	0.09
16	机械	电焊机 交流 25kVA	台班	0.14	0.27	0.27	0.27	0.27
17		压力式滤油机	台班	0.45	0.90	1.13	1.58	2.43
18		载货汽车 5t	台班	0.09	0.18	0.27	0.36	0.54
19		汽车起重机 5t	台班	0.09	0.18	0.18	0.18	0.36
20		其他费用	%	5.0	5.0	5.0	5.0	5.0

7-5-2 杆上变压器

工作内容：支架、横担、撑铁安装、变压器吊装固定、检查、调整、配线、接线、接地。 单位：台

顺序号		名称	单位	70115	70116	70117	70118
		定额编号					
					变压器容量（kVA）		
				50	100	180	320
1	人工	甲类工	工日	4.1	5.3	7.0	8.7
2		乙类工	工日	1.0	1.3	1.7	2.2
3		合计	工日	5.1	6.6	8.7	10.9
4	材料	镀锌槽钢 16×3000	根			2.10	
5		镀锌槽钢 18×3000	根				2.10
6		镀锌角钢 50×5×500	根	4.20	2.10	2.10	2.10
7		镀锌角钢 50×5×1500	根	1.05	1.05	1.05	1.05
8		镀锌角钢 65×5×1500	根	3.15			
9		镀锌角钢 50×5×1700	根		4.20	4.20	4.20
10		镀锌角钢 65×6×1500	根		1.05	1.05	1.05
11		镀锌角钢 75×6×1200	根	2.10			

顺序号	名称		单位	70115	70116	70117	70118
				变压器容量（kVA）			
				50	100	180	320
12	材料	镀锌槽钢 14×3000	根		2.10		
13		镀锌角钢 75×6×2500	根		1.05	1.05	1.05
14		镀锌支撑 50×5×1440	根	2.10	4.20	4.20	4.20
15		镀锌角铁支撑 50×5×1270~1320	块	2.10			
16		镀锌角钢抱箍 63×6	副		2.04	2.04	2.04
17		变压器固定板 40~50×4~6×80~100	kg	1.02	4.08	4.08	4.08
18		镀锌圆钢 φ5.5~9	kg	8.85	4.02	4.02	4.02
19		裸铝线 LJ-25	m	20.26	30.39	30.39	30.39
20		橡皮绝缘线 BLX-25	m	12.22			
21		羊角熔断器 100A	个	3.03			
22		羊角熔断器 200A	个		3.03		
23		羊角熔断器 300A	个			3.03	
24		羊角熔断器 500A	个				3.03
25		针式绝缘子 PD-3T	个	4.08			
26		橡皮绝缘线 BLX-50	m		12.22		
27		橡皮绝缘线 BLX-120	m			12.22	
28		橡皮绝缘线 BLX-240	m				12.22
29		针式绝缘子 PD-2T	个		4.08		
30		针式绝缘子 PD-1T	个			4.08	4.08
31		镀锌铁丝 8~12#	kg	10.15			
32		高压针式绝缘子 10kV	个	7.14	12.24	12.24	12.24
33		精制六角带帽螺栓 M16×14~60	10套	0.41	0.82	0.82	0.82
34		精制六角带帽螺栓 M16×65~80	10套	0.41	1.22	1.22	1.22
35		精制六角带帽螺栓 M16×350~370	10套	0.51	1.43	1.43	1.43
36		精制六角带帽螺栓 M16×260~275	10套	0.51			
37		镀锌 U 形抱箍	套	4.08	2.04	2.04	2.04
38		并沟线夹 16~35mm²	个	7.07	3.03	3.03	3.03
39		并沟线夹 50~70mm²	个		4.04		
40		并沟线夹 240mm²	个				4.04
41		并沟线夹 150mm²	个			4.04	
42		铝接线端子 16~35mm²	个	12.06	12.06	12.06	12.06
43	机械	汽车起重机 5t	台班		0.87	0.87	0.87
44		其他费用	%	3.0	3.0	3.0	3.0

7-5-3 电力变压器系统调试

工作内容: 变压器、断电器、互感器、隔离开关、风冷及油循环装置等一、二次回路的调试。

单位:台·系统

定额编号			单位	70119	70120	70121	70122	70123
顺序号		名称		10kV 容量(kVA 以下)				
				100	560	1250	1600	3150
1	人工	甲类工	工日	17.3	24.5	43.2	46.8	50.4
2		乙类工	工日	4.3	6.1	10.8	11.7	12.6
3		合计	工日	21.6	30.6	54.0	58.5	63.0
4		其他费用	%	5.0	5.0	5.0	5.0	5.0

7-5-4 10kV 电流互感器

工作内容: 开箱检查、本体安装、接地、试验。

单位:台

定额编号			单位	70124	70125	70126
顺序号		名称		10~20kV 电流(A)		
				2000	8000	15000
1	人工	甲类工	工日	0.7	0.9	1.3
2		乙类工	工日	0.2	0.2	0.3
3		合计	工日	0.9	1.1	1.6
4	材料	扁钢 -59	kg	1.22	2.20	3.50
5		钢板垫板	kg		0.50	1.00
6		精制六角带帽螺栓 M14×14~70	10套	0.22	0.22	0.22
7		电焊条 结422 φ3.2	kg	0.67	1.02	1.35
8		汽油 60~70#	kg	0.20	0.50	1.10
9		防锈漆 C53-1	kg	0.12	0.25	0.25
10		调合漆	kg		0.10	0.25
11		变压器油	kg			0.50
12	机械	弧焊机 交流 20kVA	台班	0.10	0.10	0.15
13		其他费用	%	5.0	5.0	5.0

7-5-5 接地装置制作

工作内容: 制作、安装。

单位:根、10m

定额编号			单位	70127	70128	70129
顺序号		名称		接地极制作安装(根)		接地母线敷设 (10m)
				钢管	角钢	
1	人工	甲类工	工日	0.5	0.3	1.6
2		乙类工	工日	0.1	0.1	0.4
3		合计	工日	0.6	0.4	2.0

定额编号			单位	70127	70128	70129
顺序号		名称		接地极制作安装（根）		接地母线敷设（10m）
				钢管	角钢	
4	材料	钢管	根	1.10		
5		角钢	根		1.10	
6		镀锌扁钢	m			11.00
7		电焊条	kg	0.10	0.10	0.20
8		锯条	根	1.50	1.00	1.00
9		型钢	kg	0.30	0.30	0.50
10	机械	电焊机 交流 30kVA	台班	0.12	0.09	0.22
11		其他费用	%	5.0	5.0	5.0

7-6　配电箱

工作内容:开箱、检查、安装,电器、表计等附件的拆装,送交检验,箱内整理,一次接线。　　　　单位:台

定额编号			单位	70130	70131	70132	70133	70134
顺序号		名称		配电箱		事故照明切换盘	小型配电板（半周长）	
				动力	照明		1m 以内	2m 以内
1	人工	甲类工	工日	2.8	2.4	2.7	0.5	1.1
2		乙类工	工日	0.9	0.8	0.9	0.2	0.4
3		合计	工日	3.7	3.2	3.6	0.7	1.5
4	材料	镀锌圆钢 $\phi 5.5 \sim 9$	kg				0.13	0.27
5		钢板垫板	kg	0.30	0.30	0.30		
6		镀锌扁钢	kg	1.50	1.50	1.50		
7		精制六角带帽螺栓 M10×14～70	10 套	0.61	0.61	0.61		
8		精制六角带帽螺栓 M8×80～120	10 套				0.41	0.41
9		电焊条 结 422 $\phi 3.2$	kg	0.15	0.15	0.15	0.10	0.10
10		塑料软管	kg	0.30	0.20	0.50	0.10	0.15
11	机械	弧焊机 交流 20kVA	台班	0.10	0.10	0.10	0.05	0.08
12		汽车起重机 5t	台班	0.06	0.06	0.06		
13		载货汽车 5t	台班	0.06	0.05	0.06		
14		卷扬机（单筒慢速）3t	台班	0.06	0.06	0.06		
15		其他费用	%	5.0	5.0	5.0	5.0	5.0

7-7 配电屏

适用范围:10kV 及以下开关柜、控制屏、信号屏等。

工作内容:开箱、检查、安装,电器、表计、继电器的拆装、送交试验,箱内整理及一、二次校线、接线。

单位:台

	定额编号			70135	70136	70137	70138	70139	70140	70141	70142
顺序号	名称		单位	控制屏	继电、信号屏	弱电控制返回屏	同期小屏控制箱	电源屏	控制台		集中控制台
									1m 以内	2m 以内	(长 2~4m)
1	人工	甲类工	工日	3.6	4.4	3.8	1.5	3.5	4.3	7.2	13.5
2		乙类工	工日	1.1	1.4	1.2	0.5	1.2	1.4	2.4	4.5
3		合计	工日	4.7	5.8	5.0	2.0	4.7	5.7	9.6	18.0
4	材料	垫板	kg	0.20	0.20	0.20	0.10	0.20	0.30	0.30	12.00
5		镀锌扁钢	kg	1.50	1.50	1.50	1.00	1.50	3.00	3.00	10.00
6		镀锌螺栓 M70×14~17	10 套	0.61	0.61	0.61	0.41	0.61	0.41	0.61	
7		电焊条	kg	0.15	0.15	0.15	0.10	0.15	0.10	0.10	0.50
8		胶木线夹	个	10.00	15.00	6.00	6.00	6.00	8.00	12.00	20.00
9		塑料软管	kg	1.20	1.50	0.50		0.50	0.50	1.50	3.00
10		塑料异型管 D=5	个	6.00	6.00	6.00		6.00	6.00	12.00	20.00
11		塑料带 20×40m	卷	0.50	0.50	0.30		0.30	0.30	0.60	1.00
12	机械	弧焊机 交流 20kVA	台班	0.10	0.10	0.10	0.05	0.10	0.10	0.10	0.10
13		汽车起重机 5t	台班	0.06	0.06	0.06		0.06	0.06	0.10	0.17
14		载货汽车 5t	台班	0.06	0.06	0.06		0.06	0.06	0.10	0.17
15		卷扬机 3t	台班	0.06	0.06	0.06		0.06	0.06	0.10	
16	其他费用		%	5.0	5.0	5.0	5.0	5.0	5.0	5.0	5.0

7-8 起动器

适用范围:磁力起动器、Y-Δ 起动器、自耦减压起动器。

工作内容:开箱、检查、安装、触头调整、注油、接线、接地。

单位:个

	定额编号			70143	70144
顺序号	名称		单位	磁力起动器	Y-Δ 起动器(自耦减压起动器)
1	人工	甲类工	工日	0.6	1.5
2		乙类工	工日	0.2	0.5
3		合计	工日	0.8	2.0

定额编号			单位	70143	70144
顺序号		名称		磁力起动器	Y-Δ起动器(自耦减压起动器)
4	材料	型钢	kg		0.80
5		裸铜线 10m²	m	0.62	5.00
6		铜接线端子 DT-10	个	2.03	2.10
7		镀锌螺栓 M10×75	套		1.00
8		镀锌螺栓 M12×75	套	0.35	
9		镀锌螺栓 M12×120	套		41.00
10	机械	电焊机 交流 20kVA	台班		0.10
11		其他费用	%	5.0	5.0

7-9 隔离开关、避雷器、熔断器

工作内容: 开箱、检查、安装、触头调整、注油、接线、接地。　　　　　　　　　单位:个、组

定额编号			单位	70145	70146	70147	70148	70149
顺序号		名称		隔离开关		避雷器		熔断器
				10kV		电压(kV)		
				600A	2000A	1	10	10
1	人工	甲类工	工日	2.0	2.6	0.5	1.1	1.1
2		乙类工	工日	0.6	0.9	0.2	0.4	0.4
3		合计	工日	2.6	3.5	0.7	1.5	1.5
4	材料	钢垫板	kg	1.00	1.00	1.20		0.30
5		型钢	kg	2.45	3.10	2.00	1.40	2.20
6		钢管	kg	4.80	4.80			
7		螺栓	kg	2.68	5.77	0.10	1.30	1.25
8		电焊条	kg	0.30	0.30	0.10	0.06	0.15
9		汽油	kg	0.20	0.20			0.10
10		油漆	kg	0.20	0.20			0.20
11	机械	电焊机 交流 25kVA	台班	0.25	0.25	0.05	0.10	0.10
12		其他费用	%	5.0	5.0	5.0	5.0	5.0

7-10 低压开关柜安装

工作内容: 开箱、检查、安装、电器、表计及继电器等附件的拆装、送交试验、盘内整理及一次校线、接线。

单位:台

定额编号				70150
顺序号	名称		单位	配电(电源)屏
				低压开关柜
1	人工	甲类工	工日	3.32
2		乙类工	工日	1.11
3		合计	工日	4.43
4	材料	棉纱头	kg	0.10
5		电焊条 结422 φ3.2	kg	0.15
6		钢板垫板	kg	0.2
7		塑料袋 20mm×40mm	kg	0.3
8		焊锡丝	kg	0.2
9		镀锌扁钢 40×4	kg	1.5
10		异形塑料管 φ2.5~5	m	6
11		镀锌精致戴帽栓 M10×100 以内 2平1弹垫	10套	0.61
12	机械	汽车起重机 5t	台班	0.09
13		载货汽车 4t	台班	0.06
14		电焊机 交流 21kVA	台班	0.09
15	其他费用		%	6.85

第八章　道路工程

说　明

一、本章包括路基处理、路基工程、路面工程、路面附属工程和道路安全附属工程等定额共 5 节,165 子目。

二、本定额中已包括拌和、运输、摊铺作业时的耗损因素。

三、定额子目中发生的零星材料和部分机械,已综合在其他费用中。

四、软土地基处理的工程量按图示面积乘以处理厚度,以"100m³"计算。路床(槽)压实、路基、路面工程量按设计图示计算。

五、道路路基工程量按设计图尺寸以"m²"计算,应扣除面积大于 0.3m² 的各种站位面积。

8-1 路基处理

8-1-1 机械碾压原土及回填土(石渣)

适用范围:田间道及生产大道(路面宽2.0m及以上)。

工作内容:1.原土碾压:平土、碾压工作面内排水。

2.填土(石渣)碾压:回填、推平、碾压、工作面内排水。

顺序号	定额编号		单位	80001	80002	80003
	名称			机械碾压原土	机械碾压回填土	机械碾压回填石渣
				1000m²	1000m³	1000m³
1	人工	甲类工	工日	0.1	0.5	0.6
2		乙类工	工日	0.9	4.5	5.4
3		合计	工日	1	5	6
4	材料	水	m³		15	10
5		推土机 165kW	台班		0.385	0.556
6		振动压路机 10t	台班		1.136	1.736
7	机械	振动压路机 15t	台班		1.719	2.865
8		光轮压路机 18t	台班	0.14	1.667	2.174
9		洒水车 4800L	台班		0.746	0.746
10		其他费用	%	0.1	0.1	0.1

8-1-2 软土地基处理

工作内容:放样、挖土、掺料或换填、整平、分层夯实、找平、清理杂物。　　　　　　单位:100m³

顺序号	定额编号		单位	80004	80005	80006
	名称			软土地基处理		
				人工操作		抛石挤淤
				5%~8%掺灰量	换填生石	(设计抛石量)
1	人工	甲类工	工日	4.5	9.3	5.9
2		乙类工	工日	51.5	106.6	68.1
3		合计	工日	56	115.9	74
4		水	m³	10		
5	材料	毛石	m³		119.3	102
6		黏土	m³	140		
7		生石灰	t	10		
8		其他费用	%	0.4	0.4	0.4

8-1-3 路床(槽)压实

工作内容: 放样、挖高填低、推土机整平、找平、碾压、检验、人机配合处理机械碾压不到之处。

单位:1000m²

定额编号				80007
顺序号	名称		单位	路床(槽)压实
1	人工	甲类工	工日	0.3
2		乙类工	工日	3.3
3		合计	工日	3.6
4	机械	推土机 74kW	台班	0.9
5		内燃压路机 12t	台班	1.3
6	其他费用		%	0.5

8-2 路基工程

8-2-1 基层(素土、土夹石、风化料)

工作内容: 放样、清理路床、取料、运料、上料、摊铺、洒水、找平、碾压。

单位:1000m²

定额编号				80008	80009	80010	80011	80012	80013
顺序号	名称		单位	路面基层					
				素土		土夹石		风化料	
				厚度 10cm	每增减 1cm	厚度 10cm	每增减 1cm	厚度 10cm	每增减 1cm
1	人工	甲类工	工日	1.68	0.17	2.95	0.3	1.8	0.18
2		乙类工	工日	16.9	1.6	38.75	3.9	18.65	1.8
3		合计	工日	18.58	1.77	41.7	4.2	20.45	1.98
4	材料	碎石	m³			91.07	9.11		
5		黏土	m³			39.03	3.9		
6		风化料	m³					118	11.8
7	机械	内燃压路机 8~10t	台班	0.8		0.9		0.8	
8	其他费用		%	1		1		1	

8-2-2 基层(砂、砾石、碎石、矿渣、手摆片石)

工作内容:放样、清理、取料、运料、上料、摊铺、洒水、找平、碾压。

顺序号		名称	单位	80014	80015	80016	80017	80018	80019	80020	80021	80022	80023
				砂路基		砾石路基		碎石路基		煤矸石(矿渣)路基		手摆片石(人工摊铺)	
				厚度10cm	每增减1cm	厚度10cm	每增减1cm	厚度10cm	每增减1cm	厚度10cm	每增减1cm	压实厚度20cm	每增减1cm
				1000m²	1000m²	1000m²	1000m²	1000m²	1000m²	1000m²	1000m²	100m²	100m²
1	人工	甲类工	工日	3.7	0.4	4.3	0.4	5.1	0.5	4	0.4	1.088	0.048
2		乙类工	工日	42.3	4.2	50	4.9	58.9	5.4	46	4.6	12.512	0.552
3		合计	工日	46	4.6	54.3	5.3	64	5.9	50	5	13.6	0.6
4	材料	砂	m³	130	13								
5		碎石	m³					162	16			2.67	0.13
6		砾石	m³			122.4	12.2						
7		煤矸石	m³							122.4	12		
8		块(片)石	m³									26.5	1.33
9	机械	压路机 内燃 8~10t	台班	1.5		1.7		2.2		1.9			
10		光轮压路机 8t	台班									0.03	0.005
11		光轮压路机 15t	台班									0.22	0.006
12		其他费用	%	0.5		0.5		0.5		0.5		0.5	

8-2-3 基层(水泥稳定碎石)

工作内容:清扫整理下承层、放线、上料、运料、拌和、摊铺、灌缝、压实、养护等。　　　　单位:100m²

顺序号		名称	单位	80024	80025	80026	80027	80028	80029
				水泥含量3%		水泥含量4%		水泥含量6%	
				压实厚度					
				20cm	每增减1cm	20cm	每增减1cm	20cm	每增减1cm
1	人工	甲类工	工日	0.62	0.03	0.62	0.03	0.62	0.03
2		乙类工	工日	7.07	0.32	7.07	0.32	7.07	0.32
3		合计	工日	7.69	0.35	7.69	0.35	7.69	0.35
4	材料	水	m³	8	0.4	8	0.4	8	0.4
5		水泥 32.5	kg	1248	61	1665	83	2800	140
6		石屑	m³	13.3	0.67	13.3	0.67	13.3	0.67
7		碎石 5~40mm	m³	15.91	0.8	15.67	0.78	15.2	0.76
8	机械	光轮压路机 8t	台班	0.033	0.002	0.033	0.002	0.033	0.002
9		光轮压路机 15t	台班	0.453	0.022	0.453	0.022	0.453	0.022
10		双锥反转出料混凝土搅拌机 350L	台班	1.06	0.053	1.06	0.053	1.06	0.053

8-2-4　基层(人行道基层)

工作内容: 1.砂垫层:运料、备料、拌和、摊铺、找平、洒水、夯实等。

　　　　　 2.自拌混凝土:搅拌混凝土、浇捣、摊铺、找平、养护等。

　　　　　 3.商品混凝土:浇捣、摊铺、找平、养护等。

单位:10m³

定额编号				80030	80031	80032
顺序号		名称	单位	砂垫层	混凝土垫层	
					自拌混凝土	商品混凝土
1	人工	甲类工	工日	2.852	5.635	2.659
2		乙类工	工日			
3		合计	工日	2.852	5.635	2.659
4	材料	水	m³	1.6	5.022	5.022
5		商品混凝土	m³			10.2
6		C15 混凝土	m³		10.15	
7		特细砂	m³	12.9		
8	机械	双锥反转出料混凝土搅拌机 350L	台班		0.653	

8-3　路面工程

8-3-1　素土路面

工作内容: 推土、碾压、整平。

单位:1000m²

定额编号				80033	80034	80035	80036
顺序号		名称	单位	人工摊铺		机械摊铺	
				压实厚度 20cm	每增减 5cm	压实厚度 20cm	每增减 5cm
1	人工	甲类工	工日	2.1	0.2	0.4	0.1
2		乙类工	工日	24.2	2.4	4.1	0.4
3		合计	工日	26.3	2.6	4.5	0.5
4	机械	自行式平地机 118kW	台班			0.5	
5		压路机　内燃 6~8t	台班	1.6		1.6	
6		其他费用	%	0.5		0.5	

8-3-2　泥结碎石路面

工作内容: 运料、拌和、摊铺、找平、洒水、碾压。

单位:1000m²

定额编号				80037	80038	80039	80040
顺序号		名称	单位	人工摊铺		机械摊铺	
				压实厚度 10cm	每增减 1cm	压实厚度 10cm	每增减 1cm
1	人工	甲类工	工日	6.4	0.4	4.9	0.2
2		乙类工	工日	74.1	4.2	56.4	2.6
3		合计	工日	80.5	4.6	61.3	2.8

顺序号		定额编号	单位	80037	80038	80039	80040
		名称		人工摊铺		机械摊铺	
				压实厚度10cm	每增减1cm	压实厚度10cm	每增减1cm
4	材料	水	m³	32	3.2	32	3.2
5		砂	m³	28.79		28.79	
6		碎石	m³	128.55	12.85	128.55	12.85
7		黏土	m³	29	3	29	3
8	机械	自行式平地机 118kW	台班			0.6	
9		压路机 内燃 6~8t	台班	1.24		1.24	
10		其他费用	%	0.5		0.5	

8-3-3 砂砾石路面

工作内容: 运料、拌和、摊铺、找平、洒水、碾压。 单位:1000m²

顺序号		定额编号	单位	80041	80042	80043	80044
		名称		人工摊铺		机械摊铺	
				压实厚度10cm	每增减1cm	压实厚度10cm	每增减1cm
1	人工	甲类工	工日	3.2	0.3	1.5	0.1
2		乙类工	工日	36.8	3	17.5	1.2
3		合计	工日	40	3.3	19	1.3
4	材料	水	m³	40		40	
5		砂	m³	36	3.6	36	3.6
6		砾石	m³	94.1	9.4	94.1	9.4
7	机械	自行式平地机 118kW	台班			0.4	
8		压路机 内燃 6~8t	台班	2.4		2.4	
9		洒水车 4800L	台班	0.4		0.6	
10		其他费用	%	0.5		0.5	

8-3-4 煤矸石(矿渣)路面

工作内容: 运料、拌和、摊铺、找平、洒水、碾压。 单位:1000m²

顺序号		定额编号	单位	80045	80046	80047	80048
		名称		人工摊铺		机械摊铺	
				压实厚度10cm	每增减1cm	压实厚度10cm	每增减1cm
1	人工	甲类工	工日	3.5	0.3	1.7	0.1
2		乙类工	工日	40	3.5	19.3	1.4
3		合计	工日	43.5	3.8	21	1.5
4	材料	水	m³	13	1.3	13	1.3
5		砂	m³	5	0.5	5	0.5
6		煤矸石(矿渣)	m³	132.6	13.26	132.6	13.26
7	机械	拖拉机 履带式 74kW	台班	0.4		0.4	
8		自行式平地机 118kW	台班			0.6	
9		压路机 内燃 6~8t	台班	1		1	
10		洒水车 4800L	台班	0.6		0.6	
11		其他费用	%	4.2		4.2	

8-3-5 沥青碎石、沥青混凝土、水泥混凝土路面

工作内容：1.沥青碎石：沥青加热、洒布、铺料、碾压、铺保护层。

2.沥青混凝土：沥青及骨料加热、配料、拌和、运输、摊铺、碾压等。

3.水泥混凝土：模板安装、混凝土配料、拌和、运输、浇筑、振捣、养护等。　　　　单位：1000m²

定额编号				80049	80050	80051	80052	80053	80054
				沥青碎石路面		沥青混凝土路面		水泥混凝土	
				厚度（cm）					
顺序号		名称	单位	8cm	每增减1cm	6cm	每增减1cm	15cm	每增减1cm
1	人工	甲类工	工日	9.5	0.5	9.9	1.1	16.7	0.8
2		乙类工	工日	109.8	5.6	114.1	13.2	192.3	9.3
3		合计	工日	119.3	6.1	124	14.3	209	10.1
4	材料	砂	m³	11		11	2		
5		碎石	m³	136	18	62	10		
6		锯材	m³	0.12		0.1		0.23	0.01
7		石油沥青 60#~100#	t	8.2	1	7	1.2		
8		石屑	m³	5.1		21	3.5		
9		矿粉	m³			3	0.5		
10		混凝土	m³					153	10.2
11	机械	压路机 内燃 12~15t	台班	1		1.37			
12		混凝土搅拌机 0.4m³	台班					7	0.5
13		强制式混凝土搅拌机 0.35m³	台班			2.17	0.37		
14		自卸汽车 8t	台班			5.4	0.9	5	0.34
15		沥青洒布车 3500L	台班	0.8	0.04				
16		其他费用	%	3		4		2	

8-3-6 现浇透水彩色水泥混凝土路面

工作内容：1.水泥砂浆：清理基层、调运砂浆、砂浆找平、贴砖、勾缝、清理净面。

2.特细砂、中粗砂：放样、铺砂垫层、铺砌、扫缝、清理净面。　　　　单位：100m²

定额编号				80055	80056
				现浇透水彩色水泥混凝土面层	
顺序号		名称	单位	厚3cm	每增减1cm
1	人工	甲类工	工日	15.504	1.24
2		乙类工	工日		
3		合计	工日	15.504	1.24
4	材料	水	m³	4.27	
5		土工布	m²	20	0.09
6		水泥 52.5	kg	1152.609	376.2

定额编号				80055	80056
顺序号	名称		单位	现浇透水彩色水泥混凝土面层	
				厚3cm	每增减1cm
7	材料	碎石	t	5.819	1.93
8		氟碳保护剂	kg	30	
9		LDA增强剂	kg	29.063	
10		PG道路封缝胶	kg	9.765	
11		泡沫条 $\phi8$	m	30	
12		无机颜料	kg	34.578	
13		切割机刀片	片	0.05	
14	机械	机动翻斗车 1t	台班	0.242	
15		电动空气压缩机 $3m^3/min$	台班	0.03	
16		双锥反转出料混凝土搅拌机 500L	台班	0.1	
17		混凝土切缝机 7.5kW	台班	0.375	

注:材料费按"未计价材料费"计算。

8-3-7 透层、黏层、封层

工作内容:温、配油,清扫路基,运油、喷油、刮油、撒砂。 单位:100m²

定额编号				80057	80058	80059	80060	80061	80062
顺序号	名称		单位	透层油		黏结油		封层油(刮油撒砂)	
				沥青用量		沥青用量		沥青用量	沥青用量
				0.8kg/m²	1.0kg/m²	0.4kg/m²	0.6kg/m²	1.0kg/m²	1.2kg/m²
1	人工	甲类工	工日	0.29	0.354	0.207	0.253	0.719	0.79
2		乙类工	工日						
3		合计	工日	0.29	0.354	0.207	0.253	0.719	0.79
4	材料	石油沥青 60#~100#	t	0.08	0.1	0.04	0.06	0.1	0.13
5		其他材料费	元	3.08	3.85	1.54	2.31	4.52	5.68
6		特细砂	t					0.714	0.714

8-3-8 块石路面

工作内容:运料、拌和、摆石、摊铺、找平、洒水、碾压。 单位:1000m²

定额编号				80063	80064	80065	80066	80067	80068
顺序号	名称		单位	弹石路面				块料面层	
				半整齐块石		不整齐块石		小方碎(块)石	乱铺块石
				厚度14cm	每增减1cm	厚度16cm	每增减1cm		
				1000m²	1000m²	1000m²	1000m²	10m²	10m²
1	人工	甲类工	工日	6.67	0.6	8.4	0.7	1.364	4.738
2		乙类工	工日	80.6	5.54	90.4	6.21		
3		合计	工日	87.27	6.14	98.8	6.91	1.364	4.738

定额编号			单位	80063	80064	80065	80066	80067	80068
				弹石路面				块料面层	
顺序号		名称		半整齐块石		不整齐块石		小方碎（块）石	乱铺块石
				厚度 14cm	每增减 1cm	厚度 16cm	每增减 1cm		
				1000m²	1000m²	1000m²	1000m²	10m²	10m²
4	材料	水	m³	40	0.4	40	0.4		
5		砂	m³	43.8	2.74	50.19	3.13		
6		块（片）石	m³	148.2	9.26	168.01	10.5	1.09	1.434
7		水泥砂浆	m³					0.31	2.96
8		其他材料费	元					0.82	2.98
9	机械	内燃压路机 6~8t	台班	0.54		0.6			
10		洒水车 4800L	台班	0.6		0.6			
11		灰浆搅拌机 200L	台班					0.025	0.233
12		其他费用	%	0.5		0.5			

注：材料费按"未计价材料费"计算。

8-3-9 级配碎石路面

工作内容：运料、拌和、摊铺、找平、洒水、碾压。

单位：1000m²

定额编号			单位	80069	80070	80071	80072
				机械铺筑		人工铺筑	
顺序号		名称		压实厚度 10cm	每增减 1cm	压实厚度 10cm	每增减 1cm
1	人工	甲类工	工日	1.08	0.1	4.65	0.4
2		乙类工	工日	4.3	0.3	18.6	1.7
3		合计	工日	5.38	0.4	23.25	2.1
4	材料	黏土	m³	18.15	1.81	18.15	1.81
5		石屑	m³	54.43	5.5	54.43	5.5
6		碎石 10~20mm	m³	32.85	4.11	32.85	4.11
7		碎石 20~40mm	m³	16.43	2.05	16.43	2.05
8		碎石 40~80mm	m³	16.43	2.05	16.43	2.05
9	机械	内燃压路机 6~8t	台班	1.6		1.6	
10		洒水车 4800L	台班	0.2	0.02	0.2	0.02
11		履带式拖拉机 74kW	台班	0.34		0.34	
12		自行式平地机 118kW	台班	0.65			
13		其他费用	%	0.2		0.2	

8-3-10 预制混凝土小块路面

工作内容: 挂线、配料、拌和、铺砂、调制砂浆、铺设、铺修面层、碾压、洒水、清扫。

单位:1000m²

定额编号				80073
顺序号		名称	单位	预制混凝土块
1	人工	甲类工	工日	20.9
2		乙类工	工日	90
3		合计	工日	110.9
4	材料	砂	m³	42.96
5		混凝土预制块	m³	68
6	机械	内燃压路机 6~8t	台班	0.35
7		其他费用	%	0.6

8-3-11 砖路面

工作内容: 砖铺地:弹线、选砖、套规格、砍磨砖件、铺灰浆、铺砖块料、收缝、勾缝等。

顺序号		名称	单位	80074 碎砖墁地	80075 砖侧铺地面	80076 砖平铺地面 拐子锦	80077 砖平铺地面 八方锦	80078 砖平铺地面 十字缝	80079 人行道透水砖 水泥砂浆粘贴	80080 广场砖铺装 拼图案	80081 广场砖铺装 不拼图案	80082 人行道 平铺砖
				10m²	10m²	10m²	10m²	10m²	100m²	10m²	10m²	1000m²
1	人工	甲类工	工日	0.799	2.304	1.954	1.885	1.777	8.751	2.199	2.054	87.3
2		乙类工	工日									
3		合计	工日	0.799	2.304	1.954	1.885	1.777	8.751	2.199	2.054	87.3
4	材料	水	m³						2.372			22
5		土	m³									132.1
6		熟石灰	t									14.107
7		标准砖	千块									33.51
8		水泥砂浆	m³	0.33	0.22	0.36	0.33	0.33	2.656	0.303	0.303	
9		其他材料费	元	0.66	1.55	1.12	1.12	1.12	43.48	3.02	2.97	
10		透水砖	m²						103			
11		广场砖	m²							9.033	8.859	
12		标准砖	千块		0.64	0.36	0.36	0.36				
13		碎砖	m³	1.04								
14	机械	灰浆搅拌机	台班	0.026	0.018	0.026	0.026	0.026	0.34	0.034	0.034	

注:材料费按"未计价材料费"计算。

8-3-12　木栈道

工作内容: 1.制作:放样、选料、运料、画线、起线凿眼、齐头、弹安装线、标示安装号、试装等。
2.安装:垂直起重、吊线、修整榫卯、入位、校正、临时支撑、钉牢、齐头、安装、安装完成后拆戗、拆拉杆等。

顺序号	名称		单位	80083	80084	80085	80086
				木栈道、木平台			
				木梁制安			台面制安
				梁宽(mm)			
				250 以内	300 以内	300 以上	
				m³	m³	m³	10m²
1	人工	甲类工	工日	5.886	4.952	4.386	1.82
2		乙类工	工日				
3		合计	工日	5.886	4.952	4.386	1.82
4	材料	铁钉	kg	0.5	0.5	0.5	0.835
5		其他材料费	元	20.64	19.54	18.83	4.53
6		防腐木	m³	1.07	1.07	1.07	0.63

注:材料费按"未计价材料费"计算。

8-3-13　青石板

工作内容: 放线、夯实、修平垫层、调浆、铺面层、嵌缝、清扫。　　　　　　　　　单位:10m²

顺序号	名称		单位	80087	80088	80089	80090
				块料面层			
				青石板碎拼			
				机切边		自然边	
				厚50mm 以内	厚30mm 以内	厚50mm 以内	厚30mm 以内
1	人工	甲类工	工日	3.654	3.194	3.02	2.745
2		乙类工	工日				
3		合计	工日	3.654	3.194	3.02	2.745
4	材料	水泥砂浆	m³	0.55	0.55	0.7	0.7
5		其他材料费	元	7.31	4.67	4.33	4.11
6		青石板　厚 20~25mm	m²		12.5		10.3
7		青石板　厚 40~45mm	m²	12.5		10.3	
8		素水泥浆	m³	1	0.01		
9		水泥 32.5	kg	0.155	0.155		
10	机械	灰浆搅拌机	台班	0.011	0.011	0.011	0.011

注:材料费按"未计价材料费"计算。

8-4 路面附属工程

8-4-1 全部挖除旧路面

工作内容: 1.施工准备。

2.人工挖撬或机械挖除,机械铣刨(装车)。

3.废料清除至路基外。

4.场地清理、平整。

定额编号				80091	80092	80093	80094	80095	80096	80097	80098	80099
顺序号	名称		单位	人工挖清			机械挖清				沥青混凝土路面铣刨	
				整体路面	面层		挖掘机挖除整体路面	面层			厚5cm	每增减1cm
					沥青混凝土	水泥混凝土		风镐挖清沥青混凝土	风镐挖清水泥混凝土	破碎机挖清水泥混凝土		
				10m³	10m³	10m³	10m³	10m³	10m³	10m³	1000m²	1000m²
1	人工	甲类工	工日	4.9	8.9	16.6	0.1	3.8	6.9	2.6	5.8	1.4
2		乙类工	工日									
3		合计	工日	4.9	8.9	16.6	0.1	3.8	6.9	2.6	5.8	1.4
4	机械	路面铣刨机 2000mm	台班								0.3	0.06
5		自卸汽车 8t	台班								0.32	0.07
6		洒水车 4800L	台班								0.08	0.02
7		小型机具使用费	元		6.4	4.4		10	15.3	3.3	26.6	5.3
8		机动破路机	台班							1.41		
9		6m³/min 以内机动空压机	台班					0.74	1.12			
10		液压单斗挖掘机 2.0m³	台班				0.08					

8-4-2 铣刨路面

工作内容: 铣刨沥青路面,清扫废渣。

单位:1000m²

定额编号				80100
顺序号	名称		单位	铣刨机铣刨路面厚(1~5cm)
1	人工	甲类工	工日	4.76
2		乙类工	工日	
3		合计	工日	4.76
4	材料	铣刨鼓边刀	把	4.4
5	机械	路面铣刨机	台班	0.79

8-4-3　路面凿毛

工作内容:凿毛、清扫废渣。

单位:100m²

定额编号				80101	80102	80103	80104
顺序号	名称		单位	沥青混凝土		水泥混凝土	
				人工	小型机械	人工	小型机械
1	人工	甲类工	工日	3.818	1.871	7.121	3.465
2		乙类工	工日				
3		合计	工日	3.818	1.871	7.121	3.465
4	材料	合金钢钻头 一字形	个		0.03		0.05
5		六角空心钢	kg		0.05		0.07
6		高压胶皮风管 ϕ25-6P-20m	m		0.01		0.01
7	机械	电动空气压缩机 3m³/min	台班		1.09		1.19
8		风动凿岩机　手持式	台班		1.09		1.19

8-4-4　锯缝机锯缝

工作内容:放样、缝板制作。

单位:10m

定额编号		单位	80105
顺序号	名称		锯缝机锯缝
1	甲类工	工日	0.13
2	人工　乙类工	工日	0.51
3	合计	工日	0.64
4	材料　钢锯条	根	0.065
5	机械　锯缝机	台班	0.21
6	其他费用	%	1.5

8-4-5　道路路肩

工作内容:1.现浇及预制混凝土:模板制作、安装、拆除、修理、涂脱模剂;混凝土配运料、拌和、运输、浇筑。

2.浆砌片(卵)石:刨边、浆砌片(卵)石、抹面。

3.片石混凝土:片石的掺入量按15%计算其掺入量与设计不同时含量可调整,但人工与机械不做调整。

4.安砌成品路缘石:放线、平基、运料、调制砂浆、安砌、勾缝、养护、清理等。

单位:10m³

定额编号				80106	80107	80108	80109	80110	80111
顺序号	名称		单位	路肩加固		路缘石		安砌成品路缘石	
				现浇混凝土	浆砌片(卵)石	片石混凝土	预制混凝土预制块	花岗石(预拌砂浆)　(规格:150mm×400mm)	花岗石
1	人工	甲类工	工日	1	1.7	0.58	23.2	8.618	9
2		乙类工	工日	12	19.6	6.7			
3		合计	工日	13	21.3	7.28	23.2	8.618	9

续表

定额编号				80106	80107	80108	80109	80110	80111
顺序号		名称	单位	路肩加固		路缘石		安砌成品路缘石	
				现浇混凝土	浆砌片(卵)石	片石混凝土	预制混凝土预制块	花岗石(预拌砂浆)	花岗石
								（规格：150mm×400mm）	
4	材料	水	m³	5.36		2.77		2	2
5		锯材	m³	0.049		0.023			
6		块(片)石	m³		11.5	2.43			
7		型钢	t	0.007		0.015	0.021		
8		混凝土	m³	10.2		8.67	10.10		
9		砌筑砂浆	m³		3.94				0.06
10		铁件	kg				1.9		
11		电焊条	kg				0.1		
12		水	m³				15		
13		中(粗)砂	m³				4.85		
14		水泥 32.5	t				3.384		
15		钢板	t				0.001		
16		碎石	m³				8.38		
17		干混商品砌筑砂浆 M7.5	t					0.102	
18		花岗石路缘石(成品)	m					101	101
19		其他材料费	元				19.9	129.95	129.81
20	机械	强制式混凝土搅拌机拌机	台班				0.37		
21		32kVA 以内交流电弧焊机	台班				0.02		
22		小型机具使用费	元				1.30		
23		灰浆搅拌机	台班						0.036
24		其他费用	%	1.1	1.1	1.1			
25		混凝土拌制	m³	10.3		8.76			
26		混凝土运输	m³	10.3		8.76			

注：材料费按"未计价材料费"计算。

8-5 道路安全附属工程

8-5-1 预制钢筋混凝土护栏

工作内容：混凝土及钢筋的全部工序；挖槽、浇筑混凝土、安装混凝土护栏；钢管栏杆制作、安装及油漆。

定额编号				80112	80113	80114	80115
顺序号		名称	单位	预制混凝土	预制钢筋	安装	制作、安装钢管栏杆
				10m³	1t	10m³	1t
1	人工	甲类工	工日	24.9	8.6	3.6	32.3
2		乙类工	工日				
3		合计	工日	24.9	8.6	3.6	32.3

顺序号	名称		单位	80112 预制混凝土 10m³	80113 预制钢筋 1t	80114 安装 10m³	80115 制作、安装钢管栏杆 1t
4		电焊条	kg		7.7		20.4
5		钢板	t		0.081		0.381
6		预制构件	m³				10.00
7		钢管	t				0.666
8		水	m³	16.16		1	
9	材料	钢筋	t	0.002	1.025		
10		铁丝	kg		5.135		
11		铁件	kg	11.745			
12		水泥砂浆	m³	0.24			
13		钢模板	t	0.1			
14		混凝土	m³	10.10			

8-5-2　现浇钢筋混凝土防撞护栏

工作内容:混凝土及钢筋的全部工序;挖槽、浇筑混凝土、安装混凝土护栏;钢管栏杆制作、安装及油漆。

顺序号	名称		单位	80116 墙体混凝土 10m³	80117 墙体钢筋 1t	80118 铸铁柱及栏杆 1t	80119 设置部位 路肩上 10根	80120 设置部位 挡土墙上 10根	80121 浆砌片石 10m³	80122 浆砌块石 10m³
1	人工	甲类工	工日	16	8.8	9.2	3.4	2.2	9.9	10.1
2		乙类工	工日							
3		合计	工日	16	8.8	9.2	3.4	2.2	9.9	10.1
4		油漆	kg			8.1	2.9	1.8	27.4	27.4
5		水	m³	12			1	1	17	17
6		中(粗)砂	m³	4.9			0.26	0.162	4.402	3.313
7		水泥 32.5	t	3.417			0.167	0.104	0.903	0.673
8		块(片)石	m³						11.5	10.5
9	材料	铁钉	kg				1.6	1		
10		碎石	m³	8.47			1.735	0.271		
11		钢筋	t	0.001	1.025		0.034	0.021		
12		铁丝	kg		5.1		0.2	0.1		
13		锯材	m³	0.061			0.053	0.033		
14		铁件	kg	13.3		90				
15		钢管	t			0.362				

续表

定额编号			80116	80117	80118	80119	80120	80121	80122
顺序号	名称	单位	墙体混凝土	墙体钢筋	铸铁柱及栏杆	设置部位		浆砌片石	浆砌块石
						路肩上	挡土墙上		
			10m³	1t	1t	10根	10根	10m³	10m³
16	材料	铸铁	kg			652				
17		钢模板	t	0.101						
18		原木	m³	0.043						
19		其他材料费	元	14.2		8.6	5.2	3.3	13.6	13.6
20	机械	载货汽车 2t	台班				0.12	0.08		
21		小型机具使用费	元	4.8	10.7		1.3	1.1		
22		强制式混凝土搅拌机	台班	0.29						
23		机动翻斗车 1t	台班	0.28						

8-5-3　波形钢板护栏

工作内容:基础:混凝土工作的全部工序;钢管柱:切割、焊接、钻孔、打桩机打入钢管柱、挖洞、浇筑柱脚混凝土;型钢柱:打桩机打入柱;波形钢板:安装撑架、固定螺栓及连接螺栓。

定额编号			80123	80124	80125	80126	80127	80128
顺序号	名称	单位	基础混凝土	立柱钢管柱埋入	立柱钢管柱打入	型钢立柱打入	单面波形钢板	双面波形钢板
			10m³	1t	1t	1t	1t	1t
1	人工	甲类工	工日	14.7	9.7	4.6	1.9	0.3	0.3
2		乙类工	工日						
3		合计	工日	14.7	9.7	4.6	1.9	0.3	0.3
4	材料	螺栓	kg					53.5	39.6
5		波形钢板	t					1.01	1.01
6		钢丝绳	t					0.008	
7		型钢立柱	t				1.01		
8		电焊条	kg		6	4.8			
9		钢板	t		0.032	0.025			
10		钢管立柱	t	100	1.01	1.01			
11		镀锌钢板	t			10			
12		小型机具使用费	元	0.75	372	2.5			
13		镀锌螺栓	kg		10				
14		水	m³	12					
15		中(粗)砂	m³	5.51					
16		水泥 32.5	t	2.876					

定额编号			80123	80124	80125	80126	80127	80128
顺序号		名称	单位	基础混凝土	立柱钢管柱埋入	立柱钢管柱打入	型钢立柱打入	单面波形钢板	双面波形钢板
				10m³	1t	1t	1t	1t	1t
17	材料	碎石	m³	8.364					
18		缆索	t	0.065					
19		其他材料费	元	2.6	11.3	8.8			
20	机械	载货汽车 5t	台班	0.13	0.21	0.16		0.06	0.06
21		载货汽车 2t	台班	0.28	0.37	0.37	0.69		
22		小型机具使用费	元		41.7	52	35.8		
23		32kVA 以内交流电弧焊机	台班	0.21	0.69	0.55			
24		走管式柴油打桩机 1~2t	台班	0.15					

8-5-4 隔离栅

工作内容：1.钢筋混凝土立柱：混凝土及钢筋全部工序、构件运输、安柱。

2.隔离栅立柱：安装立柱、斜撑及地锚钢筋。

3.钢板网、电焊网：钢管及角钢切割、焊接。

定额编号			80129	80130	80131	80132	80133	80134	80135	80136
顺序号		名称	单位	钢筋混凝土隔离栅立柱		钢隔离栅立柱		隔离栅网面			
				混凝土	钢筋	钢管	型钢	钢板网	刺铁丝	铁丝编织网	电焊网
				10m³	1t	1t	1t	100m²	1t	100m²	100m²
1	人工	甲类工	工日	47.5	7.5	7.8	17	8.4	65	8.1	8.1
2		乙类工	工日								
3		合计	工日	47.5	7.5	7.8	17	8.4	65	8.1	8.1
4	材料	电焊条	kg			9.4		34.4			34.4
5		电焊网排	m²								102.5
6		铁丝编织网	m²							102	
7		铁丝	kg						22.4		
8		刺铁丝	kg						1020		
9		钢板网	m²					102.5			
10		铁件	kg	8.5	5.1	21.4	5.8				
11		钢筋	t		1.025		0.036				
12		型钢立柱	t				1.01				
13		型钢	t	0.002		0.257					
14		其他材料费	元	14		25.4					
15		钢管立柱	t			0.788					

定额编号				80129	80130	80131	80132	80133	80134	80135	80136
顺序号	名称		单位	钢筋混凝土隔离栅立柱		钢隔离栅立柱		隔离栅网面			
				混凝土	钢筋	钢管	型钢	钢板网	刺铁丝	铁丝编织网	电焊网
				10m³	1t	1t	1t	100m²	1t	100m²	100m²
16	材料	水	m³	15							
17		中(粗)砂	m³	4.9							
18		水泥 32.5	t	3.754							
19		碎石	m³	8.16							
20		原木	m³	0.019							
21		组合钢模板	t	0.043							
22	机械	32kVA 以内交流电弧焊机	台班			1.29		5.11			5.11
23		载货汽车 5t	台班	2.17							0.09
24		载货汽车 2t	台班			0.87	2.23				
25		小型机具使用费	元	10.5	16.6	88.6					
26		强制式混凝土搅拌机	台班	0.31							

8-5-5 标志牌

8-5-5-(1) 钢筋混凝土基础

工作内容：1.钢筋混凝土基础：挖基、回填；钢筋及混凝土的全部工件。

2.金属标志牌：安装标志的全部工序。

定额编号				80137	80138
顺序号	名称		单位	基础混凝土	基础钢筋
				10m³	t
1	人工	甲类工	工日	13.1	8.7
2		乙类工	工日		
3		合计	工日	13.1	8.7
4	材料	铁件	kg	3.3	
5		型钢	t	0.004	
6		水	m³	12	
7		中(粗)砂	m³	4.9	
8		水泥 32.5	t	3.417	
9		碎石	m³	8.47	
10		钢筋	t		1.025
11		铁丝	kg		5.1
12		锯材	m³	0.001	
13		组合钢模板	t	0.007	
14		其他材料费	元	33.6	
15	机械	小型机具使用费	元	3.5	

8-5-5-(2) 铝合金标志牌

工作内容:1.钢筋混凝土基础:挖基、回填;钢筋及混凝土的全部工件。

2.金属标志牌:安装标志的全部工序。

单位:10t

定额编号			单位	80139 单柱式铝合金标志立柱	80140 单柱式铝合金标志面板	80141 双柱式铝合金标志立柱	80142 双柱式铝合金标志面板	80143 单悬臂铝合金标志立柱	80144 单悬臂铝合金标志面板	80145 双悬臂铝合金标志立柱	80146 双悬臂铝合金标志面板	80147 附着式铝合金标志
顺序号		名称										
1	人工	甲类工	工日	9.5	23.4	2.3	6.4	1.8	6.7	1.5	7.2	42.8
2		乙类工	工日									
3		合计	工日	9.5	23.4	2.3	6.4	1.8	6.7	1.5	7.2	42.8
4	材料	电焊条	kg	0.9		0.6		0.6		0.5		
5		钢管立柱	t	6.314		7.198		7.08		7.051		
6		镀锌铁件	kg	3759.9	3033.7	2858.3	2416.8	2978.8	2996.6	3007.7	5062.7	6978.9
7		铝合金标志	t		7.026		7.631		7.062		5.037	3.158
8		反光膜	m²		963.1		1028		1018.1		741.3	477.6
9	机械	32kVA以内交流电弧焊机	台班	0.15		0.09		0.09		0.08		
10		载货汽车6.5t	台班	3.2	7.9	0.68	2.15					1.93
11		汽车式起重机5t	台班	2.83	6.98	0.69	1.9					
12		载货汽车10t	台班					0.46	1.67	0.37	1.79	
13		汽车式起重机8t	台班					0.49	1.8	0.4	1.92	
14		10m以内高空作业车	台班						0.9		0.96	
15		小型机具使用费	元									44.8

8-5-5-(3) 钢板标志牌

工作内容:1.钢筋混凝土基础:挖基、回填;钢筋及混凝土的全部工件。

2.金属标志牌:安装标志的全部工序。

单位:10t

定额编号			单位	80148 单柱式钢板标志立柱	80149 单柱式钢板标志面板	80150 双柱式钢板标志立柱	80151 双柱式钢板标志面板	80152 单悬臂钢板标志立柱	80153 单悬臂钢板标志面板	80154 双悬臂钢板标志立柱	80155 双悬臂钢板标志面板
顺序号		名称									
1	人工	甲类工	工日	8	14.7	2.2	3.9	1.7	3.3	1.5	3.6
2		乙类工	工日								
3		合计	工日	8	14.7	2.2	3.9	1.7	3.3	1.5	3.6
4	材料	电焊条	kg	0.8		0.5		0.5		0.4	
5		钢管立柱	t	6.901		7.386		7.179		7.092	
6		镀锌铁件	kg	3161.1	3436.1	2666.4	2747.9	2877	3100.9	2965.9	5187.1
7		反光膜	m²		606		615.2		501.7		361.7
8		钢板标志	t		6.631		7.3		6.96		4.915

续表

顺序号		名称	单位	80148 单柱式钢板标志立柱	80149 单柱式钢板标志面板	80150 双柱式钢板标志立柱	80151 双柱式钢板标志面板	80152 单悬臂钢板标志立柱	80153 单悬臂钢板标志面板	80154 双悬臂钢板标志立柱	80155 双悬臂钢板标志面板
9	机械	32kVA 以内交流电弧焊机	台班	0.12		0.08		0.07		0.07	
10		载货汽车 6.5t	台班	2.69	4.97	0.72	1.29				
11		汽车式起重机 5t	台班	2.38	4.39	0.64	1.14				
12		载货汽车 10t	台班					0.43	0.82	0.37	0.88
13		汽车式起重机 8t	台班					0.46	0.88	0.39	0.94
14		10m 以内高空作业车	台班						0.44		0.48

8-5-6 标线

工作内容:清扫路面、放样、加热熔化热塑型标线涂料、画线。

单位:100m²

顺序号		名称	单位	80156 水泥混凝土路面热熔标线	80157 沥青路面热熔标线	80158 路面汽车标线（普通标线）	80159 路面喷线机标线（普通标线）	80160 路面人工标线（普通标线）
1	人工	甲类工	工日	3.1	3.1	1.3	3	3.2
2		乙类工	工日					
3		合计	工日	3.1	3.1	1.3	3	3.2
4	材料	标线漆	kg			49	49	49
5		其他材料费	元	194.2	194.2			
6		热熔涂料	kg	469	469			
7		反光玻璃珠	kg	37	37			
8		底油	kg	23				
9		双组分标线涂料	kg					
10		小型机具使用费	元					29.5
11	机械	载货汽车 5t	台班	0.43	0.43		0.52	
13		2.2kW 以内路面划线车	台班				0.46	
13		汽车式划线车	台班			0.33		
14		热熔标线设备	台班	0.47	0.47			

8-5-7 警示柱

工作内容:1.挖土、安装固定、浇筑、捣固及养护。
2.卸车、拆箱、拼装、安装、校正等。

单位:个

顺序号		名称	单位	80161 警示柱	80162 广角镜
1	人工	甲类工	工日	0.211	0.213
2		乙类工	工日		
3		合计	工日	0.211	0.213

顺序号		定额编号		80161	80162
		名称	单位	警示柱	广角镜
4		其他材料费	元	0.66	1.54
5	材料	警示柱	个	1	
6		混凝土	m³	0.124	
7		风镐凿子	根	0.042	
8		广角镜	个		1
9		载货汽车 5t	台班	0.027	0.077
10	机械	电动空气压缩机 0.6m³/min	台班	0.027	
11		20m 以内高空作业车	台班		0.077

8-5-8 减速带

工作内容：放样、钻孔、安装、清扫。

单位：m

顺序号		定额编号		80163
		名称	单位	减速带
1		甲类工	工日	0.109
2	人工	乙类工	工日	
3		合计	工日	0.109
4		膨胀螺栓	套	0.02
5		环氧树脂	kg	0.255
6	材料	电	kW·h	0.125
7		减速带	m	1.01
8		其他材料费	元	0.59

8-5-9 太阳能路灯

工作内容：1.开箱清点，检查，测位画线，打眼埋螺栓，灯具拼装，起吊安装组件，灯体安装，太阳能电池板固定，调整方位角度，蓄电池就位固定、护罩安装、标示标号，控制器安装，组件电路连接、接线，接地，接焊线包头，测试、记录。

2.开箱检查、清洁搬运、起吊安装组件，调整方位和俯视角，测试，记录，钢架简易基础砌筑、钢架固定等。

单位：10 套

顺序号		定额编号		80164	80165
		名称	单位	灯柱(m)	
				≤8	≤10
1		甲类工	工日	48.195	50.031
2	人工	乙类工	工日		
3		合计	工日	48.195	50.031

顺序号	|	名称	单位	80164	80165
		定额编号		灯柱(m)	
				≤8	≤10
4	材料	成套灯具	套	10.1	10.1
5		冲击钻头	个	0.3	0.25
6		防锈漆	kg	0.75	0.75
7		瓷接头（双）	个	10.3	10.3
8		地脚螺栓 M12×120	套	40.8	40.8
9		电力复合脂	kg	0.6	0.7
10		镀锌扁钢综合	kg	16.5	16.5
11		酚醛调和漆	kg	0.75	0.75
12		钢垫板	kg	2.25	2.25
13		焊锡膏	kg	0.23	0.23
14		焊锡丝 综合	kg	1.13	1.13
15		膨胀螺栓 M14	套	20	20.5
16		汽油	kg	0.38	0.38
17		塑料带 20mm×40m	卷	0.039	0.034
18		塑料胶布带 20mm×10m	卷	2	2
19		低碳钢焊条 综合	kg	1.13	1.13
20		阻燃铜芯塑料绝缘电线 ZR-BV-1.5mm^2	m	2.2	2.2
21	机械	交流弧焊机 容量 21kVA	台班	1.05	1.05
22		20m 以内高空作业车	台班	2.385	2.385
23		汽车起重机 8t	台班	1.96	1.96
24		载货汽车 5t	台班	0.84	0.84
25		手持式万用表	台班	0.6	0.6

注:材料费按"未计价材料费"计算。

第九章　植物工程

说　明

一、本章为植物工程定额,共 20 节,107 子目。

二、本定额除本节另有说明外,均不得对定额进行调整或换算。

三、定额的计量单位分别按株、平方米(m^2)、公顷(hm^2)计量。

四、植树定额:

1.定额中包括种植前的准备、栽植时的用工用料和机械使用费以及栽植后 10 天以内的养护工作。

2.定额中的"苗木"消耗数量为一般造林密度下的苗木数量。若造林设计中的造林密度发生变化,苗木数量与本定额不同时,人工和水的消耗量应按实际用苗数量同比例进行调整。

3.定额按 Ⅰ、Ⅱ 类土拟定,若为 Ⅲ 类或 Ⅳ 类土时,在使用定额时其人工消耗数量应分别乘以调整系数 1.25 或 1.45。

4.定额中草籽用量由于种类、地点和用途不同,用量相差悬殊,定额中仅以范围值列示。使用时,应根据设计需要量计算,人工和其他定额不作调整。

9-1 栽植乔木

9-1-1 栽植乔木(带土球)

工作内容:挖坑,栽植(扶正、回土、提苗、捣实、筑水围),浇水,覆土保墒,整形,清理。　　　　单位:100 株

定额编号				90001	90002	90003	90004	90005	90006
顺序号		名称	单位	栽植乔木(带土球)					
				土球直径(cm 以内)					
				20	30	40	50	60	70
1	人工	甲类工	工日						
2		乙类工	工日	3.8	7	11.8	18.2	30.1	36.2
3		合计	工日	3.8	7	11.8	18.2	30.1	36.2
4	材料	树苗	株	102	102	102	102	102	102
5		水	m³	2	2	4	6	8	9
6		其他费用	%	0.5	0.5	0.5	0.5	0.5	0.5

9-1-2 栽植乔木(裸根)

工作内容:挖坑,栽植(扶正、回土、提苗、捣实、筑水围),浇水,覆土保墒,整形,清理。　　　　单位:100 株

定额编号				90007	90008	90009	90010	90011	90012
顺序号		名称	单位	裸根胸径(cm 以内)					
				4	6	8	10	12	14
1	人工	甲类工	工日						
2		乙类工	工日	1.5	3.2	5.7	10.1	15.1	21.5
3		合计	工日	1.5	3.2	5.7	10.1	15.1	21.5
4	材料	树苗	株	102	102	102	102	102	102
5		水	m³	3.2	5	6.8	8.7	10.5	12.3
6		其他费用	%	0.5	0.5	0.5	0.5	0.5	0.5

9-2 栽植灌木

9-2-1 栽植灌木(带土球)

工作内容:挖坑,栽植(扶正、回土、提苗、捣实、筑水围),浇水,覆土保墒,整形,清理。　　　　单位:100 株

定额编号				90013	90014	90015	90016	90017
顺序号		名称	单位	土球直径(cm 以内)				
				20	30	40	50	60
1	人工	甲类工	工日					
2		乙类工	工日	3.4	6.6	10.2	15.8	24.7
3		合计	工日	3.4	6.6	10.2	15.8	24.7
4	材料	树苗	株	102	102	102	102	102
5		水	m³	2	2	4	6	8
6		其他费用	%	0.5	0.5	0.5	0.5	0.5

9-2-2 栽植灌木(裸根)

工作内容: 挖坑,栽植(扶正、回土、提苗、捣实、筑水围),浇水,覆土保墒,整形,清理。　　　单位:100株

顺序号	名称		单位	90018	90019	90020	90021
				冠丛高(cm 以内)			
				100	150	200	250
1	人工	甲类工	工日				
2		乙类工	工日	1	1.6	2	2.4
3		合计	工日	1	1.6	2	2.4
4	材料	树苗	株	102	102	102	102
5		水	m³	3	3.5	4	4.5
6	其他费用		%	0.4	0.4	0.4	0.4

9-2-3 起挖(裸根)乔木

工作内容: 起挖、出塘、修剪,打浆、搬运集中(或上车),回土填塘。　　　单位:100株

顺序号	名称		单位	90022	90023	90024	90025	90026	90027	90028	90029	90030
				起挖乔木(裸根)								
				胸径(cm 以内)								
				4	6	8	10	12	14	16	18	20
1	人工	甲类工	工日									
2		乙类工	工日	4	11	26	45	71	93	106	152	209
3		合计	工日	4	11	26	45	71	93	106	152	209
4	材料	草绳	kg							200	400	600
5	机械	载货汽车 8t	台班							2.1	3.1	4.6
6	其他费用		%	0.5	0.5	0.5	0.5	0.5	0.5	0.5	0.5	0.5

9-3 直播种草

9-3-1 条播

工作内容: 种子处理、人工开沟、播草籽、镇压。　　　单位:hm²

顺序号	名称		单位	90031	90032	90033	90034
				行距(cm)			
				15	20	25	30
1	人工	甲类工	工日				
2		乙类工	工日	27.1	21.9	18.6	16.4
3		合计	工日	27.1	21.9	18.6	16.4
4	材料	种子	kg	10~80	10~80	10~80	10~80
5		其他材料费	%	2.5	2.5	2.5	2.5

9-3-2　穴播

工作内容: 种子处理、人工挖穴、播草籽、踩压。　　　　　　　　　　　　　　　　单位:hm²

定额编号				90035	90036	90037	90038
顺序号	名称		单位	行距(cm)			
				15	20	25	30
1	人工	甲类工	工日				
2		乙类工	工日	46.7	29.4	21.4	17.1
3		合计	工日	46.7	29.4	21.4	17.1
4	材料	种子	kg	10~80	10~80	10~80	10~80
5		其他材料费	%	2.5	2.5	2.5	2.5

9-3-3　撒播

工作内容: 种子处理、人工撒播草籽、不覆土或用耙、耱、石磙子碾等方法覆土。　　　　单位:hm²

定额编号				90039	90040
顺序号	名称		单位	不覆土	覆土
1	人工	甲类工	工日		
2		乙类工	工日	2.1	8.6
3		合计	工日	2.1	8.6
4	材料	种子	kg	10~80	10~80
5		其他材料费	%	2	2.5

9-4　喷播植草

工作内容: 清理边坡、拌料、现场喷播、铺设无纺布、清理场地、初期养护。　　　　单位:100m²

定额编号				90041	90042
顺序号	名称		单位	路堤土质边坡	路堑土质边坡
1	人工	甲类工	工日		
2		乙类工	工日	0.78	0.93
3		合计	工日	0.78	0.93
4	材料	水	m³	8.00	9.04
5		混合草籽	kg	2.50	2.80
6		纸浆纤维(绿化用)	kg	24.00	27.40
7		保水剂(绿化用)	kg	0.10	0.20
8		复合肥料	kg	10.00	15.00
9		无纺布18g	kg	120.00	120.00
10		黏合剂(绿化用)	kg	0.20	0.40
11		其他材料费	%	4	4
12	机械	液压喷播植草机 JDZ-4.0V 4000L	台班	0.03	0.03
13		载货汽车6.5t	台班	0.03	0.03
14		洒水车4800L	台班	0.28	0.32
15		离心水泵　单级11~17kW	台班	0.16	0.18

9-5 草皮铺种

工作内容: 翻土整地、清除杂物、搬运草皮、铺草皮、浇水、清理。

单位:100m²

定额编号				90043	90044
顺序号		名称	单位	散铺	满铺
1	人工	甲类工	工日		
2		乙类工	工日	8.7	12
3		合计	工日	8.7	12
4	材料	水	m³	3	3
5		草皮	m²	37	110
6		其他材料费	%	2.5	2.5

9-6 建植绿篱

工作内容: 开沟、排苗、回土、筑水堰、浇水、覆土、整形、清理。

单位:100延米

定额编号				90045	90046	90047	90048	90049	90050	90051	90052	90053	90054
顺序号		名称	单位	单排						双排			
				绿篱(单排)高(cm)						绿篱(双排)高(cm)			
				40	60	80	100	120	150	40	60	80	100
				挖沟槽宽×槽深(cm×cm)									
				25×25	30×25	35×30	40×35	45×35	45×40	30×25	35×30	40×35	50×40
1	人工	甲类工	工日										
2		乙类工	工日	3.38	4.13	5.5	7.5	8.5	9.75	4.25	6	8	11.38
3		合计	工日	3.38	4.13	5.5	7.5	8.5	9.75	4.25	6	8	11.38
4	材料	水	m³	0.96	1.28	1.60	1.92	2.56	3.20	1.28	1.60	1.92	2.56
5		绿篱	m	102.00	102.00	102.00	102.00	102.00	102.00	204.00	204.00	204.00	204.00

9-7 花卉栽植

工作内容: 翻土整地、清除杂物、施基肥、放样、栽植、浇水、清理。

单位:100m²

定额编号				90055	90056	90057	90058
顺序号		名称	单位	露地花卉栽植			
				草本花	木本花	球、块根类	花坛
1	人工	甲类工	工日				
2		乙类工	工日	9	7	7.88	13.13
3		合计	工日	9	7	7.88	13.13
4	材料	水	m³	3.20	1.60	1.92	3.20
5		花苗	株	2500	630	1100	7000
6		有机肥(土杂肥)	kg	1.25	0.63	1.10	3.50

9-8　栽植攀缘植物

工作内容: 挖坑、栽植、回土、捣实、浇水、覆土、整理、施肥。　　　　　　　　　单位:100株

顺序号		定额编号		90059	90060	90061	90062
		名称	单位	3年生	4年生	5年生	6~8年生
1	人工	甲类工	工日				
2		乙类工	工日	0.94	1.13	2.25	3.38
3		合计	工日	0.94	1.13	2.25	3.38
4	材料	水	m³	0.88	0.96	1.08	1.20
5		攀缘植物	株	102	102	102	102
6		肥料	kg	5.50	5.50	5.50	5.50

9-9　栽植水生植物

工作内容: 挖淤泥、搬运、种植、养护。　　　　　　　　　单位:100株

顺序号		定额编号		90063	90064	90065	90066
		名称	单位	栽挺水类	栽漂浮类	栽浮水类	栽沿生类
				荷花等	凤眼莲等	睡莲等	菖蒲、千屈菜等
1	人工	甲类工	工日				
2		乙类工	工日	0.71	0.29	2.39	0.64
3		合计	工日	0.71	0.29	2.39	0.64
4	材料	水生植物	株	102	102	102	102
5		有机肥(土堆肥)	m³	1.30		1.00	1.30
6		陶瓷缸	只			100	

9-10　栽植竹类

工作内容: 挖填、栽植、(扶正、回土、压实、筑水围)浇水、覆土、保墒、修剪、整理、下车。　　　单位:100株

顺序号		定额编号		90067	90068	90069	90070	90071	90072
		名称	单位	栽植竹类(根盘丛径)(mm)					
				300以内	400以内	500以内	600以内	700以内	800以内
1	人工	甲类工	工日						
2		乙类工	工日	0.99	1.68	4.09	4.81	5.52	6.37
3		合计	工日	0.99	1.68	4.09	4.81	5.52	6.37
4	材料	水	m³	3.00	4.00	5.00	8.00	10	10
5		竹类植物	株	102	102	102	102	102	102

9-11 树木支撑

工作内容:制桩、运桩、打桩、绑扎。

单位:100 株

定额编号			单位	90073	90074	90075	90076	90077
顺序号		名称		树棍桩				
				四脚桩	三脚桩	一字桩	长单桩	短单桩
1	人工	甲类工	工日					
2		乙类工	工日	4.55	3.41	3.41	2.28	1.14
3		合计	工日	4.55	3.41	3.41	2.28	1.14
4	材料	树棍(长1.2m左右)	根	400	300	300		100
5		铁丝	kg	10.00	10.00	10.00	5.00	5.00
6		树棍(长2.2m左右)	根				100	

9-12 树干绑扎草绳

工作内容:搬运、绕干、余料清理。

单位:100m

定额编号			单位	90078	90079	90080	90081	90082
顺序号		名称		草绳绕树干胸径(cm)				
				4	6	8	10	12
1	人工	甲类工	工日					
2		乙类工	工日	1.71	1.9	2.08	2.28	2.46
3		合计	工日	1.71	1.9	2.08	2.28	2.46
4	材料	草绳	kg	100	135	170	200	235

9-13 密植植物篱

工作内容:开沟、排苗、回土、筑水堰、浇水、覆土、整形、清理。

单位:100 延米

定额编号			单位	90083	90084	90085	90086
顺序号		名称		密植植物篱			
				栽植绿篱(单排)高 cm			
1	人工	甲类工	工日	40	60	80	100
2		乙类工	工日	3.63	4.38	5.75	7.75
3		合计	工日	3.63	4.38	5.75	7.75
4	材料	水	m³	1.80	2.40	3.00	3.60
5		绿篱	m	102.00	102.00	102.00	102.00

9-14　草篱护坡

工作内容:清理边坡、开挖沟槽、铺植生带、覆盖细土、浇水养护。

单位:100m²

定额编号				90087
顺序号	名称		单位	草篱护坡
1	人工	甲类工	工日	
2		乙类工	工日	1.88
3		合计	工日	1.88
4	材料	水	m³	10
5		肥料	kg	10
6		种苗	株	4000
7		其他材料费	%	12

9-15　三维植物网护坡

工作内容:整坡、选苗、人工开种植沟、定植种苗、前期养护。

单位:100m²

定额编号				90088	90089
顺序号	名称		单位	三维植物网护坡	
				路堤边坡	高路堑边坡
1	人工	甲类工	工日		
2		乙类工	工日	30	35
3		合计	工日	30	35
4	材料	水	m³	10	15
5		种子	kg	3	4
6		无纺布 18g	kg	120	120
7		肥料	kg	15	18
8		种植用壤土	m³	10	11
9		三维网	m²	120	120
10		固定钉	kg	50	50
11		木纤维(绿化用)	kg	24	27.4
12		保水剂	kg	0.1	0.2
13		黏合剂	kg	0.2	0.4
14		其他材料费	%	2	2
15	机械	液压喷播植草机 JDZ-4.0V 4000L	台班	0.03	0.04
16		离心水泵　单级 11~17kW	台班	0.2	0.25
17		载货汽车 5t	台班	0.05	0.06
18		洒水车 4800L	台班	0.36	0.41

9-16 植生带护坡挖沟植草护坡

工作内容:平整坡面、客土改良、开挖沟槽、排水设施修建、铺三维网、覆土、液压喷播、洒水、盖无纺布、
前期养护。   单位:100m²

定额编号				90090	90091
顺序号	名称		单位	挖沟植草护坡	
				路堤边坡	高路堑边坡
1	人工	甲类工	工日		
2		乙类工	工日	40	45
3		合计	工日	40	45
4	材料	水	m³	10	15
5		种子	kg	3	4
6		无纺布 18g	kg	120	120
7		肥料	kg	20	22
8		种植用壤土	m³	20	25
9		三维网	m²	120	120
10		固定钉	kg	50	50
11		木纤维(绿化用)	kg	24	27.4
12		保水剂	kg	0.1	0.2
13		黏合剂	kg	0.2	0.4
14		其他材料费	%	1.5	2
15	机械	液压喷播植草机 JDZ-4.0V 4000L	台班	0.03	0.04
16		离心水泵 单级 11~17kW	台班	0.2	0.25
17		载货汽车 5t	台班	0.09	0.1
18		洒水车 4800L	台班	0.36	0.41

9-17 土工格室植草护坡

工作内容:平整坡面、排水设施施工、楔形沟人工开挖、客土回填、铺三维网、覆土、液压喷播、盖无纺布、
洒水、前期养护。   单位:100m²

定额编号			90092
顺序号	名称		单位	土工格室植草护坡
1	人工	甲类工	工日	
2		乙类工	工日	45
3		合计	工日	45

顺序号		名称		单位	90092
					土工格室植草护坡
4	材料	水	m³		15
5		黏土	m³		2
6		种子	kg		4
7		无纺布 18g	kg		120
8		肥料	kg		20
9		种植用壤土	m³		15
10		三维网	m²		120
11		固定钉	kg		50
12		木纤维(绿化用)	kg		27.4
13		保水剂	kg		0.2
14		黏合剂	kg		0.4
15		土工格栅	m²		110
16		ϕ22 锚杆	m		70
17		其他材料费	%		1
18	机械	液压喷播植草机	台班		0.04
19		离心水泵 单级 17kW	台班		0.25
20		载货汽车 5t	台班		0.1
21		洒水车 4000L	台班		0.441

9-18 浆砌块(片)石骨架植草护坡

工作内容:平整坡面、排水设施施工、土工格室施工、客土回填、铺三维网、覆土、液压喷播、盖无纺布、洒水、前期养护。

单位:100m²

顺序号		名称		单位	90093	90094	90095
					浆砌块(片)石骨架植草护坡		
					方格形浆砌块(片)石骨架	拱形浆砌块(片)石骨架	人字形浆砌块(片)石骨架
1	人工	甲类工	工日				
2		乙类工	工日		36.68	37.66	49.53
3		合计	工日		36.68	37.66	49.53
4	材料	水	m³		2	2	2
5		块(片)石	m³		23.63	19.9	33.14
6		水泥砂浆	m³		8.34	6.5	10.83
7		肥料	kg		5	5	5
8		回填土	m³		16.88	24.46	20.79
9		铺草皮	m²		61.88	89.69	76.23
10		无纺布	m²		69.92	101.35	86.14
11		其他材料费	%		10	10	10
12	机械	混凝土搅拌机 400L	台班		0.19	0.15	0.25
13		胶轮架子车	台班		4.83	3.76	6.27

9-19　厚层基材喷射植被护坡

工作内容：平整坡面、浆砌片石骨架施工、回填客土、铺草皮施工、盖无纺布、前期养护。　单位：100m²

定额编号				90096	90097	90098	90099
顺序号	名称		单位	硬质岩边坡	软质岩边坡	土石混合边坡	瘠薄土质边坡
1	人工	甲类工	工日				
2		乙类工	工日	64	58	55	53
3		合计	工日	64	58	55	53
4	材料	水	m³	20	18	15	10
5		种子	kg	6	5	5	4
6		无纺布 18g	kg	120	120	120	120
7		种植土	m³	7.2	5.8	4.3	2.9
8		绿化基材	m³	3.6	2.9	2.2	1.5
9		纤维	m³	7.2	5.8	4.3	2.9
10	材料	铁丝网	m²	120	120	120	120
11		ϕ12 圆钢锚钉	m	50	45	40	35
12		风钻钻插筋孔	m	50	45	40	35
13		网材固定铁件	kg	50	50	50	50
14		其他材料费	%	2	2	2	2
15	机械	离心水泵　单级 11~17kW	台班	0.25	0.25	0.25	0.25
16		载货汽车 5t	台班	0.06	0.05	0.05	0.04
17		洒水车 4800L	台班	0.41	0.41	0.41	0.41
18		混凝土搅拌机 400L	台班	0.84	0.67	0.4	0.16
19		混凝土喷射机 4~5m³/h	台班	2	1.7	1.5	1.3

9-20　植草砖内植草

工作内容：1.铺草：清杂、搬运草皮、格内灌土、栽草（含铺草）、浇水、清理、施工期养护。

　　　　　2.播种：清杂、格内灌土、播种、浇水、清理、养护。　单位：10m²

定额编号			90100	90101
顺序号	名称	单位	播草籽	栽种
1	人工	甲类工	工日	0.631	0.418
2		乙类工	工日		
3		合计	工日	0.631	0.418
4	材料	水	m³	0.2	0.5
5		草皮	m²		3.675
6		种子	kg	0.128	

9-21　铺设沙障

工作内容：1.带状沙障带宽为 0.6~1.0m，带间距为 4~5m；方格状沙障规格为 2m×2m。

2.准备沙障材料、定线、铺设。

单位：hm²

顺序号	名称		单位	90102	90103	90104	90105	90106	90107
				活沙障				死沙障(柴草沙障)	
				沙蒿沙障		沙柳沙障			
				带状	方格状	带状	方格状	带状	方格状
1	人工	甲类工	工日						
2		乙类工	工日	43.7	87.3	58.2	101.9	38.8	82.5
3		合计	工日	43.7	87.3	58.2	101.9	38.8	82.5
4	材料	干柴草	kg					1764.00	3332.00
5		活性沙生植物沙蒿	kg	10192.00	20237.00				
6		沙柳	kg			10290.00	20958.00		
7	机械	双胶轮车	台班	10.00	20.00	10.00	21.00	6.00	11.00
8	其他费用		%	0.5	0.5	0.5	0.5	0.5	0.5

注：方格状沙障规格为 1m×1m 时，人工、双胶轮架子车及材料用量乘以系数 1.5。

第十章　辅助工程

说　明

一、本章包括防渗(反滤)、输电线路、辅助房屋、地埋电缆敷设、软母线引下线及设备连接、木闸门、围堰、人工拉锤打基础圆木桩、庭院路、混凝土路面及路缘石、混凝土植树框、桌凳椅制安、景观小品、栏杆、油漆、乳胶漆、墙面砖石、刻字、钢管脚手架、机械进出场等定额,共20节,302子目。

二、防渗(反滤)定额:塑料薄膜、土工布、土工膜3节定额,仅指这些防渗(反滤)材料本身的铺设,不包括其上面的保护(覆盖)层和下面的垫层砌筑,其定额单位"100m²"是指设计有效面积。

三、输电定额:输电线路架设定额已综合山区、上下坡、转角、跨越道路及河流等因素。

四、辅助房屋定额:

1.定额中的"砂浆",均按人工就近拌制拟定。若实际施工时与其不符,不作调整。

2.定额中的"砂浆"一项,是指完成单位产品所需的砂浆半成品量,其中包括了拌制、运输、操作等施工损耗量在内。砂浆半成品的单价可按本定额附录中砂浆材料配合比表列示量和相应材料的预算价格进行计算。

五、本章定额中的材料用量,均系备料量,未考虑周转回收。周转及回收量可按该工程使用时间参照"部分工程材料使用寿命及残值表"所列材料使用寿命及残值进行计算。

部分工程材料使用寿命及残值表

材料名称	使用寿命	残值(%)
钢管(脚手架用)	10年	10
卡扣件(脚手架用)	50次	10

10-1 防渗(反滤)

10-1-1 塑料薄膜铺设

工作内容: 粘接拼宽、场内运输、铺设、粘接压缝等。

适用范围: 各种建筑物防渗。

单位:100m²

定额编号				100001	100002	100003	100004
顺序号	名称		单位	平铺	斜铺(边坡)		
					1:2.5	1:2.0	1:1.5
1	人工	甲类工	工日				
2		乙类工	工日	1.3	1.4	1.6	1.8
3		合计	工日	1.3	1.4	1.6	1.8
4	材料	塑料薄膜	m²	113.00	113.00	113.00	113.00
5		其他费用	%	0.5	0.5	0.5	0.5

注:1.本定额的塑料薄膜材料为聚乙烯防渗薄膜或聚氯乙烯防渗薄膜。

2.边坡小于1:4时,按平铺计。渠道坡脚齿槽下的防渗薄膜铺设按该渠道相应边坡定额计算。

10-1-2 土工布铺设

工作内容: 场内运输、土工布铺设、裁剪、按缝(针缝)。

适用范围: 各种建筑物反滤层。

单位:100m²

定额编号				100005	100006	100007	100008
顺序号	名称		单位	平铺	斜铺(边坡)		
					1:2.5	1:2.0	1:1.5
1	人工	甲类工	工日				
2		乙类工	工日	2.0	2.3	2.5	2.8
3		合计	工日	2.0	2.3	2.5	2.8
4	材料	土工布	m²	107.00	107.00	107.00	107.00
5		其他费用	%	0.8	0.8	0.8	0.8

注:1.定额按300g/m²的土工布拟定。如土工布规格为150、200、400 g/m²时,人工定额分别乘以系数0.7、0.8、1.2。

2.边坡小于1:4时,按平铺计。

10-1-3　土工膜铺设

工作内容: 粘接拼宽、场内运输、铺设、粘接压缝等。

适用范围: 各种建筑物防渗。

单位:100m²

顺序号	名称		单位	100009	100010	100011	100012
				平铺	斜铺(边坡)		
					1:2.5	1:2.0	1:1.5
1	人工	甲类工	工日				
2		乙类工	工日	5.4	5.6	6.0	6.7
3		合计	工日	5.4	5.6	6.0	6.7
4	材料	复合土工膜	m²	106.00	106.00	106.00	106.00
5		工程胶	kg	2.00	2.00	2.00	2.00
6	其他费用		%	1.0	1.0	1.0	1.0

注:边坡小于1:4时,按平铺计。

10-1-4　复合柔毡铺设

工作内容: 场内运输、铺设、粘接。

适用范围: 渠道、土石坝、围堰防渗。

单位:100m²

顺序号	名称		单位	100013	100014	100015	100016	100017
				平铺	斜铺			
					边坡			
					1:2.5	1:2.0	1:1.5	1:1.0
1	人工	甲类工	工日	0.76	0.88	1.01	1.01	1.26
2		乙类工	工日	2.25	2.63	2.75	3.25	4
3		合计	工日	3.01	3.51	3.76	4.26	5.26
4	材料	黏胶剂 XD-103	kg	5	5.5	6	6.3	6.5
5		复合柔毡 XD-103	m²	105	115	120	125	130
6	其他材料费		%	4	4	4	4	4

10-2　输电线路工程

10-2-1　线路架设工程

10-2-1-(1)　380V 线路架设

工作内容: 挖坑、立杆、横担组装、线路架设。

单位:1km

顺序号	名称		单位	100018	100019	100020	100021	100022	100023
				380V 线路架设					
				木电杆			水泥电杆		
				电杆长度(m)					
				0~7	7~9	9~11	0~7	7~9	9~11
1	人工	甲类工	工日	42.5	59.9	75.8	75.5	101.2	143.6
2		乙类工	工日	99.1	139.6	176.9	176.3	236.1	335.2
3		合计	工日	141.6	199.5	252.7	251.8	337.3	478.8

顺序号		名称	单位	100018	100019	100020	100021	100022	100023
				380V 线路架设					
				木电杆			水泥电杆		
				电杆长度(m)					
				0~7	7~9	9~11	0~7	7~9	9~11
4	材料	木电杆	根	26.00	26.00	26.00			
5		水泥电杆	根				26.00	26.00	26.00
6		铁横担 L63×6×1500	根	41.00	43.00	43.00	41.00	43.00	43.00
7		导线 BLX-16	m	4330.00	4330.00	4330.00	4330.00	4330.00	4330.00
8		瓷瓶	个	149.00	149.00	149.00	149.00	149.00	149.00
9		镀锌钢绞线 GJ-35	m	140.00	163.00	195.00	140.00	163.00	195.00
10		线夹	个	26.00	26.00	26.00	26.00	26.00	26.00
11		混凝土拉盘 LP-6	块	13.00	13.00	13.00	13.00	13.00	13.00
12		螺栓	kg	91.00	91.00	91.00	93.00	93.00	93.00
13		铁件	kg	288.00	288.00	288.00	338.00	338.00	338.00
14	机械	载货汽车 5t	台班	2.98	3.34	3.56	3.74	4.44	6.86
15		汽车起重机 5t	台班				0.84	1.06	1.76
16		其他费用	%	1.7	1.5	1.3	1.6	1.4	1.1

10-2-1-(2) 6~10kV 木电杆线路架设

工作内容:挖坑、立杆、横担组装、线路架设。 单位:1km

顺序号		名称	单位	100024	100025	100026	100027
				木电杆线路架设			
				电杆长度(m)			
				9~11	11~13	13~15	15~18
1	人工	甲类工	工日	93.8	113.5	116.6	122.9
2		乙类工	工日	218.8	264.7	272.0	286.6
3		合计	工日	312.6	378.2	388.6	409.5
4	材料	木电杆	根	21.00	21.00	17.00	17.00
5		铁横担 L80×8×1700	根	7.00	7.00	6.00	6.00
6		铁横担 L63×6×800	根	20.00	20.00	16.00	16.00
7		瓷横担 S210	根	37.00	37.00	30.00	30.00
8		瓷横担 S210Z	根	26.00	26.00	21.00	21.00
9		导线 LGJ	m	3250.00	3250.00	3250.00	3250.00
10		悬式绝缘子 X-4.5	个	72.00	72.00	60.00	60.00
11		耐张线夹 NLD-2	个	36.00	36.00	30.00	30.00
12		楔形线夹 NX-2	个	12.00	12.00	10.00	10.00
13		UT 型线夹 NUT-2	个	12.00	12.00	10.00	10.00
14		并沟线夹 JB-2	个	36.00	36.00	30.00	30.00
15		镀锌钢绞线 GJ-50	m	217.00	257.00	275.00	345.00
16		混凝土拉线盘 LP-8	个	12.00	12.00	10.00	10.00
17		混凝土底盘	个	12.00	12.00	10.00	10.00
18		螺栓	kg	57.00	57.00	47.00	47.00
19		铁件	kg	557.00	557.00	459.00	459.00
20	机械	载货汽车 5t	台班	3.80	4.20	4.60	5.00
21		其他费用	%	3.6	3.1	2.7	2.5

10-2-1-(3) 6~10kV 水泥电杆线路架设

工作内容:挖坑、立杆、横担组装、线路架设。

单位:1km

顺序号	名称		单位	100028	100029	100030	100031
				水泥电杆线路架设			
				电杆长度(m)			
				9~11	11~13	13~15	15~18
1	人工	甲类工	工日	116.8	138.8	151.9	169.3
2		乙类工	工日	272.7	323.9	354.5	395.0
3		合计	工日	389.5	462.7	506.4	564.3
4	材料	水泥电杆	根	21.00	21.00	17.00	17.00
5		铁横担 L80×8×1700	根	7.00	7.00	6.00	6.00
6		铁横担 L63×6×800	根	20.00	20.00	16.00	16.00
7		瓷横担 S210	根	37.00	37.00	30.00	30.00
8		瓷横担 S210Z	根	26.00	26.00	21.00	21.00
9		导线 LGJ	m	3250.00	3250.00	3250.00	3250.00
10		悬式绝缘子 X-4.5	个	72.00	72.00	60.00	60.00
11		耐张线夹 NLD-2	个	36.00	36.00	30.00	30.00
12		楔形线夹 NX-2	个	12.00	12.00	10.00	10.00
13		UT 型线夹 NUT-2	个	12.00	12.00	10.00	10.00
14		并沟线夹 JB-2	个	36.00	36.00	30.00	30.00
15		镀锌钢绞线 GJ-50	m	217.00	257.00	275.00	345.00
16		混凝土拉线盘 LP-8	个	12.00	12.00	10.00	10.00
17		混凝土底盘 800×800×180	个	21.00	21.0	17.00	17.00
18		螺栓	kg	57.00	57.00	47.00	47.00
19		铁件	kg	557.00	557.00	459.00	459.00
20		电焊条	kg			30.00	83.00
21	机械	汽车起重机 5t	台班	4.40	4.60	4.80	5.00
22		电焊机 25kVA	台班			3.00	4.00
23		载货汽车 5t	台班	5.60	6.00	6.40	6.80
24	其他费用		%	3.1	2.7	2.5	2.3

10-2-1-(4) 照明线路架设

工作内容:挖坑、立杆、横担组装、线路架设。

单位:1km

顺序号	名称		单位	100032	100033	100034	100035
				照明线路架设			
				木电杆		水泥电杆	
				电杆长度(m)			
				0~7	7~9	0~7	7~9
1	人工	甲类工	工日	39.3	50.2	69.5	87.2
2		乙类工	工日	91.8	117.0	162.3	203.5
3		合计	工日	131.1	167.2	231.8	290.7

定额编号			100032	100033	100034	100035
顺序号		名称	单位	照明线路架设			
				木电杆		水泥电杆	
				电杆长度（m）			
				0~7	7~9	0~7	7~9
4	材料	电杆	根	26.00	26.00	26.00	26.00
5		铁横担 L50×5×1000	根	37.00	37.00	37.00	37.00
6		导线 BLX-16	m	2160.00	2160.00	2160.00	2160.00
7		瓷瓶	个	75.00	75.00	75.00	75.00
8		镀锌钢绞线 GJ-35	m	140.00	163.00	140.00	163.00
9		线夹	个	26.00	26.00	26.00	26.00
10		混凝土拉线盘 LP-6	块	13.00	13.00	13.00	13.00
11		螺栓、铁件	kg	268.00	268.00	367.00	367.00
12		灯具	套	26.00	26.00	26.00	26.00
13	机械	汽车起重机 5t	台班			0.76	0.95
14		载货汽车 5t	台班	2.76	3.12	3.52	3.95
15		其他费用	%	2.1	1.9	1.9	1.6

10-2-2 线路移设工程

10-2-2-（1） 380V 线路移设

工作内容：旧线拆除、挖坑、立杆、修整配套旧线、横担组装、线路架设。   单位：1km

定额编号			100036	100037	100038	100039	100040	100041
顺序号		名称	单位	380V 线路移设					
				木电杆			水泥电杆		
				电杆长度（m）					
				0~7	7~9	9~11	0~7	7~9	9~11
1	人工	甲类工	工日	44.8	63.0	79.8	79.5	106.4	150.8
2		乙类工	工日	104.4	147.0	186.2	185.6	248.1	351.8
3		合计	工日	149.2	210.0	266.0	265.1	354.5	502.6
4	材料	电杆	根	10.00	10.00	10.00	3.00	3.00	3.00
5		铁横担 L63×6×1500	根	4.00	4.00	4.00	4.00	4.00	4.00
6		导线 BLX-16	m	433.00	433.00	433.00	433.00	433.00	433.00
7		镀锌钢绞线 GJ-50	m	14.00	14.00	14.00	14.00	14.00	14.00
8		瓷瓶	个	30.00	30.00	30.00	30.00	30.00	30.00
9		线夹	个	2.00	2.00	2.00	2.00	2.00	2.00
10		螺栓、铁件	kg	133.00	133.00	133.00	133.00	133.00	133.00
11		混凝土拉线盘 LP-6	块	13.00	13.00	13.00	13.00	13.00	13.00
12	机械	汽车起重机 5t	台班				0.62	0.77	1.08
13		载货汽车 5t	台班	2.31	2.62	2.77	2.92	3.38	3.69
14		其他费用	%	2.1	1.8	1.4	2.2	1.9	1.8

10-2-2-(2) 6~10kV 混凝土电杆线路移设

工作内容:旧线拆除、挖坑、立杆、修整配套旧线、横担组装、线路架设。　　　　　　单位:1km

顺序号		名称	单位	100042	100043	100044	100045	100046	100047	100048	100049
				6~10kV 线路移设							
				木电杆				水泥电杆			
				电杆长度(m)							
				9~11	11~13	13~15	15~18	9~11	11~13	13~15	15~18
1	人工	甲类工	工日	98.3	119.1	122.3	129.2	122.6	146.0	159.6	177.8
2		乙类工	工日	229.5	278.0	285.3	301.4	286.0	340.6	372.4	415.0
3		合计	工日	327.8	397.1	407.6	430.6	408.6	486.6	532.0	592.8
4	材料	电杆	根	9.00	9.00	7.00	7.00	2.00	2.00	2.00	2.00
5		铁横担 L63×6×800	根	4.00	4.00	3.00	3.00	4.00	4.00	3.00	3.00
6		导线 LGJ-120	m	325.00	325.00	325.00	325.00	325.00	325.00	325.00	325.00
7		镀锌钢绞线 GJ-50	m	22.00	26.00	28.00	35.00	22.00	26.00	28.00	35.00
8		瓷横担	个	32.00	32.00	29.00	29.00	30.00	30.00	28.00	28.00
9		线夹	个	6.00	6.00	6.00	6.00	8.00	8.00	8.00	8.00
10		螺栓、铁件	kg	178.00	199.00	222.00	222.00	171.00	171.00	169.00	169.00
11		混凝土拉线盘 LP-8	块	15.00	15.00	15.00	15.00	15.00	15.00	15.00	15.00
12	机械	汽车起重机 5t	台班					5.60	6.00	6.40	6.80
13		载货汽车 5t	台班	3.80	4.20	4.60	5.00	5.60	6.00	6.40	6.80
14		其他费用	%	3.6	3.1	2.7	2.5	2.8	2.5	2.3	2.0

10-2-2-(3) 照明线路移设

工作内容:旧线拆除、挖坑、立杆、修整配套旧线、横担组装、线路架设。　　　　　　单位:1km

顺序号		名称	单位	100050	100051	100052	100053
				照明线路移设			
				木电杆		水泥电杆	
				电杆长度(m)			
				0~7	7~9	0~7	7~9
1	人工	甲类工	工日	41.3	52.4	73.0	91.5
2		乙类工	工日	96.5	122.4	170.2	213.6
3		合计	工日	137.8	174.8	243.2	305.1
4	材料	电杆	根	10.00	10.00	3.00	3.00
5		铁横担 L50×5×1000	根	4.00	4.00	4.00	4.00
6		导线 BLX-16	m	216.00	216.00	216.00	216.00
7		瓷瓶	个	15.00	15.00	15.00	15.00
8		镀锌钢绞线 GJ-35	m	14.00	16.00	14.00	16.00
9		线夹	个	2.00	2.00	2.00	2.00
10		混凝土拉线盘 LP-6	块	13.00	13.00	13.00	13.00
11		螺栓、铁件	kg	114.00	114.00	134.00	134.00
12		灯具	套	3.00	3.00	3.00	3.00
13	机械	汽车起重机 5t	台班			0.80	1.00
14		载货汽车 5t	台班	3.00	3.40	3.80	4.40
15		其他费用	%	3.3	2.7	4.7	3.4

10-3　辅助房屋

适用范围: 土地开发整理项目小型排灌站、泵站、机电井用房。其中,甲型、硬山搁檩属一般泵房、机井房,乙型属高度超过 4.2m 的排灌站用房。

工作内容: 平整场地(厚度 0.2m 以内)、基础、地坪、内外墙、门窗、屋面、脚手架及室内照明工程。

单位:100m²

定额编号				100054	100055	100056
顺序号		名称	单位	钢筋混凝土平屋顶		坡屋顶
				甲型	乙型	硬山搁檩
1	人工	甲类工	工日	65.4	134.4	100.5
2		乙类工	工日	152.6	303.6	234.5
3		合计	工日	218	438	335
4	材料	标准砖	千块	11.13	19.70	11.13
5		混合砂浆 M5	m³	10.70	17.12	10.70
6		锯材	m³	2.52	2.80	6.00
7		钢筋	t	2.1	2.1	0.1
8		混凝土	m³	12.00	12.74	0.74
9		土料	m³	74.80	81.60	71.06
10		石灰	t	0.60	1.20	0.80
11		水泥砂浆 M7.5	m³	14.00	10.40	10.40
12		瓦	千块			28.00
13	机械	汽车式起重机 5t	台班		2.80	
14		搅拌机 0.4m³	台班	1.00	2.00	1.00
15		双胶轮车	台班	72.00	144.00	72.00
16		其他费用	%	6.0	12.0	6.0

注:1.本定额不包括平均厚度超过 0.2m 的场地开挖。

2.甲型房屋构造:砖混结构,预制(现浇)钢筋混凝土楼板、内外砖墙、木门窗、三合土地面,外墙为清水墙,内墙为石灰砂浆抹面。

3.乙型房屋构造:砖混结构,预制(现浇)钢筋混凝土楼板、内外砖墙、木门窗,外墙为清水墙勾缝、内墙为石灰砂浆抹面。

4.硬山搁檩房屋构造:砖混结构、屋架、内外砖墙、木门窗,外墙为清水墙,内墙为石灰砂。

5.寒冷地区,定额乘以系数 1.05。

6.泥瓦规格:大头宽 19cm,小头宽 17cm,长 18cm,若不同可作调整。

7.玻璃已综合在其他费用中。

10-4　地埋电缆敷设

工作内容: 开盘、检查、架线盘、敷设、锯断、配合实验、临时封头、挂标牌等。

单位:100m

定额编号				100057	100058	100059	100060
顺序号		名称	单位	截面积(mm²)			
				≤35	35~50	50~70	>70
1	人工	甲类工	工日	3.9	4.7	5.6	6.8
2		乙类工	工日	0.1	0.2	0.4	0.7
3		合计	工日	4	4.9	6	7.5

定额编号			单位	100057	100058	100059	100060
顺序号		名称		截面积(mm²)			
				≤35	35~50	50~70	>70
4	材料	装置性材料(电缆)	m	101	101	101	101
5		螺栓	kg	1.6	1.6	1.6	1.6
6		汽油	kg	0.8	0.8	1	1.2
7		油漆	kg	0.1	0.1	0.2	0.2
8		电缆卡子 1.5×40	个	23.4	23.4		
9		电缆卡子 3×50	个			22.3	22.3
10		电缆吊挂	套	8	7.1	6.7	6.7
11	机械	汽车起重机 5t	台班	0.05	0.05	0.05	0.05
12		载货汽车 5t	台班	0.05	0.05	0.05	0.05
13		其他费用	%	1.6	1.6	1.6	1.6

10-5 软母线引下线及设备连接

适用范围:泵房自变压器后低压下引线,室内电气设备连线。

工作内容:测量、下料、压接、安装连接、弛度调整。

单位:组/三相

定额编号			单位	100061	100062	100063
顺序号		名称		导线截面积(mm² 以下)		
				150	240	400
1	人工	甲类工	工日	0.65	0.66	0.73
2		乙类工	工日	1.51	1.53	1.71
3		合计	工日	2.16	2.19	2.44
4	材料	铁纱布 0#~2#	张	0.5	0.5	1
5		汽油 90#	kg	0.1	0.1	0.1
6		防锈漆	kg	0.2	0.2	0.2
7		镀锌铁丝 8#~12#	kg	0.1	0.1	0.1
8		尼龙砂轮片 φ400	片	0.2	0.2	0.3
9		焊锡线	kg	0.4	0.5	0.55
10		焊锡膏 瓶装 50g	kg	0.07	0.08	0.09
11		镀锌精致戴帽栓 M10×100 以内 2平1弹垫	10 套	0.82	1.84	1.84
12	机械	立式钻床 φ25	台班	0.15	0.24	0.24
13		机动液压压接机 2000kN	台班		0.14	0.19
14		其他费用	%	2	5.25	4.91

10-6 木闸门

适用范围：适用于渠道水深 1.5m 以内。

工作内容：闸门制作安装、油漆等全部工作。

单位：100m²

	定额编号			100064	100065
顺序号		名称	单位	插板式	直升式
1	人工	甲类工	工日	39.42	76.22
2		乙类工	工日	0.8	0.8
3		合计	工日	40.22	77.02
4	材料	锯材	m³	5.14	5.77
5		铁件	kg		545
6		铁钉	kg	1.6	12.2
7		水柏油	kg	49.7	49.7
8		其他费用	%	0.2	0.1

10-7 围堰

适用范围：排水沟清淤及各类水工建筑物。

工作内容：装土(石)、封包、堆筑，围堰拆除清理。

单位：100m³ 堰体方

	定额编号			100066	100067	100068
顺序号		名称	单位	草袋、黄土	编织袋、黄土	一般素土
1	人工	甲类工	工日	1.19	0.85	
2		乙类工	工日	230.4	165.41	106.5
3		合计	工日	231.59	166.26	106.5
4	材料	素土	m³			123
5		黄土	m³	118	118	
6		草袋	个	2259		
7		编织袋	个		2129	
8		其他费用	%	2	2	2

10-8 人工拉锤打基础圆木桩

适用范围：建筑物软基础加固。

工作内容：人工打桩、送桩入土。

单位：10m³

	定额编号			100069
顺序号		名称	单位	人工拉锤打基础圆木桩
1	人工	甲类工	工日	4.12
2		乙类工	工日	4.12
3		合计	工日	8.24
4	材料	木桩	m³	11.1
5		铁件	kg	133.8
6		其他费用	%	10

注：木桩在使用前必须进行防腐处理。防腐处理费用已计入其他费用中，不再另行计算。

10-9　庭院路

10-9-1　垫层

工作内容:筛土、拌和、铺设、找平、灌水、夯实。 单位:m³

定额编号			单位	100070	100071	100072	100073	100074
顺序号		名称		砂垫层	灰土垫层	砾石垫层	混凝土垫层	水泥石屑浆垫层
1	人工	甲类工	工日	0.12	0.24	0.17	0.31	0.11
2		乙类工	工日	0.28	0.55	0.41	0.72	0.27
3		合计	工日	0.4	0.79	0.58	1.03	0.38
4	材料	水	m³				0.5	
5		砂	m³	1.17				
6		砾石	m³			1.1		
7		水泥砂浆	m³	1	1.01			1.01
8		混凝土	m³				1.01	
9		其他材料费	%	1	1	1	1	1
10	机械	混凝土搅拌机　出料 0.25m³	台班	0.01	0.03	0.02	0.01	
11		蛙式打夯机 2.8kW	台班	0.13				
12		灰浆搅拌机	台班					0.11

10-9-2　面层

工作内容:放线、清理基层、修整垫层、调浆、铺面层、嵌缝、清理。 单位:m²

定额编号			单位	100075	100076	100077	100078	100079	100080	100081	100082	100083	100084	100085
顺序号		名称		满铺卵石面拼花路面	弹石片路面	小方碎石路面	方整石板面层路面	角板路面	花岗岩板路面	青石板路面	彩色砖铺设	铺设荷兰砖200mm×100mm	铺设舒布若克砖	铺设透水砖
1	人工	甲类工	工日	0.49	0.05	0.06	0.09	0.05	0.06	0.06	0.08	0.05	0.05	0.06
2		乙类工	工日	1.16	0.12	0.14	0.2	0.11	0.14	0.14	0.13	0.11	0.12	0.12
3		合计	工日	1.65	0.17	0.2	0.29	0.16	0.2	0.2	0.21	0.16	0.17	0.18
4	材料	水	m³	0.05	0.01	0.06	0.01	0.01		0.02				
5		砂	m³		0.14	0.14	0.08	0.05		0.07	0.01			0.05
6		碎石	m³			0.11								
7		片石	m³		0.12									
8		水泥砂浆	m³	0.04					0.03	0.04		0.04	0.04	
9		卵石	m³	0.02										
10		方石板	m³				0.12							
11		六角板	m²					1.02						
12		花岗岩板	m²						1.02					
13		青石板	m²							1.02				
14		彩色砖	m²								1.02			
15		荷兰砖	m²									1.02		
16		透水砖	m²											1.02
17		舒布洛克砖	m²										1.02	
18		其他材料费	%	1	1	1	1	1	1	1	1	1	1	1
19	机械	灰浆搅拌机	台班							0.01				

10-10 混凝土路面及路缘石

10-10-1 混凝土路面

工作内容:放线、清理基层、修整垫层、调浆、铺面层、嵌缝、清理。

单位:m²

定额编号				100086	100087	100088	100089	100090	100091	100092	100093	100094
顺序号		名称	单位	纹形状现浇混凝土路面厚120mm	水刷石面现浇混凝土路面厚120mm	混凝土路面每增减10mm	冰梅路面层	乱铺冰片石路面	汀步石面层路面	预制混凝土板面层(厚5cm)方格面层路面	预制混凝土板面层(厚5cm)异形面层路面	预制混凝土板面层(厚10cm)大块面层路面
1	人工	甲类工	工日	0.12	0.15	0.01	0.2	0.21	0.2	0.14	0.14	0.16
2		乙类工	工日	0.17	0.35	0.01	0.33	0.36	0.34	0.19	0.2	0.24
3		合计	工日	0.29	0.5	0.02	0.53	0.57	0.54	0.33	0.34	0.4
4	材料	水	m³	0.02	0.14	0.02	0.01	0.01	0.01	0.01	0.01	0.01
5		砂	m³				0.06	0.08	0.08	0.06	0.06	0.06
6		混凝土预制块	m³				0.05			0.05	0.05	0.10
7		水泥砂浆	m³					0.01	0.01			
8		混凝土	m³	0.12	0.11	0.01						
9		水泥白石子浆	m³		0.02							
10		冰片石	m³					0.12				
11		汀步石	m³						0.12			
12		其他材料费	%	0.52	0.70	0.18	0.3	2.97	2.31	0.3	0.3	0.3
13	机械	混凝土搅拌机出料0.4m³	台班	0.01	0.01							
14		灰浆搅拌机	台班									

10-10-2 路缘石

工作内容:放线、平基、运料,调制砂浆、安砌、勾缝、养护、清理。

单位:100m

定额编号				100095	100096
顺序号		名称	单位	安砌混凝土路缘石规格(12cm×30cm×100cm)	安砌混凝土路缘石规格(12cm×30cm×50cm)
1	人工	甲类工	工日	6.68	8.3
2		乙类工	工日	3.79	4.2
3		合计	工日	10.47	12.5
4	材料	水	m³	1.5	1.5
5		砌筑砂浆	m³	0.06	0.06
6		预制混凝土路缘石	m³	3.63	3.63
7		其他材料费	%	6.9	6.9

10-11　混凝土植树框

工作内容: 放线、挖槽、平基、运料,调制砂浆、安砌、勾缝及石料清打修整。　　　　　　单位:100m

定额编号				100097	100098	100099	100100	100101
顺序号	名称		单位	植树框规格 10cm×15cm×50cm			成品植树框安砌规格 10cm×15cm×50cm	
				普通混凝土	彩色混凝土	石质	普通混凝土	彩色混凝土
1	人工	甲类工	工日	3.13	3.46	3.13	3.33	3.46
2		乙类工	工日	2.07	2.35	2.07	2.22	2.35
3		合计	工日	5.2	5.81	5.2	5.55	5.81
4	材料	水	m³	1.5	1.5	2	1.5	1.5
5		砌筑砂浆	m³	0.03	0.03	0.06	0.03	0.03
6		条石	m³			1.58		
7		普通混凝土嵌边石 10×15×50	m³	1.5			1.5	
8		彩色混凝土嵌边石 10×15×50	m³		1.5			1.5
9		其他材料费	%	0.75	0.98	0.75	0.75	0.75

10-12　桌凳椅制安

10-12-1　木制飞来椅

工作内容: 选料、配料、截料、刨光、制样板、画线、雕塑成型、试装等全部操作过程。

定额编号				100102	100103	100104	100105
顺序号	名称		单位	飞来椅(包括扶手)(100m)		坐凳平盘 (厚度50mm) (10m²)	坐凳平盘 (厚度每增减 10mm)(10m²)
				鹅颈靠背	花靠背		
1	人工	甲类工	工日	111.95	272.74	35.44	0.42
2		乙类工	工日	152.93	393.71	50.17	0.33
3		合计	工日	264.88	666.45	85.61	0.75
4	材料	锯材	m³	3.19	3.37	0.64	0.13
5		铁钉	kg	4	4	1.2	4
6		预埋铁件及铁件	kg	34	34		
7		乳胶	kg	5	5	7.2	
8		木螺钉	百只	4	4		
9		其他材料费	%	0.5	0.5	0.5	0.5

10-12-2　钢筋混凝土飞来椅

工作内容:混凝土制作、运输、浇筑、振捣、养护,预制构件、运输、安装,砂浆制作、运输,抹面、养护。

单位:10m³

	定额编号			100106
顺序号		名称	单位	钢筋混凝土飞来椅(扶手、靠背、座盘)
1	人工	甲类工	工日	14.32
2		乙类工	工日	21.48
3		合计	工日	35.8
4	材料	水	m³	22.5
5		混凝土	m³	10.2
6		其他材料费	%	1.5
7	机械	混凝土搅拌机　出料 0.4m³	台班	0.28

10-12-3　彩色水磨石飞来椅

工作内容:混凝土制作、运输、浇筑、振捣、养护,预制构件、运输、安装,砂浆制作、运输,抹面、养护。

单位:10m

	定额编号			100107
顺序号		名称	单位	彩色水磨石飞来椅
1	人工	甲类工	工日	28.28
2		乙类工	工日	40.5
3		合计	工日	68.78
4	材料	水	m³	0.13
5		钢筋	t	0.07
6		水泥 32.5	kg	306.6
7		锯材	m³	0.23
8		白水泥	kg	22
9		草酸	kg	3.7
10		松节油	kg	3.32
11		颜料	kg	3.8
12		硬白蜡	kg	1.2
13		白水泥彩色石子浆 1:2.5	m³	0.46
14		金刚石(三角形)	块	1.42
15		彩色石子	kg	243.7
16		其他材料费	%	1.5
17	机械	灰浆搅拌机	台班	0.03

10-12-4 其他桌凳椅

工作内容:凝土制作、运输、浇筑、振捣、养护,预制构件、运输、安装,砂浆制作、运输,抹面、养护。成品椅安装:搬运、安装、找正、找平、固定,清理现场。

顺序号		名称	单位	100108 预制吴王靠背条制安 (10m³)	100109 平板桌凳面预制 (m³)	100110 平板桌凳面安装 (m³)	100111 水磨木纹桌、凳面板预制 (m³)	100112 水磨木纹桌、凳面板安装 (m³)	100113 不水磨原色木纹桌、凳面板预制 (m³)	100114 不水磨原色木纹桌、凳面板安装 (m³)	100115 安装塑料椅 (组)	100116 安装铁艺椅 (组)	100117 安装铸铁椅 (组)	100118 安装石桌、凳 (个)
1	人工	甲类工	工日	26.7	13.67	1.58	2.76	0.45	0.9	0.2	0.15	0.15	0.17	1.9
2		乙类工	工日	39	8.5	2.81	3.84	0.57	1.09	0.26	0.18	0.19	0.25	2.6
3		合计	工日	65.7	22.17	4.39	6.6	1.02	1.99	0.46	0.33	0.34	0.42	4.5
4	材料	水	m³	20.12	1.28	0.07								
5		钢筋	t		0.003									
6		水泥 32.5	kg				3		3	0.5				
7		锯材	m³		0.03	0.001								
8		板枋材	m³		0.006									
9		电焊条	kg	15.3										
10		铁钉	kg		0.03	0.005								
11		煤油	kg		2.13									
12		草袋	个		2.83	0.12								
13		水泥砂浆	m³	10.45	2.05	0.02	0.03	0.02	0.03	0.02				0.04
14		混凝土	m³	0.1										
15		白水泥	kg				16	0.5						
16		草酸	kg		0.53		0.3	0.05						
17		松节油	kg				0.3							
18		硬白蜡	kg		1.14		0.1	0.03						
19		垫铁	kg	26.4										
20		镀锌铁丝 22#	kg		0.84		0.1		0.1					
21		清洗油	kg		0.28									
22		油漆溶剂油	kg		0.32									
23		锡纸	kg				0.01							
24		白回丝	kg				0.04							
25		地脚螺栓 M8×100	套								4	4	4	

定额编号				100108	100109	100110	100111	100112	100113	100114	100115	100116	100117	100118
顺序号	名称		单位	预制吴王靠背条制安	平板桌凳面预制	平板桌凳面安装	水磨木纹桌、凳面板预制	水磨木纹桌凳面板安装	不水磨原色木纹桌、凳面板预制	不水磨原色木纹桌、凳面板安装	安装塑料椅	安装铁艺椅	安装铸铁椅	安装石桌、凳
26	石凳	个												1
27	石桌	个												1
28	钢筋 $\phi 8 \sim 12$	t			0.10		0.2		0.2					
29	材料 金刚石（三角形）	块			5.38		0.13	0.005						
30	镀锌铁丝 8#~10#	kg			1									
31	成品椅	组									1	1	1	
32	其他材料费	%		0.6	0.1	0.1	0.1	0.1	0.1	0.1	1	1	1	1
33	机械 混凝土搅拌机出料 0.4m³	台班												
34	灰浆搅拌机	台班		1.09	0.01									0.01

10-13 景观小品

10-13-1 堆塑小品

10-13-1-（1） 塑树皮

工作内容：调运砂浆、找平、二底二面、压光塑面层、清理养护，钢筋制作、绑扎、调制砂浆，底面抹灰，现场安装。

定额编号				100119	100120	100121
顺序号	名称		单位	塑松（杉）树皮（10m²）	塑树根直径（mm）（10m）	
					≤150	≤250
1	人工	甲类工	工日	14.56	3.94	4.96
2		乙类工	工日	5.89	5.85	6.94
3		合计	工日	20.45	9.79	11.9
4	材料	水	m³	0.12	0.1	0.17
5		钢筋	t		0.01	0.03
6		水泥砂浆	m³	0.35	0.17	0.38
7		颜料	kg	6		
8		钢丝网	m²		4.98	8.29
9		氧化铁红	kg		1.81	2.01
10		墨汁	kg		0.42	0.7
11		石灰膏	m³	0.03		
12		其他材料费	%	1	1	1
13	机械	灰浆搅拌机	台班	0.03	0.01	0.03

10-13-1-(2)　塑竹梁、柱

工作内容：调运砂浆、找平、二底二面、压光塑面层、清理养护，钢筋制作、绑扎，调制砂浆，底面抹灰，现场安装。

单位：10m²

定额编号				100122	100123
顺序号		名称	单位	塑竹	塑竹片竹节
				中砂	
1	人工	甲类工	工日	15.56	6.5
2		乙类工	工日	6.6	9.61
3		合计	工日	22.16	16.11
4	材料	水	m³	0.12	0.15
5		水泥砂浆	m³	3.3	3.3
6		氧化铬绿	kg	5.6	5.6
7		石灰膏	m³	0.03	0.02
8		其他材料费	%	1	1
9	机械	灰浆搅拌机	台班	0.03	0.11

10-13-1-(3)　塑黄竹、塑楠竹、塑金丝竹

工作内容：调运砂浆、找平、二底二面、压光塑面层、清理养护，钢筋制作、绑扎，调制砂浆，底面抹灰，现场安装。

单位：10m

定额编号				100124	100125	100126	100127	100128	100129
顺序号		名称	单位	塑黄竹直径(mm)		塑楠竹直径(mm)		塑金丝竹直径(mm)	
				≤100	≤150	≤100	≤150	≤100	≤150
1	人工	甲类工	工日	3.29	4.33	4.89	6.13	31.13	38.05
2		乙类工	工日	4.94	6.5	6.83	8.69	45.7	56.57
3		合计	工日	8.23	10.83	11.72	14.82	76.83	94.62
4	材料	水	m³	0.03	0.06	0.04	0.07	0.04	0.07
5		水泥 32.5	kg			66.32	132.64	58.03	132.64
6		砂	m³			0.06	0.11	0.05	0.11
7		水泥砂浆	m³	0.08	0.16	0.08	0.16	0.07	0.16
8		白水泥	kg			30.34	45.51	30.34	45.51
9		草酸	kg					0.94	1.41
10		松节油	kg					0.94	1.41
11		硬白蜡	kg					0.31	0.48
12		氧化铁红	kg	0.06	0.09	0.06	0.09		
13		氧化铬绿	kg			0.3	0.45	0.03	0.05
14		角钢	kg	40	80	40	80	40	80
15		黄丹粉	kg	0.3	0.45			0.3	0.45
16		白水泥浆	m³	0.02	0.03	0.02	0.03	0.02	0.03
17		镀锌铁丝 22#	kg	0.8	1				
18		金刚石(三角形)	块					0.4	0.6
19		其他材料费	%	5	5	5	5	5	5
20	机械	灰浆搅拌机	台班	0.01	0.02	0.01	0.02	0.01	0.02

注：塑黄竹、楠竹及金丝竹直径大于 150mm 时，按展开面积计算，列入塑竹内。

10-13-2 塑松皮柱

工作内容:钢筋制作、绑扎,调制砂浆,底层抹灰及现场安装。

单位:m

定额编号				100130	100131
顺序号		名称	单位	直径20cm以内	直径30cm以内
1	人工	甲类工	工日	0.51	0.65
2		乙类工	工日	0.67	0.88
3		合计	工日	1.18	1.53
4	材料	水泥砂浆	m³	0.2	0.3
5		氧化铁红	kg	0.25	0.38
6		其他材料费	%	0.5	0.5
7	机械	灰浆搅拌机	台班	0.08	0.16

10-13-3 雕塑小品

10-13-3-(1) 石浮雕

工作内容:翻样、放样、雕琢、洗练、修补、造型、安装、保护。

单位:m²

定额编号				100132	100133	100134	100135
顺序号		名称	单位	素平 (阴刻线)	减地平板 (平浮雕)	压地隐起 (浅浮雕)	剔地起突 (高浮雕)
1	人工	甲类工	工日	21.11	28.5	34.69	85.77
2		乙类工	工日	30.66	41.74	52.04	128.65
3		合计	工日	51.77	70.24	86.73	214.42
4	材料	粗料石	m³	0.20		0.20	0.72
5		钢钎	kg	1.51	2.09	2.59	6.46
6		焦炭	kg	2.22	3.03	3.73	9.4
7		水泥砂浆	m³		0.05		
8		乌钢头	kg	0.23	0.31	0.38	0.92
9		砂轮片 φ230	片	0.05	0.08	0.09	0.23
10		条石	m³		0.22		
11		其他材料费	%	10	10	10	10
12	机械	灰浆搅拌机	台班		0.01		

10-13-3-(2)　石镌字

工作内容:放样、开料、刨面、打缝、起线、刻字、安装、保护。　　　　　　　　单位:个

顺序号	名称		单位	100136 (50cm×50cm以内)阴文(凹字)	100137 (30cm×30cm以内)阴文(凹字)	100138 (15cm×15cm以内)阴文(凹字)	100139 (10cm×10cm以内)阴文(凹字)	100140 (5cm×5cm以内)阴文(凹字)	100141 (50cm×50cm以内)阳文(凸字)	100142 (30cm×30cm以内)阳文(凸字)	100143 (15cm×15cm以内)阳文(凸字)	100144 (10cm×10cm以内)阳文(凸字)
1	人工	甲类工	工日	3.91	2.81	1.66	0.98	0.15	5.22	3	1.93	0.89
2		乙类工	工日	5.52	3.71	1.99	1.42	0.57	7.33	4.74	2.39	0.99
3		合计	工日	9.43	6.52	3.65	2.4	0.72	12.55	7.74	4.32	1.88
4	材料	焦炭	kg	0.34	0.21	0.08	0.03	0.01	0.49	0.28	0.11	0.04
5		钢筋	kg	0.24	0.14	0.05	0.02	0.01	0.33	0.20	0.07	0.03
6		乌钢头	kg	0.04	0.02	0.01	0.003	0.001	0.05	0.03	0.01	0.004
7		砂轮片 φ230	片	0.01	0.005	0.002	0.001		0.01	0.01	0.003	0.001
8		其他材料费	%	0.2	0.2	0.2	0.2	0.2	0.2	0.2	0.2	0.2

10-13-4　展示小品
10-13-4-(1)　平面、箱式招牌

工作内容:包括下料、刨光、放样、组装、焊接成品、刷防锈漆、校正、安装成型、清理等全部操作过程。

顺序号	名称		单位	平面招牌(10m²)				箱式招牌(钢结构厚度)(10m³)			
				100145	100146	100147	100148	100149	100150	100151	100152
				木结构		钢结构		500mm以内		500mm以外	
				一般	复杂	一般	复杂	矩形	异形	矩形	异形
1	人工	甲类工	工日	2.85	3.72	4.54	4.97	22.2	24.17	16.51	17.91
2		乙类工	工日	0.94	0.98	1.64	1.74	6.05	6.54	4.63	4.98
3		合计	工日	3.79	4.7	6.18	6.71	28.25	30.71	21.14	22.89
4	材料	锯材	m³	0.29	0.31	0.13	0.18	0.63	0.66	0.33	0.36
5		型钢	kg			118.3	130.17				
6		铁件	kg			5.22	5.77	15.42	15.42	13.86	13.86
7		电焊条	kg			2.98	3.28	14.46	15.90	10.25	11.27
8		铁钉	kg	3.77	4.08			0.55	0.60	0.40	0.43
9		钢筋	kg					93.36	102.70	68.72	75.59
10		木螺钉	个			234	258	357	393	354	390
11		油漆溶剂油	kg	0.03	0.03	0.06	0.06	0.29	0.31	0.21	0.23
12		角钢	kg			107.76	118.54	443.24	487.57	311.61	342.77
13		钢板	m²	1.99	1.99	1.98	1.98	17.92	19.71	14.93	16.43
14		膨胀螺栓 M6~8	套	52.63	52.62	32.73	35.79	105.24	105.24	83.99	83.99
15		镀锌铁丝	kg			0.55	0.55	0.87	0.88	0.6	0.66

续表

	定额编号		100145	100146	100147	100148	100149	100150	100151	100152
16	材料	镀锌铁丝 22#	kg			0.55	0.55				
17		防锈漆	kg	0.03	0.03	0.55	0.62	2.76	3.15	1.99	2.27
18		玻璃钢瓦	m²			4.93		4.93			
19		瓦棱勾钉（带垫）	个			1.15		1.15			
20		其他材料费	%	0.28	0.3	0.30	0.27	0.16	0.18	0.19	0.19
21	机械	弧焊机	台班				0.1	0.39	2.71	2.71	1.78	1.96
22		木工压刨床　刨削宽度单面 600mm	台班	0.1	0.12	0.07					
23		圆盘锯	台班	0.02	0.03	0.01	0.03	0.04	0.04	0.03	0.03

10-13-4-（2）　竖式招牌

工作内容：包括下料、刨光、放样、截料、组装、刷防锈漆、焊接成品、校正、安装成型、清理等全部操作过程。

单位：10m³

	定额编号			100153	100154	100155	100156
				钢结构厚度			
				≤400mm		>400mm	
顺序号		名称	单位	矩形	异形	矩形	异形
1	人工	甲类工	工日	30.34	33.93	22.19	24.76
2		乙类工	工日	10.09	8.7	6.9	8.69
3		合计	工日	40.43	42.63	29.09	33.45
4	材料	电焊条	kg	22.39	25.20	15.95	17.96
5		钢筋	kg	93.53	102.88	62.36	68.59
6		防锈漆	kg	4.08	4.18	2.65	2.98
7		油漆溶剂油	kg	0.38	0.43	0.27	0.31
8		角钢	kg	713.90	805.81	512.81	579.00
9		膨胀螺栓 M6~8	套	47.90	50.77	31.93	31.93
10		铁拉杆	kg	95.1	104.6	63.34	69.67
11		其他材料费	%	0.18	0.18	0.21	0.21
12	机械	氩弧焊机　电流 500A	台班	0.67	0.73	0.48	0.53

10-13-4-(3)　钢骨架广告牌

工作内容:包括下料、刨光、放样、截料、组装、刷防锈漆、焊接成品、校正、安装成型、清理等全部操作过程。

单位:t

顺序号		名称	单位	100157 复杂
定额编号				100157
顺序号		名称	单位	复杂
1	人工	甲类工	工日	14.86
2		乙类工	工日	4.52
3		合计	工日	19.38
4	材料	锯材	m³	0.27
5		电焊条	kg	47.36
6		铁钉	kg	4.56
7		氧气	m³	6.47
8		乙炔气	m³	2.84
9		防锈漆	kg	12.18
10		油漆溶剂油	kg	1.88
11		膨胀螺栓 M6~8	套	112.2
12		钢骨架	kg	1060
13		其他材料费	%	0.27
14	机械	氩弧焊机　电流500A	台班	4.51
15		圆盘锯	台班	0.02
16		木工压刨床　刨削宽度单面600mm	台班	0.05

10-13-4-(4) 美术字

工作内容:包括复纸字、字样排列、凿墙眼、斩木楔、拼装字样、成品校正、安装、清理等全部操作过程。

单位:10个

序号	名称	单位	100158 泡沫塑料字 0.2m²以内 大理石面	100159 泡沫塑料字 0.2m²以内 混凝土墙面	100160 泡沫塑料字 0.2m²以内 砖墙面	100161 泡沫塑料字 0.2m²以内 其他面	100162 泡沫塑料字 0.5m²以内 大理石面	100163 泡沫塑料字 0.5m²以内 混凝土墙面	100164 泡沫塑料字 0.5m²以内 砖墙面	100165 泡沫塑料字 0.5m²以内 其他面	100166 泡沫塑料字 1.0m²以内 大理石面	100167 泡沫塑料字 1.0m²以内 混凝土墙面	100168 泡沫塑料字 1.0m²以内 砖墙面	100169 泡沫塑料字 1.0m²以内 其他面	100170 木质字 0.2m²以内	100171 木质字 0.5m²以内	100172 木质字 1.0m²以内	100173 金属字 0.2m²以内	100174 金属字 0.5m²以内	100175 金属字 1m²以内
1	人工 甲类工	工日	2.98	3.99	2.99	2.85	4.72	4.93	3.81	3.73	5.96	6.47	5.74	4.72	2.99	4.24	4.67	2.97	4.31	4.73
2	乙类工	工日	0.62	0.75	0.5	0.46	0.93	1.06	0.8	0.78	1.84	1.97	1.78	1.93	0.75	1.06	1.39	0.75	1.03	1.28
3	合计	工日	3.6	4.74	3.49	3.31	5.65	5.99	4.61	4.51	7.8	8.44	7.52	6.65	3.74	5.3	6.06	3.72	5.34	6.01
4	铁件	kg													4.03	6.04	7.84	2.65	3.71	7.95
5	铁钉	kg	0.48	0.24	0.48	0.48	0.72	0.72	0.72	0.72	0.97	0.97	0.97	0.97						
6	木螺钉	个													204	306	367	133	225	266
7	膨胀螺栓 M6~8	套		20.2				40.2			60.6	60.6	30.3	30.3			40.4	20.2	30.3	121.2
8	美术字 400×400	个	10.1	10.1	10.1	10.1														
9	粘胶剂 XD-103	kg	0.24	0.24	0.24	0.24	0.71	0.71	0.71	0.71	1.32	1.32	1.32	1.32						
10	材料 泡沫塑料 有机玻璃字 600×600	个					10.1	10.1	10.1	10.1										
11	泡沫塑料 有机玻璃字 900×1000	个									10.1	10.1	10.1	10.1						

序号	名称	单位																		
12	木质字 400×400	个												10.1					
13	木质字 600×800	个													10.1				
14	木质字 900×1000	个														10.1			
15	金属字 400×400	个															10.1		
16	金属字 600×800	个																10.1	
17	金属字 1000×1250	个																	10.1
18	其他材料费	%	0.31	0.23	0.31	0.31	0.46	0.25	0.46	0.46	0.21	0.18	0.27	0.27	0.05	0.08	0.07	0.04	0.06	0.04

10-13-5 灯光照明小品
10-13-5-(1) 桥栏杆灯

工作内容:打眼、埋螺栓、支架安装、灯具组装、配线、接线、焊接包头、校试。　　　　　　　单位:10套

顺序号		名称	单位	100176	100177	100178	100179
				成套		组装	
		定额编号		嵌入式	明装式	嵌入式	明装式
1	人工	甲类工	工日	2.83	2.41	3.55	3.05
2		乙类工	工日	3.89	2.96	4.53	3.87
3		合计	工日	6.72	5.37	8.08	6.92
4	材料	灯具	套	10.1	10.1	10.1	10.1
5		膨胀螺栓 M6~8	套	40.8	40.8	81.6	81.6
6		绝缘导线	m	50	50	50	50
7		其他材料费	%	0.53	0.53	0.41	0.41
8	机械	载货汽车 4t	台班	0.2	0.2	0.2	0.2

10-13-5-(2) 地道、涵洞灯

工作内容:打眼、埋螺栓、支架安装、灯具组装、配线、接线、试灯等。　　　　　　　单位:10套

顺序号		名称	单位	100180	100181	100182	100183
		定额编号		吸顶式		嵌入式	
				敞开型	密封型	敞开型	密封型
1	人工	甲类工	工日	1.86	1.93	1.82	1.99
2		乙类工	工日	2.53	2.49	2.33	2.89
3		合计	工日	4.39	4.42	4.15	4.88
4	材料	灯具	套	10.1	10.1	10.1	10.1
5		膨胀螺栓 M6~8	套	40.8	40.8	40.8	40.8
6		绝缘导线	m	20	16	20	16
7		其他材料费	%	0.29	0.28	0.29	0.28
8	机械	高空作业车　液压 YZ12-A	台班	0.77	0.77	0.77	0.77

10-13-5-(3) 草坪灯

工作内容:开箱清点、测位划线、打眼埋螺栓,支架制作、安装,灯具拼装固定,挂装饰部件,接焊线包头等;发光棚灯具按设计用量加损耗量计算。　　　　　　　单位:10套

顺序号		名称	单位	100184	100185
		定额编号		具　立柱式	具　墙壁式
1	人工	甲类工	工日	2.85	1.86
2		乙类工	工日	5.79	3.01
3		合计	工日	8.64	4.87

顺序号		定额编号		100184	100185
		名称	单位	具 立柱式	具 墙壁式
4	材料	塑料绝缘线	m		4.07
5		灯具	套	10.1	10.1
6		绝缘导线	m	40.72	
7		地脚螺栓 M10×120	套	40.8	20.4
8		冲击钻头 φ6~8	只		0.52
9		瓷接头（双）	个	10.3	10.3
10		飞保险（5 羊角熔断器）A	个	10.3	10.3
11		其他材料费	%	1.17	0.74

10-13-5-(4)　庭院灯

工作内容：测位、划线、支架安装、灯具组装、接线。

单位：10 套

顺序号		定额编号		100186	100187
		名称	单位	庭院路灯	
				三火以下柱灯	七火以下柱灯
1	人工	甲类工	工日	3.92	7.03
2		乙类工	工日	8.04	16.07
3		合计	工日	11.96	23.1
4	材料	成套灯具	套	10.1	10.1
5		瓷接头（双）	个	10.3	10.3
6		地脚螺栓 M12×160 以下	套	40.8	40.8
7		瓷接头 1~3 回路	个		10.3
8		其他材料费	%	0.47	0.46
9	机械	汽车起重机　起重量 5.0t	台班	0.51	0.51

10-13-5-(5)　水下艺术装饰灯

工作内容：开箱清点、测位划线、打眼埋螺栓，支架制作、安装，灯具拼装固定，挂装饰部件，接焊线包头等；发光棚灯具按设计用量加损耗量计算。

单位：10 套

顺序号		定额编号		100188	100189	100190	100191
		名称	单位	彩灯（简易形）	彩灯（密封形）	喷水池灯	幻光型灯
1	人工	甲类工	工日	0.81	0.81	0.97	0.91
2		乙类工	工日	1.8	1.8	1.93	2.02
3		合计	工日	2.61	2.61	2.9	2.93
4	材料	灯具	套	10.1	10.1	10.1	10.1
5		冲击钻头 φ6~8	只	0.26	0.52	0.78	0.52
6		膨胀螺栓 φ12	套	10.2	20.4	30.6	20.4
7		防水胶圈	个	15	15	15	15
8		其他材料费	%	1.16	0.79	0.63	0.60

10-13-5-(6)　点光源艺术装饰灯具

工作内容:开箱清点、测位划线、打眼埋螺栓,支架制作、安装,灯具拼装固定,挂装饰部件,接焊线包头等;发光棚灯具按设计用量加损耗量计算。　　　　　　　　　　　　　　　　　　　单位:10套

顺序号		名称	单位	吸顶式	嵌入式			射灯吸顶式	射灯滑轨式	滑轨
		定额编号		100192	100193	100194	100195	100196	100197	100198
					灯具直径(150mm)	灯具直径(200mm)	灯具直径(350mm)			
1	人工	甲类工	工日	0.8	0.96	1.03	1.05	0.64	0.58	0.71
2		乙类工	工日	1.34	1.7	1.87	1.92	0.97	0.83	1.17
3		合计	工日	2.14	2.66	2.9	2.97	1.61	1.41	1.88
4	材料	灯具	套	10.1	10.1	10.1	10.1	10.1	10.1	
5		绝缘导线	m	3.05	13.23	13.23	13.23	3.05		9.16
6		冲击钻头 φ6~8	只	0.51				0.5		0.5
7		塑料膨胀管	个	20.3				20.3		20.3
8		铜线端子 DT	个	10.15	10.5	10.15	10.15	10.15		9.14
9		塑料软管	m		10.3	10.3	10.3			10.3
10		接线盒	只		10.2	10.2	10.2			
11		滑轨	m							10.1
12		木螺钉	10个	2.08				2.08		2.08
13		管接头(15~20金属软管用)	个		20.6	20.6	20.6			20.6
14		其他材料费	%	2.58	3.43	3.43	3.43	2.59		0.41

10-13-6　园林小摆设
10-13-6-(1)　砖石砌小摆设

工作内容:放样,挖,做基础,调运砂浆,砌筑,抹灰,成品安装,清理现场。　　　　　　　　　单位:m³

顺序号		名称	单位	砌园林小设施		
		定额编号		100199	100200	100201
				标准砖	八五砖	抹灰面(m²)
1	人工	甲类工	工日	1.98	2.36	0.42
2		乙类工	工日	2.88	3.34	0.38
3		合计	工日	4.86	5.7	0.8
4	材料	水泥砂浆	m³	0.25	0.28	0.03
5		标准砖	千块	0.53		
6		八五砖 220mm×105mm×43mm	百块		7.59	
7		钢筋 φ8~12	t	0.04	0.04	
8		其他材料费	%	3.41	0.15	34.23
9	机械	灰浆搅拌机	台班	0.03	0.03	

10-13-6-(2) 须弥座

工作内容:选石,放样,划线,挖、做基础,调运砂浆,砌筑,抹灰,成品安装,清理现场。

顺序号		名称	单位	定额编号 100202	100203	100204	100205	100206	100207	100208	100209	100210	100211	100212
					制作安装(二遍剁斧)(m³)				龙头制作安装(个)			四角龙头制作安装(个)		
				安装独立须弥座	高(100cm以内)	高(120cm以内)	高(150cm以内)	高(150cm以外)	明长(50cm以内)	明长(60cm以内)	明长(cm以内)60以外	明长(100cm以内)	明长(120cm以内)	明长(120cm以外)
1	人工	甲类工	工日	4.47	65.37	49.61	45.97	37.18	21.48	28.5	35.6	36.94	48.99	60.76
2		乙类工	工日	6.71	36.17	40.08	24.75	20.02	11.56	15.34	19.17	19.89	26.38	32.72
3		合计	工日	11.18	101.54	89.69	70.72	57.2	33.04	43.84	54.77	56.83	75.37	93.48
4	材料	粗料石	m³		1.85	1.85	1.85	1.85	0.11	0.18	0.28	0.7	1.25	1.95
5		钢筋	kg						1.37	2.15	2.18	1.37	2.15	2.18
6		水泥砂浆	m³	0.04	0.35	0.34	0.34	0.27	0.02	0.02	0.02	0.06	0.06	0.07
7		须弥座	m³	1										
8		砂轮片 φ230	片		0.09	0.09	0.08	0.08	0.08	0.09	0.09	0.08	0.09	0.09
9		焦炭	kg		3.23	3.23	2.01	2.01	2.01	3.13	3.23	2.12	3.13	3.23
10		其他材料费	%	0.71	0.13	0.20	0.22	0.36	1.61	1.18	1.50	0.5	0.33	0.36
11	机械	灰浆搅拌机	台班	0.01										

10-13-6-(3) 匾额

工作内容:制作、雕刻;附注:刻字另计。

单位:m²

顺序号		名称	单位	定额编号 100213	100214	100215	100216
				匾托制作安装普通(厚度)(mm)		制作安装弧形(厚度)(mm)	
				60	每增减10	50	每增减5
1	人工	甲类工	工日	2.1	0.16	0.75	0.11
2		乙类工	工日	1.8	0.12	2.21	0.09
3		合计	工日	3.9	0.28	2.96	0.2
4	材料	锯材	m³	0.09	0.13	0.12	0.08
5		铁钉	kg	0.1		0.1	
6		乳胶	kg	0.3		0.3	
7		其他材料费	%	0.40	0.40	0.4	

10-13-6-(4) 花架及小品

工作内容：混凝土搅拌，运输，浇捣，养护，成品堆放，构件制作，安装，校正焊接，搭拆架子，砂浆调制，砌筑，画线，配铁件，安装，刷防腐油，防锈，焊接，成品安装。

单位：m³

顺序号	名称	单位	现浇混凝土花架 梁、檩 100217	现浇混凝土花架 柱 100218	现浇混凝土花架 零星构件 100219	混凝土花架基础 100220	现场预制混凝土花架 梁、檩 100221	现场预制混凝土花架 柱 100222	现场预制混凝土花架 零星构件 100223	现场预制混凝土花池盆坛及小品 100224	预制混凝土花架、蛐蛐构件及小品安装 100225	木制花架 柱 100226	木制花架 梁 100227	木制花架 檩条 100228	钢制花架（t） 钢柱 100229	钢制花架（t） 钢梁 100230
1	人工 甲类工	工日	1.34	1.99	2.24	1.33	2.36	2.26	2.87	3.08	2.29	6.59	1.85	3.89	18.76	8.48
2	乙类工	工日	0.74	1	0.96	0.58	0.69	0.87	0.67	1.17	0.97	1.92	2.16	1.25	4.19	11.23
3	合计	工日	2.08	2.99	3.2	1.91	3.05	3.13	3.54	4.25	3.26	8.51	4.01	5.14	22.95	19.71
4	材料 板枋材	m³										1.1	1.1	1.1		
5	型钢	kg													1060	1060
6	铁件	kg										5.2	7.5	6.5		
7	电焊条	kg				0.22									29.5	21.8
8	氧气	m³													9	6
9	乙炔气	m³													4.1	2.7
10	螺栓	kg										1.2		1.12	0.3	0.15
11	防锈漆	kg													9.2	9.2
12	水泥砂浆	m³									0.02					
13	混凝土	m³	1.01	1.01	1.01	1.01	1.01	1.01	1.01	1.01	0.51					
14	垫铁	kg														
15	防腐油	kg											1.1	3.9		
16	稀释剂 501号	kg													2.6	2.6
17	其他材料费	%	1.48	1.28	2.79	1.05	1.69	3.32	7.54	7.93	20.89	0.35	0.34	0.25	3.62	2.39

序号	名称	单位											
	机械												
18	氩弧焊机 电流 500A	台班	1.87	1.86									
19	混凝土搅拌机 出料 0.4m³	台班			0.02	0.02	0.02	0.02	0.02	0.06	0.06	0.06	0.06
20	汽车起重机 起重量 5.0t	台班	0.2	0.23	0.01	0.01	0.01	0.01	0.01	0.01			
21	振捣器 插入式 功率 2.2kW	台班			0.03	0.03	0.03	0.03	0.03	0.13	0.13	0.13	0.13

10-13-6-(5)　安装花坛石

工作内容: 放样,挖、做基础,调运砂浆,砌筑,抹灰,成品安装,清理现场。

单位:m³

定额编号				100231
顺序号	名称		单位	安装花坛石
1	人工	甲类工	工日	2.86
2		乙类工	工日	3.79
3		合计	工日	6.65
4	材料	水泥砂浆	m³	0:1
5		花坛石	m³	1
6		其他材料费	%	7.35
7	机械	灰浆搅拌机	台班	0.01

10-13-6-(6)　池石、盆景山、风景石、土山点石

工作内容: 放样、选石、运石、调运砂浆、砌筑、塞垫嵌缝、清理、养护。

单位:t

定额编号				100232	100233	100234	100235	100236	100237	100238
顺序号	名称		单位	池石、盆景山	风景石(1t以内)	风景石(5t以内)	风景石(10t以内)	土山点石(高2m以内)	土山点石(高3m以内)	土山点石(高4m以内)
1	人工	甲类工	工日	0.53	0.86	0.77	0.73	0.53	0.58	0.61
2		乙类工	工日	0.4	1.57	1.36	1.26	0.81	0.93	0.99
3		合计	工日	0.93	2.43	2.13	1.99	1.34	1.51	1.6
4	材料	板枋材	m³	0.001						
5		铁件	kg	1.5	3	5	8			
6		水泥砂浆	m³	0.02	0.04	0.05	0.05	0.01	0.01	0.01
7		混凝土	m³	0.03						
8		黄石	t	1.01						
9		井湖石	t		1.02	1.02	1.02	1.02	1.02	1.02
10		其他材料费	%	4.97	1.73	1.08	1.17	0.24	0.24	0.24
11	机械	混凝土搅拌机　出料0.4m³	台班							
12		汽车起重机 5t	台班		0.09	0.14	0.15	0.06	0.09	0.1
13		汽车起重机 12t	台班	0.12						
14		灰浆搅拌机	台班	0.01	0.01	0.02	0.03	0.01	0.01	0.01

10-13-6-(7)　塑树皮垃圾桶

工作内容: 1.预制混凝土制作、安装。

2.混凝土制作、浇捣、养护。

3.砂浆制作、抹面、养护等。

单位:只

定额编号				100239
顺序号		名称	单位	塑树皮垃圾桶,内径50cm, 壁厚5cm,桶高70cm
1	人工	甲类工	工日	4.92
2		乙类工	工日	0.79
3		合计	工日	5.71
4	材料	水泥砂浆	m³	0.07
5		混凝土	m³	0.03
6		颜料	kg	0.66
7		钢板网	m²	1.27
8		钢筋 $\phi 8 \sim 12$	t	0.01
9		其他材料费	%	4.89

10-14　栏杆(木、混凝土、石、钢材)

10-14-1　木栏杆

工作内容: 制作、安装扶手、栏杆及垫板(不包括铁栏杆及铁件制作)。

单位:m

定额编号				100240
顺序号		名称	单位	带木扶手
1	人工	甲类工	工日	0.56
2		乙类工	工日	1.01
3		合计	工日	1.57
4	材料	板枋材	m³	0.02
5		铁件	kg	0.20
6		铁钉	kg	0.04
7		其他材料费	%	7.26
8	机械	木工压刨床　刨削宽度单面600mm	台班	0.04

10-14-2　混凝土栏杆

工作内容: 冲洗石子、混凝土搅拌、浇捣、养护等全部操作过程,成品堆放,构件加固、安装、校正、焊接固定。

单位:10m

定额编号				100241	100242	100243	100244
顺序号		名称	单位	混凝土栏杆 上木扶手	花坛现场预制混凝土栏杆		
					高度500mm 以内	高度800mm 以内	高度1200mm 以内
1	人工	甲类工	工日	2.54	8.54	8.45	8.67
2		乙类工	工日	6.53	12.55	14.18	14.51
3		合计	工日	9.07	21.09	22.63	23.18

定额编号				100241	100242	100243	100244
顺序号	名称		单位	混凝土栏杆上木扶手	花坛现场预制混凝土栏杆		
					高度 500mm以内	高度 800mm以内	高度 1200mm以内
4	材料	水	m³	22.14	0.1	0.08	0.1
5		锯材	m³		0.04	0.05	0.06
6		铁件	kg	2.56			
7		电焊条	kg		2.80	3.8	4.47
8		木柴	kg	1.18			
9		氧气	m³		0.35	0.42	0.56
10		乙炔气	m³		0.16	0.18	0.24
11		混凝土	m³		0.1	0.1	0.1
12		煤胶油	kg	0.29			
13		混凝土	m³	10.2	0.21	0.28	0.4
14		钢筋 φ8~12	t		0.1	0.12	0.16
15		其他材料费	%	27.50	20.85	21.45	23.07
16	机械	氩弧焊机 电流 500A	台班		0.09	0.11	0.14
17		木工压刨床 刨削宽度单面 600mm	台班	0.34			
18		混凝土搅拌机 出料 0.4m³	台班		0.01	0.01	0.01

10-14-3 石栏杆

工作内容：调制灰浆、打拼头缝、打截头、成品石料安装、灌浆。

单位：m³

定额编号				100245
顺序号	名称		单位	石栏杆、扶手
1	人工	甲类工	工日	0.85
2		乙类工	工日	1.22
3		合计	工日	2.07
4	材料	水泥砂浆	m³	0.04
5		石栏板、栏杆	m³	1.02
6		其他材料费	%	3.48
7	机械	灰浆搅拌机	台班	0.05

10-14-4　金属栏杆

工作内容:铁艺栏杆、焊接,冲洗石子、混凝土搅拌、浇捣、养护等全部操作过程,成品堆放、构件加固、安装、校正、焊接固定,制作、安装扶手、栏杆及垫板(不包括铁栏杆及铁件制作),选料、切口、挖孔、切割、调直、安装、焊接、校正固定等。

顺序号		定额编号	单位	100246 花坛铁艺栏杆 (10m²)	100247 铁栏杆(m) 上木扶手	100248 不锈钢栏杆(t)
		名称				
1	人工	甲类工	工日	2.89	0.3	7.12
2		乙类工	工日	3.93	0.65	16.27
3		合计	工日	6.82	0.95	23.39
4	材料	电焊条	kg	0.9	0.05	
5		木柴	kg		0.01	
6		螺栓	kg			1.5
7		钢管	kg			1060
8		焊锡丝	kg			8.96
9		膨胀螺栓 M10×95	套	30		
10		铁栏杆	kg		13.9	
11		钨棒	kg			4.02
12		氩气	m³			25.2
13		成品花坛铁艺栏杆	m²	10		
14		木螺钉	百个		0.10	
15		其他材料费	%	8.49	7.77	14.1
16	机械	氩弧焊机　电流 500A	台班	0.03		0.66
17		木工压刨床　刨削宽度单面 600mm	台班		0.03	
18		钢筋切断机 10kW	台班			4.19

10-15　油　漆

10-15-1　木门油漆
10-15-1-(1)　调和漆、磁漆、金粉漆

工作内容:1.清扫、打磨、补嵌腻子、刷底油一遍、调和漆二遍等。

2.清扫、打磨、刷调和漆一遍等。　　　　　　　　　　　　单位:10m²

顺序号		定额编号	单位	100249	100250	100251	100252	100253	100254
		名称		单层木门					
				底油一遍、刮腻子、调和漆二遍	每增减一遍调和漆	润油粉、刮腻子、磁漆二遍	每增减一遍刷磁漆	润油粉、刮腻子、金粉漆二遍	每增减一遍喷(刷)金粉漆
1	人工	高级技工	工日	1.39	0.4	2.59	0.53	3.57	0.24
2		合计	工日	1.39	0.4	2.59	0.53	3.57	0.24
3	材料	调和漆综合	kg	5.093	2.496				
4		磁漆	kg			4.07	1.93		
5		稀释剂	kg			0.43	0.33		
6		金粉漆	kg					4.5	2.138
7		其他材料费	元	12.14	0.8	16.27	0.16	16.69	0.16

10-15-1-(2)　过氯乙烯漆

工作内容: 1.清扫、打磨、满刮腻子一遍、刷底漆一遍、磁漆二遍、清漆二遍等。

2.清扫、打磨、刷底漆(磁漆、清漆)一遍等。

单位:10m²

顺序号		名称	单位	100255	100256	100257	100258
		定额编号		单层木门过氯乙烯漆			
				五遍成活	每增减一遍		
					底漆	磁漆	清漆
1	人工	高级技工	工日	2.862	0.502	0.501	0.501
2		合计	工日	2.862	0.502	0.501	0.501
3	材料	过氯乙烯磁漆	kg	6.55		3.28	
4		过氯乙烯底漆　综合	kg	3.25	3.25		
5		过氯乙烯清漆　综合	kg	8.82			4.41
6		过氯乙烯稀释剂	kg	7.63	1.14	1.04	2.21
7		其他材料费	元	9.99	0.16	0.16	0.16

10-15-2　金属门油漆
10-15-2-(1)　调和漆、磁漆

工作内容: 1.除锈、清扫、刷漆一遍(二遍)等。

2.清扫、刷漆一遍等。

单位:10m²

顺序号		名称	单位	100259	100260	100261	100262
		定额编号		调和漆		磁漆	
				二遍	每增减一遍	二遍	每增减一遍
				单层钢门窗			
1	人工	高级技工	工日	0.69	0.37	0.91	0.43
2		合计	工日	0.69	0.37	0.91	0.43
3	材料	调和漆　综合	kg	2.246	1.123		
4		磁漆	kg			2.114	1.057
5		稀释剂	kg			0.228	0.113
6		其他材料费	元	1.31	0.64	0.35	0.16

10-15-2-(2)　过氯乙烯漆

工作内容: 1.清扫、打磨、补嵌腻子、刷底漆一遍、磁漆二遍、清漆二遍等。

2.清扫、打磨、刷底漆(磁漆、清漆)一遍等。

单位:10m²

顺序号		名称	单位	100263	100264	100265	100266
		定额编号		单层钢门窗			
				五遍成活	每增减一遍		
					底漆	磁漆	清漆
1	人工	高级技工	工日	1.98	0.47	0.47	0.47
2		合计	工日	1.98	0.47	0.47	0.47
3	材料	过氯乙烯磁漆	kg	4.563		2.282	
4		过氯乙烯底漆　综合	kg	2.264	2.264		
5		过氯乙烯清漆　综合	kg	6.143			3.071
6		过氯乙烯稀释剂	kg	5.277	0.789	0.718	1.525
7		其他材料费	元	1.66			

10-15-3　木窗油漆
10-15-3-（1）　调和漆、磁漆、金粉漆

工作内容:1.清扫、打磨、补嵌腻子、刷底油一遍、调和漆二遍等。

2.清扫、打磨、刷调和漆一遍等。

单位:10m²

	定额编号		100267	100268	100269	100270	100271	100272
顺序号	名称	单位	单层木窗					
			底油一遍、刮腻子、调和漆二遍	每增减一遍调和漆	润油粉、刮腻子、磁漆二遍	每增减一遍刷磁漆	润油粉、刮腻子、金粉漆二遍	每增减一遍喷(刷)金粉漆
1	人工 高级技工	工日	1.24	0.38	2.48	0.43	2.83	0.55
2	合计	工日	1.24	0.38	2.48	0.43	2.83	0.55
3	材料 调和漆　综合	kg	4.244	2.086				
4	磁漆	kg			3.392	1.61		
5	稀释剂	kg			0.36	0.27		
6	金粉漆	kg					3.752	1.782
7	其他材料费	元	10.17	0.67	13.6	0.13	13.95	0.13

10-15-3-（2）　过氯乙烯漆

工作内容:1.清扫、打磨、满刮腻子一遍、刷底漆一遍、磁漆二遍、清漆二遍等。

2.清扫、打磨、刷底漆(磁漆、清漆)一遍等。

单位:10m²

	定额编号		100273	100274	100275	100276
顺序号	名称	单位	单层木窗过氯乙烯漆			
			五遍成活	每增减一遍		
				底漆	磁漆	清漆
1	人工 高级技工	工日	2.92	0.5	0.5	0.5
2	合计	工日	2.92	0.5	0.5	0.5
3	材料 过氯乙烯磁漆	kg	5.46		2.73	
4	过氯乙烯底漆　综合	kg	2.71	2.71		
5	过氯乙烯清漆　综合	kg	7.35			3.68
6	过氯乙烯稀释剂	kg	6.36	0.95	0.87	1.84
7	其他材料费	元	8.4	0.13	0.13	0.13

10-15-4 栏杆油漆
10-15-4-(1) 调和漆、磁漆、金粉漆

工作内容: 1.清扫、打磨、补嵌腻子、刷底油一遍、调和漆二遍等。

2.清扫、打磨、刷调和漆一遍等。 单位:10m

定额编号				100277	100278	100279	100280	100281	100282
顺序号		名称	单位	木扶手(不带托板)					
				底油一遍、刮腻子、调和漆二遍	每增减一遍调和漆	润油粉、刮腻子、磁漆二遍	每增减一遍刷磁漆	润油粉、刮腻子、金粉漆二遍	每增减一遍喷(刷)金粉漆
1	人工	高级技工	工日	0.36	0.11	0.72	0.14	0.85	0.16
2		合计	工日	0.36	0.11	0.72	0.14	0.85	0.16
3	材料	调和漆 综合	kg	0.49	0.239				
4		磁漆	kg			0.39	0.19		
5		稀释剂	kg			0.04	0.03		
6		金粉漆	kg					0.43	0.204
7		其他材料费	元	0.89	0.09	1.76	0.03	1.83	0.03

10-15-4-(2) 过氯乙烯漆

工作内容: 1.清扫、打磨、满刮腻子一遍、刷底漆一遍、磁漆二遍、清漆二遍等。

2.清扫、打磨、刷底漆(磁漆、清漆)一遍等。 单位:10m

定额编号				100283	100284	100285	100286
顺序号		名称	单位	木扶手(不带托板)			
				五遍成活	每增减一遍		
					底漆	磁漆	清漆
1	人工	高级技工	工日	0.777	0.135	0.135	0.135
2		合计	工日	0.777	0.135	0.135	0.135
3	材料	过氯乙烯磁漆	kg	0.63		0.31	
4		过氯乙烯底漆 综合	kg	0.31	0.31		
5		过氯乙烯清漆 综合	kg	0.85			0.42
6		过氯乙烯稀释剂	kg	0.73	0.11	0.1	0.21
7		其他材料费	元	0.99	0.03	0.03	0.03

10-16 乳胶漆

工作内容: 1.清扫、打磨、乳胶漆二遍等。

2.每增加一遍:刷乳胶漆一遍等。 单位:10m²

定额编号				100287	100288	100289	100290
顺序号		名称	单位	内墙面乳胶漆		外墙面乳胶漆	
				抹灰面			
				二遍	每增减一遍	二遍	每增减一遍
1	人工	高级技工	工日	0.545	0.198	0.68	0.272
2		合计	工日	0.545	0.198	0.68	0.272
3	材料	乳胶漆	kg	3.95	1.95	5.1	2.5
4		其他材料费	元	0.23	0.09	0.23	0.09

10-17 墙面砖石

工作内容:1.水泥砂浆:清理底层、砂浆拌和、运输、抹灰找平、压光、养护等。

2.涂料:清污迹、刮腻子、磨砂纸、刷涂料、喷涂料等。

3.镶贴卵石:清理基层、砂浆拌和、运输、座浆、卵石搬运、净选卵石、铺设、找平、灌缝、清理等。

单位:m²

定额编号				100291	100292	100293	100294	100295
				墙面装饰				
				涂料装饰	块料装饰			
顺序号		名称	单位	喷仿石涂料	文化石	花岗岩 30mm 厚以内	青石板 30mm 厚以内	贴瓷砖
1	人工	高级技工	工日	0.263	0.424	0.449	0.433	0.418
2		合计	工日	0.263	0.424	0.449	0.433	0.418
3	材料	水泥砂浆	m³		0.021	0.045	0.026	
4		特细砂	t					0.024
5		水性封底漆(普通)	kg	0.125				
6		水性中间(层)涂料	kg	0.25				
7		油性透明漆	kg	0.25				
8		仿石涂料	kg	4.16				
9		二甲苯稀释剂	kg	0.058				
10		文化石	m²		1.05			
11		装饰石材	m²			1.02	1.02	
12		水泥 32.5	kg					8.785
13		白灰	kg					1.201
14		瓷砖	m²					1.02
15		其他材料费	元	0.67	0.09	3.58	0.51	0.63
16	机械	灰浆搅拌机 200L	台班		0.002	0.003	0.003	0.003

注:材料费按"未计价材料费"计算。

10-18 刻 字

10-18-1 砖字镌刻

工作内容:构图放样、镌字、洗练、修补清理。

单位:10 个字

定额编号				100296	100297	100298
				字碑镌字每个字(cm)		
顺序号		名称	单位	阴(凹文)		
				50×50 以内	30×30 以内	10×10 以内
1	人工	高级技工	工日	5.44	4.356	2.421
2		合计	工日	5.44	4.356	2.421
3	材料	其他材料费	元	1.16	1.16	1.16

10-18-2　木牌刻字

工作内容：包括选料、裁配料、刨光、刻字、画线、制作成型等全部过程，但不包括安装。　　　　　　　　单位：m²

定额编号				100299
顺序号		名称	单位	木标志牌刻字
1	人工	高级技工	工日	3.973
2		合计	工日	3.973

10-19　钢管脚手架

工作内容：脚手架及脚手板搭设、维护、拆除。　　　　　　　　单位：100m²

定额编号				100300	100301	100302
顺序号		名称	单位	钢管脚手架		
				单排脚手架	双排脚手架	满堂脚手架（100m³）
1	人工	甲类工	工日	2.63	3.76	4.13
2		乙类工	工日	2.13	3.13	3
3		合计	工日	4.76	6.89	7.13
4	材料	卡扣件	kg	158	315	101
5		钢管 φ50mm	kg	1053	1853	1886
6		其他材料费	%	15	15	15

10-20　机械进出场

单位：台·次

定额编号				100303	100304	100305	100306	100307	100308
顺序号		名称	单位	履带式推土机（90kW以内）	履带式推土机（90kW以外）	履带式单斗挖掘机（1m³以内）	履带式单斗挖掘机（1m³以外）	压路机	强夯机
1	人工	甲类工	工日	6.375	6.375	12.75	12.75	5.313	7.14
2		乙类工	工日						
3		合计	工日	6.375	6.375	12.75	12.75	5.313	7.14
4	材料	草袋	m²	12.5	12.5	12.5	18.75	12.5	28
5		枕木	m³	0.1	0.1	0.1	0.1	0.1	0.112
6		镀锌铁丝 8#	kg	6.25	6.25	6.25	12.5	2.5	7
7		橡胶板 3mm	m²	0.98	0.98				

顺序号		名称	单位	100303 履带式推土机（90kW以内）	100304 履带式推土机（90kW以外）	100305 履带式单斗挖掘机（1m³以内）	100306 履带式单斗挖掘机（1m³以外）	100307 压路机	100308 强夯机
定额编号									
8	机械	汽车式起重机 20t	台班						0.885
9		载货汽车 15t	台班						1.792
10		平板拖车组 40t	台班	0.896		0.896		0.896	
11		平板拖车组 60t	台班		0.896		0.896		0.896
12		汽车式起重机 5t	台班	0.885	0.885	0.885	0.885	0.885	
13		载货汽车 4t	台班						1.792
14		回程费	元	567.96	709.39	681.95	765.39	561.35	2106.77
15		本机使用台班费	元	447.6	477.6	367.27	483.24	124.56	577.14

第十一章 拆除工程

说 明

一、拆除工程包含人工拆除和机械拆除。人工拆除包括房屋整体人工拆除、砌体人工拆除、地面及院坝人工拆除、其他附属用地人工清杂;机械拆除包括房屋整体机械拆除、房屋院坝机械拆除、其他附属用地机械清杂、机械转场及机械自开行进出场。定额共 8 节,25 个子目。

二、本章拆除建筑物应符合相关安全技术规程及安全文明施工要求。

三、本章定额是按照房屋拆除工程施工条件,以合理的施工工期、施工工艺、劳动组织为基础编制的。本定额中的人工、材料、机械消耗量除规定允许调整外,均不得调整。

四、本章定额的计量单位分别按"100m²""m³""场次""100m"计算。

五、本章适用于整栋或部分构件的拆除,凡符合整栋拆除的工程项目,不得使用部分构件拆除定额子目。

六、本章建筑物整体拆除按建筑面积计算,破损房屋根据房屋完整度情况以百分比计算拆除面积。

七、本章房屋采用人工整体拆除时,超过两层的楼房拆除,其人工消耗量乘以系数:三层取 1.19,四层取 1.25,五层取 1.33,六层以上取 1.43。

八、本章机械拆除所用机械为综合考虑,除另有说明外,均不得对机械机型规格进行调整或换算。

九、房屋整体人工拆除定额,适用于拆除室内地坪以上的全部建筑物。工作内容包括将拆除材料运至距复垦红线外 30m 范围内旧料清理、集中、分类堆码、废渣处理、土墙捣碎。对于房屋类型为穿斗结构的建筑物,若维护结构及基础已采用砖木或砖石进行改建处理的,按照砖木、砖石结构计算。

十、砌体人工拆除定额,适用于基础和墙、柱砌体拆除。工作内容包括将拆除材料运至距复垦红线外 30m 范围内旧料清理、集中、分类堆码、废渣处理、土墙捣碎。

十一、地面及院坝人工拆除定额,适用于地面、院坝面层及垫层的拆除。工作内容包括将拆除材料运至距复垦红线外 30m 范围内旧料清理、集中、分类堆码、废渣处理。

十二、房屋整体机械拆除定额,适用于房屋、地坪及基础整体建筑物拆除。工作内容包括将拆除材料运至距复垦红线外 30m 范围内旧料清理、集中、分类堆码、废渣处理,含装车、抛入坑凼,土墙捣碎。对于房屋类型为穿斗结构的建筑物,若维护结构及基础已采用砖木或砖石进行改建处理的,按照砖木、砖石结构计算。

十三、房屋院坝机械拆除定额,适用于院坝面层、垫层的拆除。工作内容包括将拆除材料运至距复垦红线外 30m 范围内旧料清理、集中、分类堆码、废渣处理,含装车、抛入坑凼。

十四、其他附属用地清杂定额,适用于其他附属用地机械或人工清表、除杂。工作内容包括灌木林的清除及局部竹林、竹根的挖除。

十五、机械转场定额,适用于机械转场不能采用自开行方式、且转移场地之间有能够通行载货汽车的道路,由运输车辆从起始点将机械装载并运输至指定地点的情况。工作内容包括机械上下车、运输车辆转运和空驶费用,机械转场运输距离、道路等级、坡度系数等已综合考虑在定额之中。

十六、机械自开行进出场定额,适用于机械自行开动至拆除建筑物现场。机械进出场已综合考虑了道路等级、坡度系数等多种因素,按实际开行距离进行计算。

十七、本章拆除定额已综合考虑了将拆除材料运至距复垦红线外 30m 范围内旧料清理、集中、分类堆码、废渣处理、含装车、抛入坑凼,土墙捣碎,复垦红线外 30m 范围外的废渣处理、运输根据实际情况,另套相应定额计算。

十八、本章拆除定额废渣处理工作内容未包含挖坑工序。若发生,按实际工作量另行计算。

十九、本章定额子目中发生的零星人工和部分机械,已综合在其他费用中。

二十、本章定额的"工作内容"中已说明了主要施工工序,次要工序虽未说明,但均已包含在定额项目中。

11-1 房屋整体人工拆除

工作内容: 房屋拆除,旧料清理、集中、分类堆码、废渣处理、土墙捣碎。 单位:100m²

顺序号	名称		单位	110001	110002	110003	110004	110005	110006	110007
				房屋整体人工拆除						
				框架结构	混合结构	砖木结构	砖石结构	土墙结构	穿斗结构	简易结构
1	人工	甲类工	工日	30.284	11.452	8.028	8.542	5.564	3.602	3.12
2		乙类工	工日	121.136	45.808	32.112	34.168	22.256	14.408	12.48
3		合计	工日	151.42	57.26	40.14	42.71	27.82	18.01	15.6
4	其他费用		%	3	3	3	3	3	3	3

11-2 砌体人工拆除

工作内容: 拆除砌体,旧料清理、集中、分类堆码、废渣处理、土墙捣碎。 单位:m³

顺序号	名称		单位	110008	110009	110010	110011	110012
				砖、石基础拆除	墙、柱拆除			
					砖、石	空心砖（砌块）	加气混凝土砌	土墙
1	人工	甲类工	工日					
2		乙类工	工日	1.316	0.61	0.579	0.589	0.331
3		合计	工日	1.316	0.61	0.579	0.589	0.331
4	其他费用		%	3	3	3	3	3

11-3 地面及院坝人工拆除

工作内容: 凿除面层、垫层,旧料清理、集中、分类堆码、废渣处理。 单位:100m²

顺序号	名称		单位	110013	110014
				楼地面人工拆除	
				混凝土、石板、水磨石、瓜米石、水泥砂浆地面拆除	三合土地面拆除
1	人工	甲类工	工日		
2		乙类工	工日	14.5	8.12
3		合计	工日	14.5	8.12
4	其他费用		%	3	3

11-4　房屋整体机械拆除

工作内容：房屋、地坪及基础拆除,旧料清理、集中、分类堆码、废渣处理,含装车、抛入坑凼,土墙捣碎。

单位:100m²

定额编号				110015	110016	110017	110018
顺序号		名称	单位	框架结构	砖木、砖石、砖混结构	穿斗、简易结构	土墙、土木结构
1	人工	甲类工	工日	0.36	0.14	0.09	0.07
2		乙类工	工日	1.44	0.56	0.36	0.28
3		合计	工日	1.8	0.7	0.45	0.35
4	机械	单斗挖掘机　油动 1.2m³	台班	1.8	0.7	0.45	0.35
5		其他费用	%	3	3	3	3

11-5　房屋院坝机械拆除

工作内容：拆除面层、垫层,旧料清理、集中、分类堆码、废渣处理,含装车、抛入坑凼。

单位:100m²

定额编号				110019	110020	110021
顺序号		名称	单位	混凝土院坝拆除	石板院坝拆除	三合土院坝拆除
1	人工	甲类工	工日			
2		乙类工	工日	0.067	0.063	0.05
3		合计	工日	0.067	0.063	0.05
4	机械	单斗挖掘机　油动 1.2m³	台班	0.067	0.063	0.05
5		其他费用	%	3	3	3

11-6　其他附属用地机械清杂

工作内容：清表、除杂,包括灌木林的清除及局部竹林、竹根的挖除。

单位:100m²

定额编号				110022	110023
顺序号		名称	单位	机械清杂	人工清杂
1	人工	甲类工	工日		
2		乙类工	工日	0.065	2.65
3		合计	工日	0.065	2.65
4	机械	单斗挖掘机　油动 1.2m³	台班	0.065	
5		其他费用	%	3	3

11-7 机械转场

工作内容:装载、运输、卸除、空回。　　　　　　　　　　　　　单位:台次

定额编号				110024
顺序号		名称	单位	机械转场
1	人工	甲类工	工日	0.12
2		乙类工	工日	0.48
3		合计	工日	0.6
4	机械	单斗挖掘机　油动 1.2m^3	台班	0.05
5		汽车拖车头 20t	台班	0.18
6		汽车起重机　汽油 5t	台班	0.18
7		其他费用	%	3

11-8 挖掘机自开行进出场

工作内容:启动、开行、空回。　　　　　　　　　　　　　　　单位:100m

定额编号				110025
顺序号		名称	单位	挖掘机自开行进场
1	人工	甲类工	工日	0.0086
2		乙类工	工日	0.0344
3		合计	工日	0.043
4	机械	单斗挖掘机　油动 1.2m^3	台班	0.043
5		其他费用	%	3

附 录

附录 1 土石方松实系数换算表

项目	自然方	松方	实方	码方
土方	1	1.33	0.85	
石方	1	1.53	1.31	
砂方	1	1.07	0.94	
混合料	1	1.19	0.88	
块石	1	1.75	1.43	1.67

注:1.松实系数是指土石料体积的比例关系,供一般土石方工程换算时参考。
　　2.块石实方指堆石坝坝体方,块石松方即块石堆方。

附录 2 一般工程土类分级表

土质级别	土质名称	自然湿容重(kg/m³)	外形特征	开挖方法
I	砂土 种植土	1650~1750	疏松,黏着力差或易透水,略有黏性	用锹或略加脚踩开挖
II	壤土 淤泥 种植土	1750~1850	开挖时能成块,并易打碎	用锹需用脚踩开挖
III	黏土 干燥黄土 干淤泥 含少量砾石黏土	1800~1950	黏手,看不见砂粒或干硬	用镐、三齿耙开挖或用锹需用力加脚踩开挖
IV	坚硬黏土 砾质黏土 含卵石黏土	1900~2100	土壤结构坚硬,将土分裂后成块状或含黏粒砾石较多	用镐、三齿耙工具开挖

附录 3 岩石类别分级表

岩石级别	岩石名称	实体岩石自然湿度时的平均容重(kg/m³)	净占时间(min/m)			极限抗压强度(kg/cm²)	强度系数 f
			用直径30mm合金钻头,凿岩机打眼(工作气压为4.5气压)	用直径30mm淬火钻头,凿岩机打眼(工作气压为4.5气压)	用直径25mm钻杆,人工单人打眼		
1	2	3	4	5	6	7	8
V	砂藻土及软的白垩岩	1500	≤3.5	≤30	≤200	1.5~2	
	硬的石炭纪的黏土	1950					
	胶结不紧的砾岩	1900~2200					
	各种不坚实的页岩	2000					

288

岩石级别	岩石名称	实体岩石自然湿度时的平均容重（kg/m³）	净占时间（min/m）			极限抗压强度（kg/cm²）	强度系数 f
			用直径30mm合金钻头,凿岩机打眼（工作气压为4.5气压）	用直径30mm淬火钻头,凿岩机打眼（工作气压为4.5气压）	用直径25mm钻杆,人工单人打眼		
VI	软的有孔隙的节理多的石灰岩及贝壳石灰岩	2200	4（3.5~4.5）	45（30~60）	200~400	2~4	
	密实的白垩	2600					
	中等坚实的页岩	2700					
	中等坚实的泥灰岩	2300					
VII	水成岩卵石经石灰质胶结而成的砾石	2200	6（4.5~7）	78（61~95）	400~600	4~6	
	风化的节理多的黏土质砂岩	2200					
	坚硬的泥质页岩	2800					
	坚实的泥灰岩	2500					
VIII	角砾状花岗岩	2300	6.8（5.7~7.7）	8.5（7.1~10）	115（96~135）	600~800	6~8
	泥灰质石灰岩	2300					
	黏土质砂岩	2200					
	云母页岩及砂质页岩	2300					
	硬石膏	2900					
IX	软的风化较深的花岗岩、片麻岩及正常岩	2500	8.5（7.8~9.2）	11.5（10.1~13）	157（136~175）	800~1000	8~10
	滑石质的蛇纹岩	2400					
	密实的石灰岩	2500					
	水成岩卵石经硅质胶结的砾岩	2500					
	砂岩	2500					
	砂质石灰质的页岩	2500					
X	白云岩	2700	10（9.3~10.8）	15（13.1~17）	195（176~215）	1000~1200	10~12
	坚实的石灰岩	2700					
	大理石	2700					
	石灰质胶结得致密的砂岩	2600					
	坚硬的砂质页岩	2600					
XI	粗粒花岗岩	2800	11.2（10.9~11.5）	18.5（17.1~20）	240（216~260）	1200~1400	12~14
	特别坚实的白云岩	2900					
	蛇纹岩	2600					
	火成岩卵石经石灰质胶结的砾岩	2800					
	石灰质胶结的坚实的砂岩	2700					
	粗粒正长岩	2700					

续表

岩石级别	岩石名称	实体岩石自然湿度时的平均容重（kg/m³）	净占时间（min/m）			极限抗压强度（kg/cm²）	强度系数 f
			用直径30mm合金钻头，凿岩机打眼（工作气压为4.5气压）	用直径30mm淬火钻头，凿岩机打眼（工作气压为4.5气压）	用直径25mm钻杆，人工单人打眼		
XII	有风化痕迹的安山岩及玄武岩	2700	12.2（11.6~13.3）	22（20.1~25）	290（261~320）	1400~1600	14~16
	片麻岩、粗面岩	2600					
	特别坚实的石灰岩	2900					
	火成岩卵石经硅质胶结的砾岩	2600					
XIII	中粒花岗岩	3100	14.1（13.4~14.8）	27.5（25.1~30）	360（321~400）	1600~1800	16~18
	坚实的片麻岩	2800					
	辉绿岩	2700					
	玢岩	2500					
	坚实的粗面岩	2800					
	中粒正常岩	2800					
XIV	特别坚实的细粒花岗岩	3300	15.5（14.9~18.2）	32.5（30.1~40）		1800~2000	18~20
	花岗片麻岩	2900					
	闪长岩	2900					
	最坚实的石灰岩	3100					
	坚实的玢岩	2700					
XV	安山岩、玄武岩、坚实的角闪岩	3100	20（18.3~24）	46（40.1~60）		2000~2500	20~25
	最坚实的辉绿岩及闪长岩	2900					
	坚实的辉长岩及石英岩	2800					
XVI	钙钠长石质橄榄石质玄武岩	3300	>24	>60		>2500	>25
	特别坚实的辉长岩、辉绿岩、石英岩及玢岩	3000					

附录4　水文地质钻探地层分类

1.松散层分类

地层分类	地层名称	与工程分类对照
I	耕土，填土，淤泥，泥炭，可塑性黏土，粉土，软矽藻土，粉砂，细砂，中砂，含圆砾（角砾）及硬杂质在10%以内的黏性土、粉土，新黄土	I~III
II	坚硬的黏性土，老黄土，粗砂，砂砾，含圆砾（角砾）卵石（碎石）及硬杂质在10%~20%的黏性土、粉土和填土	
III	圆砾（角砾）层，含卵石（碎石）及硬杂质在20%~30%的黏性土、粉土	III
IV	冻土层，粒径在20~50mm含量超过50%的卵石（碎石）层，含卵石在30%~50%的黏性土、粉土	

地层分类	地层名称	与工程分类对照
V	粒径在 50~150mm 含量超过 50% 的卵石(碎石)层、强风化各类岩石	IV
VI	粒径在 150~200mm 含量超过 50% 的卵石(碎石)层、中风化各类岩石	
VII	漂石(块石)层,微风化各类岩石	

2.基岩分类

地层分类	地层名称	与工程分类对照
I	残积土、石膏、煤层、软白垩	V
II	泥质页岩、砂质页岩、油页岩、炭质页岩、钙质页岩、泥质板岩、滑石绿泥石片岩、云母片岩、泥灰岩、铝矾土、岩盐、致密白垩、石膏、断层泥、强风化火成岩	V ~ VI
III	硅化片岩、角斑岩、橄榄岩、石灰质及铁质胶结的砂岩、蛇纹岩、细砂岩、钙质砂岩、方解石硅卡岩、辉石、玢岩及辉长岩、中等风化火成岩	VII ~ VIII
IV	硅化页岩、白云岩、石灰岩、大理岩、硅化板岩、辉绿岩、长石砂岩、闪长岩、正长岩、石英斑岩、安山岩、流纹岩、片麻岩、微风化花岗岩	XI ~ XII
V	硅化灰岩、花岗岩、硅质胶结砾岩、微晶花岗岩、刚玉岩、石英岩、碧玉状硅质页岩、燧石岩、角砾岩、玄武岩	XIV ~ XV

附录 5 岩石十二类分级与十六类分级对照表

十二类分级			十六类分级		
岩石级别	可钻性(m/h)	一次提钻长度(m)	岩石级别	可钻性(m/h)	一次提钻长度(m)
IV	1.6	1.7	V	1.6	1.7
V	1.15	1.5	VI	1.2	1.5
			VII	1.0	1.4
VI	0.82	1.3	VIII	0.85	1.3
VII	0.57	1.1	IX	0.72	1.2
			X	0.55	1.1
VIII	0.38	0.85	XI	0.38	0.85
IX	0.25	0.65	XII	0.25	0.65
X	0.15	0.5	XIII	0.18	0.55
			XIV	0.13	0.40
XI	0.09	0.32	XV	0.09	0.32
XII	0.045	0.16	XVI	0.045	0.16

附录 6 混凝土、砂浆配合比及材料用量表

1.混凝土配合比有关说明

(1)除碾压混凝土材料配合比及材料用量表外,水泥混凝土强度等级均以 28d 龄期用标准试验方法测得的具有 95% 保证率的抗压强度标准值确定,如设计龄期超过 28d,按附表 6-1 系数换算。计算结果如介于两种强度等级之间,应选用高一级的强度等级。

附表 6-1　强度等级折合系数

设计龄期(d)	28	60	90	180
强度等级折合系数	1.00	0.83	0.77	0.71

（2）混凝土配合比及材料用量表是卵石、粗砂混凝土,如改用碎石或中、细砂,按附表 6-2 系数换算。

附表 6-2　混凝土配合比及材料用量替换调整系数

项目	水泥	砂	石子	水
卵石换为碎石	1.10	1.10	1.06	1.10
粗砂换为中砂	1.07	0.98	0.98	1.07
粗砂换为细砂	1.10	0.96	0.97	1.10
粗砂换为特细砂	1.16	0.90	0.95	1.16

注:水泥按质量计,砂、石子、水按体积计。

（3）混凝土细骨料的划分标准为:
①细度模数 3.19~3.85(或平均粒径 1.2~2.5mm)为粗砂;
②细度模数 2.5~3.19(或平均粒径 0.6~1.2mm)为中砂;
③细度模数 1.78~2.5(或平均粒径 0.3~0.6mm)为细砂;
④细度模数 0.9~1.78(或平均粒径 0.15~0.3mm)为特细砂。
（4）埋块石混凝土,应按配合比表的材料用量,扣除埋块石实体的数量计算。
①埋块石混凝土材料量 = 配合表列材料用量×(1-埋块石量%)。

$$1 块石实体方 = 1.67 码方$$

②因埋块石增加的人工见附表 6-3。

附表 6-3　因埋块石增加的人工

埋块石率(%)	5	10	15	20
每 100m³ 埋块石混凝土增加人工工时	24.0	32.0	42.4	56.8

注:不包括块石运输及影响浇筑的工时。

（5）有抗渗抗冻要求时,按附表 6-4 的水灰比选用混凝土强度等级。

附表 6-4　不同抗渗抗冻要求对应一般水灰比

抗渗等级	一般水灰比	抗冻等级	一般水灰比
W4	0.60~0.65	F50	<0.58
W6	0.55~0.60	F100	<0.55
W8	0.50~0.55	F150	<0.52
W12	<0.50	F200	<0.50
		F300	<0.45

　（6）除碾压混凝土材料配合比及材料用量表外,混凝土配合比及材料用量表的预算量包括场内运输及操作损耗在内,不包括搅拌后(熟料)的运输和浇筑损耗。搅拌后的运输和浇筑损耗已根据不同浇筑部位计入定额内。

　（7）水泥用量按机械拌和拟定,若为人工拌和,水泥用量增加 5%。

　（8）按照国际标准(ISO3893)的规定,且为了与其他规范相协调,将原规范混凝土及砂浆标号的名称改为混凝土或砂浆强度等级。新强度等级与原标号对照见附表 6-5、附表 6-6。

附表 6-5　混凝土新强度等级与原标号对照

原用标号（kgf/cm²）	100	150	200	250	300	350	400
新强度等级 C	C9	C14	C19	C24	C29.5	C35	C40

附表 6-6　砂浆新强度等级与原标号对照

原用标号（kgf/cm²）	30	50	75	100	125	150	200	250	300	350	400
新强度等级 M	M3	M5	M7.5	M10	M12.5	M15	M20	M25	M30	M35	M40

2.纯混凝土材料配合比及材料用量

纯混凝土材料配合比及材料用量见附表 6-7。

3.掺外加剂混凝土材料配合比及材料用量

掺外加剂混凝土材料配合比及材料用量见附表 6-8。

4.掺粉煤灰混凝土材料配合比及材料用量

掺粉煤灰混凝土材料配合比及材料用量见附表 6-9 至附表 6-11。

5.碾压混凝土材料配合比及材料用量

碾压混凝土材料配合比及材料用量见附表 6-12。

6.泵用混凝土材料配合比及材料用量

泵用混凝土材料配合比及材料用量见附表 6-13、附表 6-14。

7.水泥砂浆材料配合比及材料用量

水泥砂浆材料配合表见附表 6-15。

8.水泥强度等级换算

水泥强度等级换算系数参考值见附表 6-16。

附表 6-7　纯混凝土材料配合比及材料用量表

单位：m³

序号	混凝土强度等级	水泥强度等级	水灰比	级配	最大粒径（mm）	配合比			预算量					
						水泥	砂	石子	水泥（kg）	粗砂（kg）	粗砂（m³）	卵石（kg）	卵石（m³）	水（m³）
1	C10	32.5	0.75	1	20	1	3.69	5.05	237	877	0.58	1218	0.72	0.170
				2	40	1	3.92	6.45	208	819	0.55	1360	0.79	0.150
				3	80	1	3.78	9.33	172	653	0.44	1630	0.95	0.125
				4	150	1	3.64	11.65	152	555	0.37	1792	1.05	0.110
2	C15	32.5	0.65	1	20	1	3.15	4.41	270	853	0.57	1206	0.70	0.170
				2	40	1	3.20	5.57	242	777	0.52	1367	0.81	0.150
				3	80	1	3.09	8.03	201	623	0.42	1635	0.96	0.125
				4	150	1	2.92	9.89	179	527	0.36	1799	1.06	0.110
3	C20	32.5	0.55	1	20	1	2.48	3.78	321	798	0.54	1227	0.72	0.170
				2	40	1	2.53	4.72	289	733	0.49	1382	0.81	0.150
				3	80	1	2.49	6.80	238	594	0.40	1637	0.96	0.125
				4	150	1	2.38	8.55	208	498	0.34	1803	1.06	0.110
		42.5	0.60	1	20	1	2.80	4.08	294	827	0.56	1218	0.71	0.170
				2	40	1	2.89	5.20	261	757	0.51	1376	0.81	0.150
				3	80	1	2.82	7.37	218	618	0.42	1627	0.95	0.125
				4	150	1	2.73	9.29	191	522	0.35	1791	1.05	0.110

续表

序号	混凝土强度等级	水泥强度等级	水灰比	级配	最大粒径(mm)	配合比 水泥	配合比 砂	配合比 石子	预算量 水泥(kg)	预算量 粗砂(kg)	预算量 粗砂(m³)	预算量 卵石(kg)	预算量 卵石(m³)	预算量 水(m³)
4	C25	32.5	0.50	1	20	1	2.10	3.50	353	744	0.50	1250	0.73	0.170
				2	40	1	2.25	4.43	310	699	0.47	1389	0.8l	0.150
				3	80	1	2.16	6.23	260	565	0.38	1644	0.96	0.125
				4	150	1	2.04	7.78	230	471	0.32	1812	1.06	0.110
		42.5	0.55	1	20	1	2.48	3.78	321	798	0.54	1227	0.72	0.170
				2	40	1	2.53	4.72	289	733	0.49	1382	0.81	0.150
				3	80	1	2.49	6.80	238	594	0.40	1637	0.96	0.125
				4	150	1	2.38	8.55	208	498	0.34	1803	1.06	0.110
5	C30	32.5	0.45	1	20	1	1.85	3.14	389	723	0.48	1242	0.73	0.170
				2	40	1	1.97	3.98	343	678	0.45	1387	0.81	0.150
				3	80	1	1.88	5.64	288	542	0.36	1645	0.96	0.125
				4	150	1	1.77	7.09	253	448	0.30	1817	1.06	0.110
		42.5	0.50	1	20	1	2.10	3.50	353	744	0.50	1250	0.73	0.170
				2	40	1	2.25	4.43	310	699	0.47	1389	0.81	0.150
				3	80	1	2.16	6.23	260	565	0.38	1644	0.96	0.125
				4	150	1	2.04	7.78	230	471	0.32	1812	1.06	0.110
6	C35	32.5	0.40	1	20	1	1.57	2.80	436	689	0.46	1237	0.72	0.170
				2	40	1	1.77	3.44	384	685	0.46	1343	0.79	0.150
				3	80	1	1.53	5.12	321	493	0.33	1666	0.97	0.125
				4	150	1	1.49	6.35	282	422	0.28	1816	1.06	0.110
		42.5	0.45	1	20	1	1.85	3.14	389	723	0.48	1242	0.73	0.170
				2	40	1	1.97	3.98	343	678	0.45	1387	0.81	0.150
				3	80	1	1.88	5.64	288	542	0.36	1645	0.96	0.125
				4	150	1	1.77	7.09	253	448	0.30	1817	1.06	0.110
7	C40	42.5	0.40	1	20	1	1.57	2.80	436	689	0.46	1237	0.72	0.170
				2	40	1	1.77	3.44	384	685	0.46	1343	0.79	0.150
				3	80	1	1.53	5.12	321	493	0.33	1666	0.97	0.125
				4	150	1	1.49	6.35	282	422	0.28	1816	1.06	0.110
8	C45	42.5	0.34	2	40	1	1.13	3.28	456	520	0.35	1518	0.89	0.125

附表6-8 掺外加剂混凝土材料配合比及材料用量表

单位:m³

序号	混凝土强度等级	水泥强度等级	水灰比	级配	最大粒径(mm)	配合比 水泥	配合比 砂	配合比 石子	预算量 水泥(kg)	预算量 粗砂(kg)	预算量 粗砂(m³)	预算量 卵石(kg)	预算量 卵石(m³)	预算量 外加剂(kg)	预算量 水(m³)
1	C10	32.5	0.75	1	20	1	4.14	5.69	213	887	0.59	1230	0.72	0.43	0.170
				2	40	1	4.18	7.19	188	826	0.55	1372	0.80	0.38	0.150
				3	80	1	4.17	10.31	157	658	0.44	1642	0.96	0.32	0.125
				4	150	1	3.84	12.78	139	560	0.38	1803	1.05	0.28	0.110

序号	混凝土强度等级	水泥强度等级	水灰比	级配	最大粒径（mm）	配合比			预算量						
						水泥	砂	石子	水泥（kg）	粗砂（kg）	（m³）	卵石（kg）	（m³）	外加剂（kg）	水（m³）
2	C15	32.5	0.65	1	20	1	3.44	4.81	250	865	0.58	1221	0.71	0.50	0.170
				2	40	1	3.57	6.19	220	790	0.53	1382	0.81	0.45	0.150
				3	80	1	3.46	8.98	181	630	0.42	1649	0.96	0.37	0.125
				4	150	1	3.30	11.15	160	530	0.36	1811	1.06	0.32	0.110
3	C20	32.5	0.55	1	20	1	2.78	4.24	290	810	0.54	1245	0.73	0.58	0.170
				2	40	1	2.92	5.44	254	743	0.50	1400	0.82	0.52	0.150
				3	80	1	2.80	7.70	212	596	0.40	1654	0.97	0.43	0.125
				4	150	1	2.66	9.52	188	503	0.34	1817	1.06	0.38	0.110
		42.5	0.60	1	20	1	3.16	4.61	264	839	0.56	1235	0.72	0.53	0.170
				2	40	1	3.26	5.86	234	767	0.52	1392	0.81	0.47	0.150
				3	80	1	3.19	8.29	195	624	0.42	1641	0.96	0.39	0.125
				4	150	1	3.11	10.56	171	527	0.36	1806	1.05	0.35	0.110
4	C25	32.5	0.50	1	20	1	2.36	3.92	320	757	0.51	1270	0.74	0.64	0.170
				2	40	1	2.50	4.93	282	709	0.48	1410	0.82	0.56	0.150
				3	80	1	2.44	7.02	234	572	0.38	1664	0.97	0.47	0.125
				4	150	1	2.27	8.74	207	479	0.32	1831	1.07	0.42	0.110
		42.5	0.55	1	20	1	2.78	4.24	290	810	0.54	1245	0.73	0.58	0.170
				2	40	1	2.92	5.44	254	743	0.50	1400	0.82	0.52	0.150
				3	80	1	2.80	7.70	212	596	0.40	1654	0.97	0.43	0.125
				4	150	1	2.66	9.52	188	503	0.34	1817	1.06	0.38	0.110
5	C30	32.5	0.45	1	20	1	2.12	3.62	348	736	0.49	1269	0.74	0.71	0.170
				2	40	1	2.23	4.53	307	689	0.46	1411	0.83	0.62	0.150
				3	80	1	2.13	6.39	257	549	0.37	1667	0.97	0.52	0.125
				4	150	1	2.00	8.04	225	453	0.30	1837	1.07	0.46	0.110
		42.5	0.50	1	20	1	2.36	3.92	320	757	0.51	1270	0.74	0.64	0.170
				2	40	1	2.50	4.93	282	709	0.48	1410	0.82	0.56	0.150
				3	80	1	2.44	7.02	234	572	0.38	1664	0.97	0.47	0.125
				4	150	1	2.27	8.74	207	479	0.32	1831	1.07	0.42	0.110
6	C35	32.5	0.40	1	20	1	1.79	3.18	392	705	0.47	1265	0.74	0.78	0.170
				2	40	1	2.01	3.90	346	698	0.47	1368	0.80	0.69	0.150
				3	80	1	1.72	5.77	289	500	0.33	1691	0.99	0.58	0.125
				4	150	1	1.68	7.17	254	427	0.28	1839	1.08	1	0.110
		42.5	0.45	1	20	1	2.12	3.62	348	736	0.49	1269	0.74	0.71	0.170
				2	40	1	2.23	4.53	307	689	0.46	1411	0.83	0.62	0.150
				3	80	1	2.13	6.39	257	549	0.37	1667	0.97	0.52	0.125
				4	150	1	2.00	8.04	225	453	0.30	1837	1.07	0.46	0.110

续表

序号	混凝土强度等级	水泥强度等级	水灰比	级配	最大粒径(mm)	配合比			预算量						
						水泥	砂	石子	水泥(kg)	粗砂(kg)	粗砂(m³)	卵石(kg)	卵石(m³)	外加剂(kg)	水(m³)
7	C40	42.5	0.40	1	20	1	1.79	3.18	392	705	0.47	1265	0.74	0.78	0.170
				2	40	1	2.01	3.90	346	698	0.47	1368	0.80	0.69	0.150
				3	80	1	1.72	5.77	289	500	0.33	1691	0.99	0.58	0.125
				4	150	1	1.68	7.17	254	427	0.28	1839	1.08	0.51	0.110
8	C45	42.5	0.34	2	40	1	1.29	3.73	410	532	0.35	1552	0.91	0.82	0.125

附表 6-9　掺粉煤灰混凝土材料配合比及材料用量表(掺粉煤灰量20%,取代系数1.3)

单位:m³

序号	混凝土强度等级	水泥强度等级	水灰比	级配	最大粒径(mm)	配合比				预算量							
						水泥	粉煤灰	砂	石子	水泥(kg)	粉煤灰(kg)	粗砂(kg)	粗砂(m³)	卵石(kg)	卵石(m³)	外加剂(kg)	水(m³)
1	C10	32.5	0.75	3	80	1	0.325	4.65	11.47	139	45	650	0.44	1621	0.95	0.28	0.125
				4	150	1	0.325	4.50	14.42	122	40	551	0.37	1784	1.05	0.25	0.110
2	C15	32.5	0.65	3	80	1	0.325	3.86	10.03	160	53	620	0.42	1627	0.96	0.33	0.125
				4	150	1	0.325	3.17	12.57	140	47	523	0.35	1791	1.05	0.29	0.110
3	C20	32.5	0.55	3	80	1	0.325	3.10	8.44	190	63	589	0.40	1623	0.96	0.38	0.125
				4	150	1	0.325	2.93	10.50	168	56	495	0.33	1791	1.05	0.34	0.110
		42.5	0.60	3	80	1	0.325	3.54	9.21	173	58	616	0.42	1618	0.95	0.35	0.125
				4	150	1	0.325	3.40	11.58	152	51	519	0.35	1781	1.05	0.31	0.110

附表 6-10　掺粉煤灰混凝土材料配合比及材料用量表(掺粉煤灰量25%,取代系数1.3)

单位:m³

序号	混凝土强度等级	水泥强度等级	水灰比	级配	最大粒径(mm)	配合比				预算量							
						水泥	粉煤灰	砂	石子	水泥(kg)	粉煤灰(kg)	粗砂(kg)	粗砂(m³)	卵石(kg)	卵石(m³)	外加剂(kg)	水(m³)
1	C10	32.5	0.75	3	80	1	0.433	4.96	12.38	131	57	650	0.44	1621	0.95	0.27	0.125
				4	150	1	0.433	4.79	15.51	115	50	551	0.36	1784	1.04	0.24	0.110
2	C15	32.5	0.65	3	80	1	0.433	4.13	10.82	150	66	620	0.42	1624	0.96	0.31	0.125
				4	150	1	0.433	3.98	13.54	132	58	525	0.34	1788	1.05	0.27	0.110
3	C20	32.5	0.55	3	80	1	0.433	3.31	9.11	178	79	590	0.40	1622	0.95	0.36	0.125
				4	150	1	0.433	3.18	11.45	156	69	495	0.32	1787	1.05	0.32	0.110
		42.5	0.60	3	80	1	0.433	3.78	9.92	163	71	615	0.42	1617	0.95	0.33	0.125
				4	150	1	0.433	3.62	12.44	143	63	517	0.35	1780	1.05	0.29	0.110

附表 6-11　掺粉煤灰混凝土材料配合比及材料用量表（掺粉煤灰量 30%，取代系数 1.3）

单位：m³

序号	混凝土强度等级	水泥强度等级	水灰比	级配	最大粒径（mm）	配合比				预算量							
						水泥	粉煤灰	砂	石子	水泥（kg）	粉煤灰（kg）	粗砂（kg）	粗砂（m³）	卵石（kg）	卵石（m³）	外加剂（kg）	水（m³）
1	C10	32.5	0.75	3	80	1	0.557	5.30	13.09	122	69	649	0.44	1619	0.95	0.25	0.125
				4	150	1	0.557	5.10	16.32	108	61	551	0.37	1781	1.05	0.22	0.110
2	C15	32.5	0.65	3	80	1	0.557	4.39	11.39	140	80	619	0.42	1622	0.95	0.28	0.125
				4	150	1	0.557	4.20	14.20	124	70	522	0.35	1786	1.05	0.25	0.110
3	C20	32.5	0.55	3	80	1	0.557	3.54	9.61	166	95	590	0.40	1618	0.95	0.34	0.125
				4	150	1	0.557	3.34	11.93	148	83	495	0.33	1786	1.05	0.30	0.110
		42.5	0.60	3	80	1	0.557	3.97	10.33	154	86	613	0.42	1612	0.95	0.31	0.125
				4	150	1	0.557	3.84	13.11	134	76	518	0.35	1778	1.04	0.27	0.110

附表 6-12　碾压混凝土材料配合比及材料用量表

单位：m³

序号	龄期（d）	混凝土强度等级	水泥强度等级	水灰比	砂率（%）	水泥	粉煤灰	水	砂	石子	外加剂	备注
1	90	C10	42.5	0.61	34	46	107	93	761	1500	0.380	人工砂石料
2	90	C15	42.5	0.58	33	64	96	93	738	1520	0.400	人工砂石料
3	90	C20	42.5	0.53	36	87	107	103	783	1413	0.490	人工砂石料
4	90	C10	32.5	0.60	35	63	87	90	765	1453	0.387	人工砂石料
5	90	C20	32.5	0.55	36	83	84	92	801	1423	0.511	人工砂石料
6	90	C20	32.5	0.50	36	132	56	94	777	1383	0.812	人工砂石料
7	90	C10	32.5	0.56	33	60	101	90	726	1473	0.369	天然砂、人工砂石料
8	90	C20	32.5	0.50	36	104	86	95	769	1396	0.636	天然砂、人工砂石料
9	90	C20	32.5	0.45	35	127	84	95	743	1381	0.779	天然砂、人工砂石料
10	90	C15	42.5	0.55	30	72	58	71	649	1554	0.871	天然细砂，人工粗砂，砂用量中含石粉
11	90	C15	42.5	0.58	29	91	39	75	652	1609	0.325	天然砂石料
12	90	C15	42.5	0.5	35	67	101	84	798	1521	1.344	人工砂石料
13	90	C20	42.5	0.5	38	94	94	94	850	1423	1.504	人工砂石料

注：碾压混凝土材料配合比及材料用量表中材料用量不包括场内运输及拌制损耗在内。实际运用过程中损耗率可采用：水泥 2.5%、砂 3%、石子 4%。

单位:m³

序号	混凝土强度等级	水泥强度等级	水灰比	级配	最大粒径(mm)	配合比			预算量					
						水泥	砂	石子	水泥(kg)	粗砂(kg)	粗砂(m³)	卵石(kg)	卵石(m³)	水(m³)
1	C15	32.5	0.63	1	20	1	2.97	3.11	320	951	0.64	970	0.66	0.192
				2	40	1	3.05	4.29	280	858	0.58	1171	0.78	0.166
2	C20	32.5	0.51	1	20	1	2.30	2.45	394	910	0.61	979	0.67	0.193
				2	40	1	2.35	3.38	347	820	0.55	1194	0.80	0.161
3	C25	32.5	0.44	1	20	1	1.88	2.04	461	872	0.58	955	0.66	0.195
				2	40	1	1.95	2.83	408	800	0.53	1169	0.79	0.173

附表 6-14　泵用掺外加剂混凝土材料配合比及材料用量表

单位:m³

序号	混凝土强度等级	水泥强度等级	水灰比	级配	最大粒径(mm)	配合比			预算量						
						水泥	砂	石子	水泥(kg)	粗砂(kg)	粗砂(m³)	卵石(kg)	卵石(m³)	外加剂(kg)	水(m³)
1	C15	32.5	0.63	1	20	1	3.28	3.35	290	957	0.65	987	0.67	0.58	0.192
				2	40	1	3.38	4.63	253	860	0.59	1188	0.79	0.50	0.166
2	C20	32.5	0.51	1	20	1	2.61	2.77	355	930	0.62	999	0.68	0.71	0.193
				2	40	1	2.61	3.78	317	831	0.56	1214	0.81	0.62	0.161
3	C25	32.5	0.44	1	20	1	2.15	2.32	415	895	0.60	980	0.68	0.83	0.195
				2	40	1	2.22	3.21	366	816	0.54	1191	0.81	0.73	0.173

表 6-15　水泥砂浆材料配合比及材料用量表

(1)砌筑砂浆

单位:m³

砂浆类别	砂浆强度等级	水泥(kg) 32.5	砂(m³)	水(m³)
水泥砂浆	M5	211	1.13	0.127
	M7.5	261	1.11	0.157
	M10	305	1.10	0.183
	M12.5	352	1.08	0.211
	M15	405	1.07	0.243
	M20	457	1.06	0.274
	M25	522	1.05	0.313
	M30	606	0.99	0.364
	M40	740	0.97	0.444

（2）防水砂浆

单位：m³

序号	防水砂浆	32.5 水泥（kg）	中粗砂（m³）	防水剂（kg）	水（m³）
1	1:1.5	664	0.97	6.64	0.32
2	1:2	577	1.12	5.77	0.29
3	1:2.5	485	1.18	4.85	0.26
4	1:3	404	1.18	4.04	0.23
5	1:4	303	1.18	3.03	0.2

（3）接缝砂浆

单位：m³

序号	砂浆强度等级	体积配合比 水泥	体积配合比 砂	矿渣水泥 强度等级	矿渣水泥 数量(kg)	纯水泥 强度等级	纯水泥 数量(kg)	砂（m³）	水（m³）
1	M10	1	3.1	32.5	406			1.08	0.270
2	M15	1	2.6	32.5	469			1.05	0.270
3	M20	1	2.1	32.5	554			1.00	0.270
4	M25	1	1.9	32.5	633			0.94	0.270
5	M30	1	1.8			42.5	625	0.98	0.266
6	M35	1	1.5			42.5	730	0.93	0.266
7	M40	1	1.3			42.5	789	0.90	0.266

附表 6-16　水泥强度等级换算系数参考表

原强度等级	代换强度等级		
	32.5	42.5	52.5
32.5	1.00	0.86	0.76
42.5	1.16	1.00	0.88
52.5	1.31	1.13	1.00

附录7　沥青混凝土材料配合比及材料用量表

1.面板沥青混凝土

单位：kg/m³

材料 数量 名称	石子(mm) 25~5	石子(mm) 25~5	石子(mm) 15~5	砂	矿粉	沥青	合计
整平胶结层		1661		360	164	115	2300
防渗层			378	1427	357	188	2350
排水层	1536			384		80	2000
封闭层					1050	450	1500

2.心墙沥青混凝土

混凝土配合比(%)						最大骨料粒径(mm)	混凝土容重(t/m³)
矿物混合料				油料			
石子	砂	石屑	矿物	沥青	渣油		
41.2	43.2		7.8	7.8		25	2.4
41.3	32.1		18.3	8.3		25	
21	59.6		10.9	8.5		15	2.36
48	30		12	7	3	25	2.2
48	32		10	7	3		
43	30		12	15		20	
29	29	2.0(石棉)	25	5	10	10	2.35

注:面板及心墙沥青混凝土材料配合比及材料用量表中材料用量不包括场内运输及拌制损耗在内,实际运用过程中损耗率可采用:沥青(渣油)2%、砂(石屑、矿粉)3%、石子4%。

3.沥青混凝土涂层

项目	单位	稀释沥青	乳化沥青		热沥青涂层	封闭层沥青胶	岸边接头	
			开级配	密级配			热沥青胶	再生胶粉沥青胶
汽(柴)油	kg	70						
60#沥青	kg	30	12.5	5	46	45	100	447
水	kg		37.5	15				
烧碱	kg		0.15	0.06				
洗衣粉	kg		0.2	0.08				
水玻璃	kg		0.15	0.06				
10#沥青	kg				108	105		
滑石粉	kg					105		40
矿粉	kg						200	
再生橡胶粉	kg							282
石棉粉	kg							40
玻璃丝网	m²							100

第三篇　施工机械台班费定额

说　明

一、本定额适用于土地开发整理工程。内容包括土石方机械、基础处理设备、混凝土机械、运输机械、起重机械、辅助设备及其他机械,共 7 类,244 个子目。

二、本定额以"台班"为计量单位。

三、本定额由两类费用组成,定额表中以(一)、(二)表示。

一类费用分为折旧费、修理及替换设备费和安装拆卸费,按编制年度价格水平计算并用金额表示。

二类费用分为人工、动力、燃料或消耗材料,以工日数量和实物消耗量表示,其费用按国家规定的人工工资计算办法和工程所在地的物价水平分别计算。

四、各类费用的定义及取费原则:

1.折旧费:指机械在寿命期内回收原值的台班折旧摊销费用。

2.修理及替换设备费:指机械使用过程中,为了使机械保持正常功能而进行修理所需费用、日常保养所需的润滑油料费、擦拭用品费、机械保管费以及替换设备、随机使用的工具附具等所需的台班摊销费用。

3.安装拆卸费:指机械进出工地的安装、拆卸、试运转和场内转移及辅助设施的摊销费用。不需要安装拆卸的施工机械、台班费中,不计列此项费用。

4.人工:指机械使用时机上操作人员的工日消耗,包括机械运转时间、辅助时间、用餐、交接班以及必要的机械正常中断时间。台班费中人工费按甲类工计算。

5.动力、燃料或消耗材料:指正常运转所需的风(压缩空气)、水、电、油及煤等。其中,机械消耗电量包括机械本身和最后一级降压变压器低压侧至施工用电点之间的线路损耗,风、水消耗包括机械本身和移动支管的损耗。

五、本定额单斗挖掘机台班费均适用于正铲和反铲。

六、本定额子目编号按以下方式排列:

定额子目名称	定额子目编号	定额子目名称	定额子目编号
土石方机械	1001～1066	起重机械	5001～5024
基础处理设备	2001～2016	辅助设备	6001～6028
混凝土机械	3001～3015	其他机械	7001～7040
运输机械	4001～4058		

一、土石方机械

编号	机械名称	机型规格			费用构成									
					(一)				(二)					
					折旧费	修理及替换设备费	安装拆卸费	小计	人工	汽油	柴油	电	风	水
					元	元	元	元	工日	kg	kg	kW·h	m³	m³
1001	单斗挖掘机	电动	斗容 (m³)	2	249.34	261.40	18.48	529.22	2			435		
1002				3	383.97	313.05		697.02	3			621		
1003		油动		0.5	93.89	87.48	6.33	187.70	2		48			
1004				1	159.13	163.89	13.39	336.41	2		72			
1005				1.2	179.25	192.22	16.38	387.85	2		86			
1006				1.6	219.49	248.88	22.36	490.73	2		114			
1007		液压		0.6	227.76	145.68	12.8	386.24	2		48			
1008				1	226.17	161.62	13.84	401.63	2		72			
1009				2	481.81	295.82	19.26	796.89	2		101			
1010	装载机	斗容 (m³)		1	59.54	38.67		98.21	2		48			
1011				1.4~1.5	82.13	53.35		135.48	2		51			
1012				2.0~2.3	152.55	114.83		267.38	2		102			
1013				3.0~3.3	238.38	178.82		417.20	2		110			
1014	抓铲挖掘机	0.5m³			133.44	26.61	73.99	234.04	2		40.23			
1015		1m³			181.11	34.82	96.78	312.71	2		63.41			
1016	推土机	功率 (kW)		40~55	29.42	39.06	1.37	69.85	2		40			
1017				59	33.52	40.42	1.52	75.46	2		44			
1018				74	92.39	110.92	4.18	207.49	2		55			
1019				88	138.93	151.15	5.52	295.60	2		66			
1020				103	146.63	158.80	5.79	311.22	2		77			
1021				118	161.72	164.67	6.39	332.78	2		88			
1022				132	223.98	227.58	8.84	460.40	2		99			
1023				165	351.95	359.75			2.56		71.29			
1024				176	399.71	359.79	16.00	775.50	2		132			
1025	拖拉机	履带式	功率 (kW)	40~55	31.06	37.27	1.79	70.12	2		43			
1026				59	43.45	52.13	2.82	98.40	2		55			
1027				74	63.96	75.42	3.58	142.96	2		67			
1028		手扶式		11	5.56	14.55	0.55	20.66	1		11			
1029		轮式		20	10.48	27.43	1.03	38.94	1		19			
1030				37	32.97	39.57	1.65	74.19	1		25			

编号	机械名称	机型规格		折旧费	修理及替换设备费	安装拆卸费	小计	人工	汽油	柴油	电	风	水
				元	元	元	元	工日	kg	kg	kW·h	m³	m³
1031	铲运机	拖式	斗容(m³) 2.5~2.75	22.76	29.36	2.98	55.10						
1032		拖式	3~4	24.38	32.14	3.12	59.64						
1033			6~8	30.24	37.16	3.39	70.79						
1034			9~12	49.72	59.30	5.27	114.29						
1035		自行式	6~8	152.62	228.98		381.60	2		52			
1036		自行式	9~12	173.68	260.51		434.19	2		90			
1037	自行式平地机		118kW	153.41	163.80		317.21	2		88			
1038	轮胎碾		质量(t) 9~16	37.77	44.05		81.82						
1039	羊角碾		5~7	6.59	5.50		12.09						
1040			8~12	8.86	7.52		16.38						
1041	压路机	全液压	质量(t) 10~12	64.53	101.98		166.51	2		29			
1042		内燃	6~8	20.13	36.69		56.82	2		24			
1043			8~10	22.67	39.44		62.11	2		27			
1044			12~15	25.77	43.99		69.76	2		31			
1045		振动	10	112.39	134.76			1.25		45.43			
1046			15	151.67	181.85			1.25		86.3			
1047		光轮	8	65.30	60.41		125.71	1.25		19.79			
1048			15	95.18	88.07		183.25	1.25		42.95			
1049			18	102.93	95.23		198.16	1.25		106.66			
1050	蛙式打夯机	功率(kW)	2.8	0.99	5.90		6.89	2			18		
1051	夯实机	电动 夯击能力(kg·m)	20~62	2.07	12.32		14.39				16.6		
1052	风钻	手持式		1.78	6.21		7.99					795	1.1
1053	潜孔钻	型号	80型	85.29	127.96	2.60	215.85	2			98	1520	
1054			100型	86.14	129.21	2.91	218.26	2			116	1862	
1055			150型	159.98	239.99	5.36	405.33	2			168	3775	
1056	电钻	功率(kW)	1.5	2.52	3.78		6.30				6		
1057	修钎设备	(包括锻、修、磨机)					423.03	94.08元(包括人工、燃料、淬火材料)					

编号	机械名称	机型规格			费用构成								
					(一)				(二)				
					折旧费	修理及替换设备费	安装拆卸费	小计	人工	汽油	柴油	电	风	水
					元	元	元	元	工日	kg	kg	kW·h	m³	m³
1058	缺口耙	无头			3.56	10.48		14.04						
1059		松土器			28.96	81.07		110.03						
1060	犁	无头	三铧		3.10	8.27		11.37						
1061			五铧		4.18	11.01		15.19						
1062	刨毛机	—			33.28	43.27	1.55	78.10	2			37.4		
1063	风镐	手持式			0.94	3.30		4.24					320	
1064	小型挖掘机	油动	斗容(m³)	0.25	83.29	38.41	6.30	128.00	2			20.5		
1065	木工压刨床	刨削宽度(mm)	单面600		8.85	6.36		15.21				28.60		
1066	机动液压压接机	压力(N)2000			117.72	149.37		267.09	19.50	46.80				

二、基础处理设备

编号	机械名称	机型规格			费用构成								
					(一)				(二)				
					折旧费	修理及替换设备费	安装拆卸费	小计	人工	汽油	柴油	电	风	水
					元	元	元	元	工日	kg	kg	kW·h	m³	m³
2001	冲击钻机	型号	CZ-20		40.67	67.08	17.66	125.41	2.33			100		1.20
2002			CZ-22		63.72	90.44	23.90	178.06	2.33			115		
2003			CZ-30		98.24	135.91	36.50	270.65	2.33			196		1.60
2004	回旋钻机	直径	φ1500		111.13	177.81	44.45	333.39	2.67			56		
2005	地质钻机	手把式	300型		25.40	52.71	15.54	93.65	2.33			84		
2006	灌浆泵	中低压	泥浆		9.06	26.45	2.16	37.67	2			70		
2007			砂浆		11.71	32.93	2.72	47.36	2			55		
2008		高压	泥浆		13.46	36.29	2.92	52.67	2			99		
2009	泥浆泵	HB80/10型 3PN			1.71	4.40	0.87	6.98	1.1			14.7		
2010		泥浆搅拌机			14.89	30.20	2.69	47.78	1			70		
2011		灰浆搅拌机			4.46	12.26	1.08	17.80	1			35		
2012	柴油打桩机	锤头质量(t)	1~2		21.07	49.69	15.54	86.30	3		12			
2013			2~4		84.26	178.79	59.88	322.93	3		16			

编号	机械名称	机型规格			费用构成								
					（一）				（二）				
					折旧费	修理及替换设备费	安装拆卸费	小计	人工	汽油	柴油	电	风	水
					元	元	元	元	工日	kg	kg	kW·h	m³	m³
2014	振动打桩机				127.37	300.43	93.94	521.74	3		22			
2015	履带式液压岩石破碎机				277.73	302.81		580.54	2.00		60.00			
2016	岩石切割机				97.70	51.75		149.45	1.00			19.03		

三、混凝土机械

编号	机械名称	机型规格			费用构成								
					（一）				（二）				
					折旧费	修理及替换设备费	安装拆卸费	小计	人工	汽油	柴油	电	风	水
					元	元	元	元	工日	kg	kg	kW·h	m³	m³
3001	混凝土搅拌机	出料（m³）	0.25		6.65	11.50	2.30	20.45	1			32		
3002			0.4		21.07	34.19	6.85	62.11	2			50		
3003			0.8		26.97	38.71	8.29	73.97	2			90		
3004	混凝土喷射机	生产率（m³/h）	4~5		16.63	13.95	1.07	31.65	1			16	2810	
3005	振捣器	插入式（kW）	2.2		3.24	11.16		14.40				12		
3006		平板式（kW）	2.2		2.78	8.00		10.78				12		
3007	变频机组	4.5			9.43	21.56		30.99				23		
3008	风水（砂）枪	耗风量（m³/min）	2~6		1.17	2.05		3.22					900	18
3009	油压滑模设备				88.96	13.35		102.31	8			30		
3010	喷浆机	75（L）			7.27	23.26	1.08	31.61	1			10	596	
3011	强制式混凝土搅拌机	出料（m³）	0.35		23.98	37.14	9.31	70.43	2			125		
3012	给料机	电磁式	45DA		16.24	25.04	1.2	42.48	1.3			17.6		
3013	灰浆搅拌机	200L			2.55	1.8	10.62	14.97	1.388			8.61		
3014	双锥反转出料混凝土搅拌机	350L			10.26	8.41	10.62	29.29	1.39			43.52		
3015		500L			22.09	13.14	10.62	45.85	1.39			55.04		

四、运输机械

编号	机械名称	机型规格		费用构成									
				(一)				(二)					
				折旧费	修理及替换设备费	安装拆卸费	小计	人工	汽油	柴油	电	风	水
				元	元	元	元	工日	kg	kg	kW·h	m³	m³
4001	载货汽车	汽油型	2	22.53	31.44		53.97	1	17				
4002			2.5	24.37	34.03		58.40	1	20				
4003			4	32.32	45.17		77.49	1	27				
4004		载重量(t)	5	37.01	51.72		88.73	1	30				
4005			6.5	52.06	57.00		109.06	1		31			
4006		柴油型	8	74.57	78.05		152.62	1		35			
4007			10	92.77	92.20		184.97	2		39			
4008			12	94.19	93.65		187.84	2		42			
4009			15	130.30	129.54		259.84	2		46			
4010	自卸汽车	汽油型	3.5	56.94	28.44		85.38	1.33	36				
4011		柴油型	5	66.15	33.10		99.25	1.33		39			
4012			8	129.37	77.60		206.97	2		47			
4013			10	146.52	87.94		234.46	2		53			
4014		载重量(t)	12	172.19	120.52		292.71	2		55			
4015			15	190.54	133.38		323.92	2		63			
4016			18	275.34	178.97		454.31	2		66			
4017			20	332.90	216.35		549.25	2		70			
4018			25	462.66	231.36		694.02	2		88			
4019			27	535.08	267.54		802.62	2		106			
4020	平板挂车	载重量(t)	10	31.09	26.85		57.94						
4021			20	40.91	35.33		76.24						
4022			30	52.81	35.08		87.89						
4023			40	112.75	78.16		190.91						
4024			60	132.67	91.97		224.64						
4025			80	172.36	113.54		285.90						
4026			100	215.44	141.91		357.35						
4027	汽车拖车头	牵引量(t)	10	37.78	39.62		77.40	2	28				
4028			20	88.51	58.42		146.93	2		37			
4029			30	102.31	64.14		166.45	2		45			
4030			40	129.22	78.04		207.26	2		59			
4031			60	156.47	98.79		255.26	2		67			

编号	机械名称	机型规格		折旧费	修理及替换设备费	安装拆卸费	小计	人工	汽油	柴油	电	风	水
				元	元	元	元	工日	kg	kg	kW·h	m³	m³
4032	汽车挂车	载重量(t)	1.5	2.87	5.73		8.60						
4033			3	3.96	7.30		11.26						
4034			5	7.99	15.13		23.12						
4035			8	10.61	16.41		27.02						
4036	洒水车	容量(L)	2500	25.83	30.73		56.56	1	23				
4037			4000	39.97	44.18		84.15	1	31				
4038			4800	47.56	56.59		104.15	1	34				
4039	机动翻斗车	载重量(t)	1	5.61	5.60		11.21	1		7			
4040	双胶轮车	—		0.93	2.29		3.22						
4041	胶带输送机	移动式 带宽(mm)×运距(m)	500×10	4.09	4.86	0.50	9.45	1			14		
4042			500×15	5.23	6.16	0.64	12.03	1			19		
4043			500×20	7.12	8.40	0.85	16.37	1			26		
4044			500×30	10.13	12.25	1.22	23.60	1			26		
4045			500×50	14.88	22.13	2.27	39.28	1			36		
4046		固定式	650×30	11.71	13.76	1.41	26.88	1			48		
4047			650×50	19.54	23.03	2.36	44.93	1			72		
4048			800×30	14.67	17.25	1.75	33.67	1			67		
4049			800×50	24.43	28.76	2.94	56.13	1			106		
4050			800×75	35.93	43.74	4.50	84.17	1			134		
4051			800×100	44.66	60.97	6.56	112.19	1.5			144		
4052	沥青洒布车	容量(L)	3500	34.39	39.74		74.13	1	23				
4053	V型斗车	容积(m³)	0.6	1.63	0.42		2.05						
4054			1	2.71	0.72		3.43						
4055	混凝土搅拌车	轮胎式	3m³	192.24	382.16	25.44	599.84	1.3		80.8			
4056	胶轮架子车			2.08	5.12		7.2						
4057	平板拖车组	40t		359.86	341.2		701.06	2.86		57.37	359.86		
4058		60t		403.24	379.99		783.23	2.86		69.66	403.24		

五、起重机械

编号	机械名称	机型规格			费用构成									
					(一)				(二)					
					折旧费	修理及替换设备费	安装拆卸费	小计	人工	汽油	柴油	电	风	水
					元	元	元	元	工日	kg	kg	kW·h	m³	m³
5001	塔式起重机	起重量(t)		6	96.96	35.65	8.90	141.51	2			86		
5002				10	259.59	105.98	19.46	385.03	2			130		
5003				25	452.53	171.61		624.14	3			392		
5004	油动履带起重机	汽油型	起重量(t)	8	109.68	60.63	3.47	173.78	2	36				
5005		柴油型		5	86.14	50.69	3.18	140.01	2		22			
5006				10	98.48	57.90	3.65	160.03	2		25			
5007				15	120.38	70.84	4.48	195.70	2		40			
5008				20	160.45	80.02	5.10	245.57	2		50			
5009	汽车起重机	汽油型		5	58.14	55.89		114.03	2	35				
5010		柴油型		8	93.42	65.52		158.94	2		40			
5011				10	103.89	72.28		176.17	2		42			
5012				12	124.28	86.49		210.77	2		47			
5013				20	180.54	271.39		451.93	2		43.41			
5014	卷扬机	牵引力(t)		3	8.64	3.36	0.14	12.14	1			29		
5015				5	13.54	5.29	0.23	19.06	1			43		
5016	电动葫芦			0.5	2.65	1.64		4.29				5		
5017				1	3.21	1.97		5.18				9		
5018				2	3.89	2.35		6.24				13		
5019				3	4.36	2.67		7.03				18		
5020	桅杆起重机	起重量(t)		5	45.61	31.04	16.35	93.00	2			71		
5021				10	57.91	39.39	24.54	121.84	2			109		
5022				15	74.11	50.47	30.03	154.61	2			185		
5023				25	75.99	51.72	30.74	158.45	2			235		
5024				40	93.07	63.34	37.69	194.10	2			267		

六、辅助设备

编号	机械名称		机型规格		折旧费	修理及替换设备费	安装拆卸费	小计	人工	汽油	柴油	电	风	水	煤	木柴
						(一)			费用构成					(二)			
					元	元	元	元	工日	kg	kg	kW·h	m³	m³	kg	kg
6001	电动空气压缩机	移动式	排气量(m³/min)	0.6	1.44	3.06	16.34	20.84				24.2				
6002				3	8.65	17.82	2.45	28.92	1			103				
6003				6	13.16	26.96	3.94	44.06	1			192				
6004	油动空气压缩机	移动式	排气量(m³/min)	3	10.67	20.82	3.44	34.93	1		29					
6005				6	16.50	29.59	4.35	50.44	1		57					
6006				9	21.30	34.01	5.36	60.67	2		86					
6007	离心水泵	单级	功率(kW)	7	0.76	4.31	1.34	6.41	0.66			35				
6008				17	1.42	8.04	2.48	11.94	0.66			89				
6009				30	2.02	11.35	3.51	16.88	0.66			153				
6010				55	4.70	18.99	5.82	29.51	1			275				
6011		单级双吸		20	3.45	14.07	4.29	21.81	1			106				
6012				55	3.66	20.09	5.89	29.64	1			302				
6013				100	4.52	24.62	6.57	35.71	1			550				
6014				135	8.47	35.51	9.85	53.83	1			742				
6015		多级		7	1.67	6.04	2.08	9.79	0.66			37				
6016				14	2.40	8.37	2.88	13.65	0.66			73				
6017				40	4.56	14.12	5.20	23.88	0.66			224				
6018				100	11.13	25.61	10.96	47.70	1			600				
6019				230	12.76	28.61	11.80	53.17	1			1264				
6020				410	21.88	42.62	17.80	82.30	1			2235				

311

编号	机械名称	机型规格	折旧费 元	修理及替换设备费 元	安装拆卸费 元	小计 元	人工 工日	汽油 kg	柴油 kg	电 kW·h	风 m³	水 m³	煤 kg	木柴 kg
6021	潜水泵	功率(kW) 2.2	1.75	8.72	3.09	13.56	0.66			11				
6022		7	2.97	13.75	5.60	22.32	1			34				
6023		34	8.56	24.12	11.49	44.17	1			170				
6024	吹风机	能力(m³/min) ≤4	8.37	4.72	1.00	14.09				70				
6025	滤油机	LX100 型	3.79	2.82	1.54	8.15	1			36				
6026	混凝土切缝机	EX-100	176.38	119.67	8.20	304.25	1.3		9.1					
6027		7.5kW	2.17	1.21	4.69	8.07				31.55			2.17	1.21
6028	圆盘锯		2.8	2.8	8.4	11.2	2.4			56.8			2.8	

七、其他机械

编号	机械名称	机型规格		费用构成									
				(一)				(二)					
				折旧费	修理及替换设备费	安装拆卸费	小计	人工	汽油	柴油	电	风	水
				元	元	元	元	工日	kg	kg	kW·h	m³	m³
7001	电焊机	交流(kVA)	20~25	1.44	1.31	0.40	3.15	1			76		
7002			30	1.62	1.53	0.48	3.63	1			99		
7003		直流(kVA)	16	3.88	2.48	0.70	7.06	1			90		
7004			30	4.50	2.97	0.83	8.30	1			168		
7005	对焊机	电阻型	容量(kVA) 75	4.70	11.09	2.25	18.04	1			222		
7006			150	6.31	14.95	3.04	24.30	1			444		
7007		电弧型	150	7.72	11.69	3.47	22.88	1			440	42	14
7008	点焊机	交流(kVA)	20	2.17	5.19	1.02	8.38	1			62		
7009			30	4.33	10.58	2.14	17.05	1			97		
7010			75	9.06	16.17	3.72	28.95	1			222		
7011			150	10.94	18.86	4.51	34.31	1			444		
7012	弧焊机		20	28.85	20.92	5.75	55.52	1			61.9		
7013	电焊条烘干机	容积(cm³)	60×50×75	8.74	5.69		14.43	1			13.9		
7014	钢筋调直机	功率(kW)	4~14	7.27	12.23	2.00	21.50	1			17		
7015	钢筋切断机		7	2.91	4.38	0.70	7.99	1			35		
7016			10	3.46	5.13	0.85	9.44	1			50		
7017			20	5.56	8.06	1.32	14.94	1			100		
7018	钢筋弯曲机	直径(mm)	6~40	2.05	5.61	0.93	8.59	1			35		
7019	普通车床	规格(mm)	φ250~400	12.00	11.29	0.09	23.38	1			24		
7020			φ400~600	15.62	13.05	0.13	28.80	1			45		
7021			φ600~800	36.49	19.99	0.28	56.76	1			67		
7022			φ800~1000	76.70	41.11	0.52	118.33	2			90		
7023	立式钻床	钻孔直径(mm)	φ13	2.58	3.95		6.53	1			9.1		
7024			φ25	4.37	3.24	0.02	7.63	1			4.03		
7025	摇臂钻床	规格(mm)	φ20~35	17.42	10.61	0.11	28.14	1			14		
7026			φ35~50	19.31	11.76	0.13	31.20	1			30		
7027	剪板机		6.3×2000	12.35	9.84	0.38	22.57	2			44		
7028	木工圆木机		φ500	5	2.05						24		

313

续表

编号	机械名称	机型规格	费用构成									
			(一)				(二)					
			折旧费	修理及替换设备费	安装拆卸费	小计	人工	汽油	柴油	电	风	水
			元	元	元	元	工日	kg	kg	kW·h	m³	m³
7029	氩弧焊机	≤500A	35.2		26.48	61.68	1.3			94.4		
7030	高空作业车	液压 YZ12-A	153.2			153.2	1.3		72			
7031		作业高度 10m 内	65.19	81.76		146.95	2		20.95			
7032		作业高度 20m 以内	198.05	245.83		443.88	2		44.84			
7033	液压喷播植草机	JDZ-4.0V 4000L	22.24	19.12	0.88	42.24	2.4		46.4			
7034	路面铣刨机	2000mm	1129.03	904.86	31.71	2065.6	1.3889		63.21			
7035	风动凿岩机	手持式	2.64	5.39	4.22	12.25						
7036	破路机	机动	19.15	15.23		34.38	1		9.6			
7037	汽车式划线车	车载式	62.21	65.05		127.26	2	35.85				
7038	热熔标线设备		117.17	87.45		204.62	2	45.33				
7039	热熔电熔焊机		8.06	5.25		13.31			4.01			
7040	手持式万用表		2.27	1.68		3.95						